慈悲喜捨
福慧双修
生死自在
盡未來際

慧開法師・著

生命的永續經營（上）

生命的終極功課：生命自在 瀟灑去來

〈推薦序〉

走進生命永續經營殿堂

佛光山泰國泰華寺住持　心定和尚

慧開博士法師，其個性跟他的先父陳鶴袖老師很像，正直，意志堅強，教學認真而嚴格，負責南華大學生死學研究所二十多年來，培養出很多專業人才，幾乎改變了全臺灣的殯葬禮儀，以及提升禮儀師的素質，到處都可以看到，舉辦的告別式追思讚頌會，莊嚴肅穆。更重要的是對臺灣許多安寧病房，以及臨終關懷的法師、神職人員、義工，增加許多新的知識與觀念。慧開博士法師更強調，每個人的生命，走到盡端的時候，能讓他（她）得到安詳與尊嚴，他對這方面的任務，目標正確、堅持原則，令我敬佩不已。慧開博士法師，除了教學之外，經常應邀做學術論壇、發表論文，或到各國各大學演講，累積更廣泛、更豐富的經驗，更勤於筆耕，最近即將出版《生命的永續經營》三大冊。

慧開博士法師用大力氣、大精神探研「生死大問」許多年，用最根本的理論和最實際的實踐相輔相成，為臺灣推動生死學教育功不可沒。從之前出版的《生命是一種連續函數》帶領讀者一窺生死奧秘、感悟生死自在，再到即將出版的《生命的永續經營》三大冊，為讀者提供一把生死自在的鎖鑰，打開生命永續經營殿堂的大門。

《生命的永續經營》三冊共六章：第一章、自在的生命；第二章、生命的視野；第三章、生死的抉擇；第四章、生死的議題；第五章、生死的解法；第六章、生命的謝幕。內容多方，包括：瀟灑走一回、佛法與生死疑難解答、「四千萬」心法、臨終關懷、喪葬禮俗、放生問題、輪迴觀、生老病死自然機制、安樂死迷思、病人自主權利法、器官移植與捐贈、末期絕症、死刑存廢反思、佛教經典心法、修持「一心不亂」與「正念現前」、一期生命的自然謝幕、植物人解套之方、兒童生死觀等等各面向「生命」與「生死」相關的疑難解惑。後末篇章以老布希總統喪禮、末期臨終病患通訊往生輔導，以及忠犬來喜往生實例，揭示一期生命的自然變化、面對臨終的態度，以及觀照生老病死要有正念、正見，以期無量壽。

佛陀曾經言說：「何法有故老死有？何法緣故老死有？即正思惟，生如實無間等：生有故老死有，生緣故老死有……。」又正思惟：「何法有故名色有？何法緣故名色有？即正思惟，如實無間等生：識有故名色有，識緣故有名色有。」正確明白理解到真理了，

「明」就出現，也就是正見，所以正思惟是證悟的因，正見出現，一切的苦皆滅。佛陀發覺無明是生死輪迴的主因，所以思考：「我時作是念：何法無故則老死無？何法滅故老死滅？即正思惟，生如實無間等：生無故老死無，生滅故老死滅……。」實相般若如如不動、不生不滅、不增不減，這是明白一切諸法的如實相的智慧，是「正見」。

正見靠正思惟的細細思考而引生，當觀色無常是正思惟，所得到的理解，就是正見，可以照見五蘊皆空，解脫生、老、病、死、憂、悲、苦惱，這就是度一切苦厄。人人都有人生問題與生死關頭，面對人生與一期的生命，用功一個正念往生淨土，這就是解脫、是究竟，千千萬萬不可一個差池，落入事理與生死的輪迴。

提供一個方法，利用八正道：正見（正當的見解）、正思（正當的思想）、正語（正當的語言）、正業（正當的行為）、正命（正當的生活）、正勤（正當的努力）、正念（正當的意念）、正定（正當的禪定）探討、研讀和實踐慧開法師《生命的永續經營》三冊所闡述的理念，即可深入這三冊書的精髓，達到這三冊書目的所在，解決或增強關於生死觀點、人生態度、社會問題，以及生命如何解脫究竟等諸議題的困擾或觀照能力。比如書中有位李老居士，一心念佛求往生而預知時至，生命見好就收；再如開爸爸、開媽媽的生活態度，以及對於信仰的信念，臨終時安詳捨報；再好比書中對死刑案、安樂死、病人自主權利法的析論，可以多層面地反思研討當前社會與人心的迷悟之間。

色身終會消滅，執著就會覺苦。了解因緣所生法如夢幻泡影，色受想行識皆是空，而「無我」觀是其中最最重要，臨終時，就能無有恐怖，心無罣礙，得生淨土或乘願再來。

推薦讀者細細研讀《生命的永續經營》三冊，以用功生活、精進修行來體證，必然生死清淨自在，生命永續經營無礙。

〈推薦序〉

瀟灑去來　生命更從容

佛光大學校長　楊朝祥

「生與死」是個難於參透的習題。「未知生，焉知死」，星雲大師常言「老、病、生、死」，「死」是另一個新生的開始，而在堪稱「生死學教父」的慧開法師筆下，對於「生命」與「死亡」則是抱持著一種慈悲、坦然的態度，將「生命」看成「因緣」，把「死亡」視為「新生」。那麼人在來去之間即能「瀟灑」以對，結緣此生，「生命的永續經營」因此成為一項重要的課題，本書的出版深具意義。

佛經有云：「五度如盲，般若為導。」面對生死課題，須有「般若」（智慧）做為導航。每個人的「出生」及「死亡」，有其個別的「自然時機」，此即，自然的旋律與節奏，一切皆要隨緣自在，歡喜面對。誠如慧開法師所言，或許因為年輕，極少思考生命的終極意義，更少探索生命的歸宿與出路；不少人，一旦屆齡退休之後，生命突感失落，不是迷失了生命方向，就是喪失了生命鬥志，是以，「未來何去何從？」、「如何成功老化？」、「如何超越老化？」、「該如何面對死亡？」，看完此書，令人茅塞頓開，因而能更加有智慧的看待生命。

談到「一合相」這個觀點，啟發了認清事物的本然實相，彷彿間，真的注入一股觀照世間的洞見內力，而能從比較寬廣的角度看待宇宙人生的種種現象。「微恙」即是一種「預警」。最近新冠肺炎疫情肆虐全球，打亂了人們的生活、學習方式，剎那間，世界的腳步就在此刻慢了下來，或許這就是對人類的一種警示作用，提醒人們多關心身邊的人、多留在家裡，也多愛自己一點。而這些正是在快速轉動的社會中，人們點滴喪失的寶貴資產，由此也讓我們體會到書中所述的「微恙彌珍」之諦。衷心盼望疫情趕快畫下休止符，讓人類在危機中重建生活、工作的次序與機轉。

對於一般人把「一心不亂」與「正念現前」想像得過於玄妙、神奇而脫離了現實，以致於有一種「不得其門而入」的感覺。慧開法師於書中指出，其實，佛法的修持是很實際的，一點都不玄。他認為，不管理論講得多麼高深玄妙，最後還是要落實在三業、六根上面的實踐，以深入淺出的方式傳遞人間佛教的真諦。

本書分為上、中、下三冊。上冊有：第一章、自在的生命、第二章、生命的視野；中冊有：第三章、生死的抉擇、第四章、生死的議題；下冊有：第五章、生死的解法、第六章、生命的謝幕，共計六章，對於生死的種種課題有著鞭辟入裡的見解，值得展書一讀，從容於「生命賞味期」之前，「所作皆辦」、「正念現前」，將「生命的永續經營」能從「理念信仰」落實為「實踐行動」。

滄海桑田、無常變遷，興衰起浮、是非成敗，乃至生離死別、悲歡離合，是人生無法避免的磨礪。慧開法師的這本大作《生命的永續經營》可使讀者們從「自在的生命」了悟臨終關懷的心歷路程；由「生命的視野」解讀「生、老、病、死」的自然機制與奧秘；以「生死的抉擇」呼籲大家關心「病人自主權利法」；從「生死的議題」論死刑存廢問題；又用修持「一心不亂」與「正念現前」面對「生死的解法」；再以老布希總統的喪禮追悼辭看生死文化「生命的謝幕」，章章精彩，值得一讀再讀。

慧開法師的筆下娓娓道來，把對生命的經營描述得如此淡然、超越，朝祥有幸先睹為快，體會良深。此種預見和前瞻，不約而同，也印證於股神巴菲特（Warren Buffett）於今年寫給Berkshire Hathaway股東的信中就曾提及：「100 percent prepared for our departure」，姑不論股神是否預言啟動接班計畫，我們深信永遠須為未來做好準備。恭喜慧開法師大作出版，以立言方式，廣結善緣，實踐佛陀慈悲教義，讓今生圓滿、永續人生更從容。好書，要與好朋友分享，願意在此為大家推薦。

〈推薦序〉

磅礡的交響樂是由單調的樂音所組成

南華大學校長　林聰明

慧開法師是享譽國際的生命教育泰斗，曾兩次受邀赴羅馬天主教教廷（梵蒂岡）專題演說，一生著書論說、奉獻生命教育志業居功厥偉，二〇一六年獲頒教育部生命教育「特殊貢獻獎」，殊為典範，逢其《生命的永續經營》大作付梓，專書肯定會是生命教育中的絕妙樂章。

德國哲學大儒叔本華說：「青年是屬於詩歌歲月，老年則是哲學沉思的季節。」前者在於對外部事物的直觀，好惡是建立於對外界的印象，後者則為對生命歷程的思索與追憶，行為是藉由思想決定；人類自呱呱落地、成長茁壯以迄退化衰老，與大自然的日升日落、潮起潮伏同為定律，如何從生命終極課程中，讓自己免落於精神貧乏、靈魂空虛、不知所措等困境，秉持在燦爛日子裡沒或忘天空仍會有陰霾，於面對可怕仇恨時仍感受曾有過愛的溫暖之心境，知天命地享受青壯與晚年之幸福氛圍，走一回瀟灑人生，已成為大家共同關注的議題、顯學。

本書探討的內容既深且廣，開師父（這是校內大家對慧開法師的敬稱、暱稱，本人也在此引用）不僅止於對生命哲理的探討、論述，更以實例、經驗來闡述生命關懷的實踐，很容易引領讀者入門，帶給讀者有切身之感；開師父在諸多談論生死的課程中，為學員就「自己最感疑惑、過去想問而不敢問、想問卻找不到人問」之有關生命終極問題、疑惑，從哲理、佛學、生活經驗等多面相予以解惑、鼓舞，弭平青年直觀與老年沉思間的嫌隙，堪稱是一部「老壯青皆宜」的好書。

器世間宇宙的「成、住、壞、空」與有情眾生生命的「生、老、病、死」流轉不息，不為權勢者、英雄、富豪而片刻停頓，惟渠等或被個別視為無趣的單調樂音，若能透過對生死哲理的探討、領悟，讓「內在靈性生命」與「外在肉體生命」得以相輔相成，生命過程將幻化為一首鏗鏘磅礡、動人心弦的曼妙交響樂，生命的經營、意義且將成為永續。

〈推薦序〉
生死並論尊嚴謝幕

中國醫藥大學前校長　黃榮村

慧開師父眷村世家子弟出身，從小對聲音高頻反應有缺陷但有絕對音感，而且聽聞講話學習過程順利正常，他從臺大數學系畢業後，在普門中學任教，之後披剃出家，到美國費城天普大學，從生死學研究權威傅偉勳教授門下修習，一九九六年獲博士學位後返回佛光山，一九九七年到南華大學生死學研究所擔任專任教職，中途短暫轉任佛光大學佛教學院院長，嗣後擔任南華大學學術副校長，已有二十幾年的大學教研經驗。

慧開師父人生一路走來，頗有傳奇味道，因此在撰寫本書《生命的永續經營》三冊時，經常流露出作者博學多聞的一面，在多元題材上面帶來很多趣味，他也藉此機會講講談談自己的成長與體驗，非常有趣也很有參考價值，可說很有一點小自傳的味道。我與他都在一本由臺大出版的「生命教育」刊物編委會當委員，他一向直言無諱觀點獨具，也很樂意與人論辯。所以不要將這本書看成只是一本正經八百講生論死的著作，因為本書隱藏有各種有趣的觀點與內容，而非只是談生論死而已。

慧開師父在書中提出主要問題，認為人不只在生之時須規劃，死亡亦同。死亡是生命的結束或是生命的轉換？如何平順又尊重生命的走完生命末期與臨終？如何知道不只尊重生命也要尊重死亡，做好往生的準備，不要抱憾而終？人生如何自然謝幕？這些問題與做法不只是針對正在面對死亡的當事人，也直接衝擊著活在當事人周圍團團轉的親友在內，整體而言，面對死亡的背後主軸就是一種生命的永續經營。作者如此立論，不只因為他本人就曾實際深入經歷家人的生老病死，對醫療與急救都有基本了解，而更因為是他已發展出一套完整的「往生到佛國淨土」的基本框架之故，基督教也說回返天家，因為那都是無上恩典。有了這類哲學基礎，就能一步步緩慢而踏實的找出法門依此而行。但對一般人的思考慣性而言，因為還未建立中心思想，所以這種話在初聽之時，處處不精準、樣樣不踏實，連思考都跟不上遑論找到落實的法門，確有困難啊！所以對生命的掌握應該要有一套系統性的教育，以便發展出清楚的信仰，之後才比較能發展出真正能夠面對生命與死亡的自然方式，這是生命教育可著力之處，本書已經做了一個具有說服力的示範。

本書針對喪葬禮俗儀節中的宗教儀軌，敘說詳細，讓我們對「慎終追遠」的各項「喪祭之禮」有所了解，這也是生命如何以極簡與優雅方式謝幕的必經過程。作者對安易死（安樂死）、預立醫囑、持續植物人狀態、尊嚴死、安寧緩和醫療條例、病人自主權利法等項的相關立法與政策，觀點獨具，也有各類深入的批判，更認為佛法當中自有遠比安樂死高明的解套法門，希望在人生謝幕的緊要過程中，能夠停止不當的醫療干預，而一心一意積極「求往生」。書中也以輕鬆的筆法談及生死輪迴觀、前世記憶與遺忘等有趣的內容，這些都是信仰與科學之間可以依證據互相攻防的課題，讀者們倒是不必太過執著。

一般人可能更在意人的一生如何過得有意義，但這是勵志書籍的主體內容，本書所談則是屬於更難的，如何優雅面對死亡的問題。孔老夫子說：「未知生，焉知死？」不過在人類確有其人口學上的死亡極限下，人的一生不管活得怎麼樣，總會走到盡頭，慧開師父反過來應該會說：「未知死，焉知生？」而且主張生死並論可也。不過作者在本書中所提出，花開處處的「慧開心法」，則是須修練的，好在書中雖然玄機不斷，但也留下很多可操作的具體法門，我想讀者一定可以找到適合他／她靜下心來心領神會的思考方向。

〈推薦序〉

直指生命的實相

臺灣大學前校長　李嗣涔

我與慧開法師結緣主要是在一些與生命教育有關的研討會上，我們同為受邀演講的講師，我講的主題通常是與人體科學有關的特異功能現象，或為解答宇宙大中小尺度的謎團為主的宇宙實像模型假說。法師談的主題主要是生命永續經營的主題，由於他當年出家前是學數學出身，論證生命的經營廣用案例的邏輯性很強，而且他很會演講用詞詼諧常常讓人會心一笑，聽得非常過癮，令人印象深刻。

這次他把多年演講及研究的心得整理出書，讓讀者可以更全面及廣泛地了解他對生命永續經營的哲學基礎及理論根據，經由許多國際及國內面對病人生死關頭實際案例的討論，主題包括當地法律的規範、倫理的考量及實務所面對不同的情境，他提出對生死問題非常深刻的看法。我特別欣賞的是他對「安樂死」、「死刑存廢」問題的討論，這兩個問題是當前社會面對的重大議題，安樂死是每個家庭碰到家人受到重大傷害瀕臨死亡時，都要面對的天人交戰的艱難抉擇，持續救下去可能成為植物人，餘生成為家庭的重大負擔，不救則於心難安，你該怎麼辦？作者認為沒有得到病人本人的同意，安樂死就像謀殺，他以佛教的觀點認為成為植物人是因為病人的靈魂仍然執著肉體不肯離去，解決的方法是要靠宗教的方法，由具有特殊溝通能力的宗教人士直接與病人靈魂溝通，勸服他離開生病的肉體前往生命的下一階段邁進，不要執著目前的困境。我個人非常認同作者的論點，生死輪迴在我研究的範圍所觀察過成十上百的案例，可以確定是宇宙的真理，靈療者在治療因果病時，的確有能力與附身的靈魂溝通說服他們離開肉體。因此我知道作者的建議是做得到的，也不違反病人自願的原則。

作者另外一個論點是死刑的存廢問題，作者由佛教因果相報的論點是不贊成廢除死刑的。雖然有人會以前世因果來替兇手辯護，作者解釋說如果妄言臆測殺人是前世因果會「沒完沒了」，為什麼？因為要講因果，不能只講一世、兩世，而是要講三世、生生世世，就有扯不清的冤冤相報，那豈不是「沒完沒了」？兇手要解除「沒完沒了」就必須要為自己的犯行業果負起全責這樣才能解脫罪愆。如何才算「負起全責」？如果殺人兇手能誠心誠意地向被害人及被害人家屬認錯、道歉、懺悔，然後坦然地面對死刑「以死謝罪」，他的重大過失與罪愆才能真正地解脫，不但現世的罪業可以化解，也可以免除來世的糾纏，死刑宜慎不宜廢，不應將「人權」汙名化，反而讓兇手累世受苦。我認識一位靈療者，三十多年來治癒成千上萬因果輪迴的病例，讓人理解因果力量的巨大與報復的可怕，與其糾纏於生生世世因果的報復，不如像作者所建議的當世做一了斷，其實是對兇手生生世世比較慈悲的考量。

我從這本書對於生死問題有了更深入的思考，也佩服作者資料整理得很完整，邏輯清楚論證嚴密，讓我學習到生命中許多重要的議題，相信所有讀者也能和我一樣，獲益匪淺。

〈推薦序〉
好好說再見

衛生署前署長　楊志良

我曾二次受邀至南華大學演講，其中一次題目是「好好說再見」，介紹「安寧緩和條例」及「病人自主權利法」。釋慧開法師是聽眾之一，臨別贈我一本鉅作《生命是一種連續函數》。本人愚鈍，從書名不識端倪，日後開卷，才知他曾擔任南華大學的教務長、副校長等職，重要的是他創立了南華大學的宗教研究所及生死學系，並廣為傳授生死學，是臺灣第一人；也才知他跟我同是建中、臺大（數學系）校友。

該書博大精深，至今多尚未參透，近日法師又委請香海文化送來三大冊鉅著《生命的永續經營》，邀我寫序。但如同孔子言「未知生，焉知死」，對於今生尚不明白，遑論前世及來世，真是折煞我了，只能勉勵學習，才略知其一、二。

此書論及佛法的生死、生命輪迴，更深入探討敏感尖銳的議題，從放生、器官捐贈、安樂死及死刑的存廢，都有精闢的研析。總而言之，對才疏學淺的我而言，這書是討論「生命」的大作。

有生必有死，死亡是完整生命的一部分。生命誠可貴，孔子說：「始作俑者，其無後乎！」不但不能用活人殉葬，就是用人形的陶俑陪葬，孔子都給予嚴厲的譴責，孔子教誨學子們的是尊重生命。

尊重生命是普世價值，深植中外文明社會。例如在文明國家，虐貓、虐狗，加以殺害，都是犯罪行為，因為貓狗均是生命，會虐動物之人，顯然潛在有虐人、殺人的心態。曾經，臺灣流浪狗被捕捉後，一段時間無人認養，就要給予安樂死。此舉受到國內外人士的譴責，政府只好放棄，造成收容所「狗滿為患」。當然對於棄狗者，或以強制貓狗繁殖營利，又任意「放生」者，也加以譴責或規範。

不僅如此，因人是生物的一種，必須依賴其他物種以維生，但在尊重生命的普世價值下，不論飼養動物或宰殺動物，都強調要符合人道規範，給予足夠的空間、良好的環境。最重要的是強調不要浪費食物，因為丟棄食物就是增加宰殺動物，及破壞其他生物的生存空間。

雖然尊重生命是普世價值，但現實情況是，每天不知有多少生命被凌虐及殺害，或生不如死，身心靈都受到殘害。就以人類來說，根據聯合國難民署的統計，在二〇一七年底，全球共有六千八百五十萬人流離失所，其中一千六百二十萬人是於二〇一七年內成為難民，相當於每天增加四萬四千五百人。

二〇一五年，敘利亞穿紅衣服的難民小男孩被沖上土耳其海灘上，面部朝下俯臥著，那張照片不知讓全球多少人熱淚盈眶，激起歐洲一片接納難民的運動。但不過三兩年，各主要國家卻開始拒絕難民，特別是川普治理下的美國，避之唯恐不及。

至於在不合理的勞動條件下，包括童工、女工被剝削者處處皆是。臺灣一向自以為是民主、自由的進步國家，但僅只衛福部有案的虐童事件，一年就有萬起，平均每週約有兩個以上孩童被虐死。生命如何不被踐踏，是人類第一大事，或許目前無解，但就如同人道屠宰一般，只要往前一步，就是往佛家說言「普度眾生」前進。

有生就有死，生是隨緣而來（與父母之緣），無從選擇，但死在今日，卻可如願而去。

二〇〇〇年大選後，政黨輪替前，我以代理署長身分，有幸主持「安寧緩和條例」的修訂。初始施行不很順利，一方面是多數人認為應將生命儘可能延續，一方面是家屬間常意見不同。

二〇一〇年五月，我在回應立委質詢時，說「癌末急救是浪費生命」，但來不及說出「安寧照護可以減少生命痛苦」，招致當晚各媒體的非議。但第二天，創立國內第一個安寧病房的安寧之父賴允亮醫師說：「安寧照護不等於放棄。」他解釋，對末期病人來說，急救只是延長心跳，並沒有延長生命，反而是對生命的不尊重。

國內安寧之母趙可式教授，特別來電鼓勵，並公開說：「楊志良是觀念正確，但話說得太快，尊重生命的概念，是能有尊嚴的離開，不要讓生命再受痛苦。」媒體也有不少投書，提到因不知可以選擇不再急救，讓他們的親人受盡插管、氣切、急救壓斷肋骨等折磨，只是心跳多了半小時。

民氣可用，我就將選擇安寧照護及生命末期不再急救，列入住院須知，讓病患可以簽署選擇。

楊玉欣立委推動的「病人自主權利法」則更進一步，讓每個人在生前可自行選擇如何（如願）離開。只要生前立下遺囑，便可在有尊嚴的照護下，選擇去除維生系統及管灌飲食（末期病人給予食物，即使只是飲水，都會造成痛苦），給予高度鎮定，就如老僧坐化往生。

當然，每個人對生命的定義不同，也有人認為，只要有呼吸心跳，即使是使用葉克膜、永久植物人、嚴重失智、長期嚴重痛苦，目前無醫學方法可以緩解者，也是生命，就該盡力延續。此種看法也應予以尊重。

我自己的家人及數位好友，就是選擇安詳地離開。可惜的是傅達仁先生，病重時「病主法」雖已通過，但須經過三年宣導期，在二〇一九年一月才生效，他不得已在二〇一八年赴瑞士尋求安樂死。若在今日，「病主法」即可解決他的苦痛，他的遭遇令人悲痛。我一再呼籲，醫學教育不是僅教導如何延長壽命，更要學習如何減少末期病人的痛苦，此說也受到若干醫界大老支持。

釋慧開法師的大作《生命的永續經營》，對生命的討論深入淺出，充滿智慧，是每個關心生死者必讀的好書，特此推薦。

〈自序〉
從「生死自在」到「生命永續」

自從二〇一四年六月《生命是一種連續函數》出版以來，至今（二〇二〇年）已經整整六載。這六年來我仍然筆耕不斷，持續在《人間福報》「生死自在」專欄，與讀者們分享及探討現代社會中有關生死大事的各個方面課題，每週日出刊一篇文章，於今累積了有三百餘篇系列文章，將近五十萬言，再次集結成書，題名為《生命的永續經營》，分為三冊。

在過去這六年當中，我遭逢了生命中的重大變故——我敬愛的父親（開爸爸）於二〇一四年八月往生，以及生涯中的一些轉折——就是我終於能夠卸下將近二十年的各項行政職務，專心於教學、研究、弘法及寫作，這些經歷對於我在生死課題的探索以及生命意義的實踐上，有了更深一層的體會與領悟。

二〇一四年六月下旬，就在《生命是一種連續函數》出版後不久，我的父親開始出現無力用拐杖站立的情況，而且吃東西時吞嚥有困難，喝水會嗆到。在此之前，他在持誦《金剛經》時，常常念到一半時，經本還捧在手上就睡著了，顯示他的精神和體力明顯地下降，綜合這些情況，顯示了父親老化而且人生賞味期將盡的徵兆。

六月二十三日，父親突然發高燒，小弟緊急送他到耕莘醫院永和分院，經診斷為急性肺炎，注射抗生素以控制症狀。那時我們兄弟已經有了共識，爸爸年事已高，壯年時受盡醫療的折磨，一條腿撐了將近四十年，虔誠持誦《金剛經》也將近四十年，如今已邁入人生的最後一哩路，面臨人生的畢業考，我們千萬不能再讓他遭受到醫療的不當干預及折磨，破壞他往生佛國淨土的機緣。

我們兄弟有了兩年前（二〇一二年）陪伴照顧母親，一直到她安詳往生的寶貴經驗，所以這次陪伴照顧父親，更為信心堅固與篤定。基於我們兄弟的一致共識，以及同心協力地陪伴照顧，父親身心安適，沒有遭受到醫療的不當干預，而且能夠預知時至。在最後九天，我們將他從醫院接回家中，大家一心念佛，積極旁助開爸爸求生佛國淨土。八月十八日清晨，爸爸在意識清楚的情況下，沐浴在佛號聲中，注視著前方的阿彌陀佛像，安詳地捨報往生，享壽九十一歲。之後，我寫了一篇文章〈開爸爸的人生最後一哩路〉刊在《人間福報》以悼念父親，此文也收錄在本系列書之中。

如今回憶雙親都能夠年享高壽，也都是預知時至，而且都是在意識清楚的情況下，正念現前，安詳地捨報往生，內心覺得十分安慰。我們兄弟心中雖然難過與不捨，但是也因為他們都沒有遭受現代醫療的不當干預及摧殘，這一生圓滿地謝幕，而覺得沒有遺憾。這也是我幾十年來探索生死課題、推廣臨終關懷，以及靈性照顧的最大回報，希望藉由本書的出版，將我們兄弟陪伴照顧父親的心得與切身經驗，分享給關心生死大事的讀者朋友。

非常感謝師父星公上人的愛護、提攜與栽培，也感謝當年傅偉勳教授的鼓勵，讓我有機緣赴美進修，在賓州費城天普大學攻讀博士學位，從學於傅老師。一九九六年秋，獲得宗教學博士學位後回到臺灣，我先在佛光山叢林學院擔任院長，同時在南華管理學院（南華大學前身）哲學研究所兼課。一九九七年秋，獲聘專任教職進入南華大學剛創立的生死學研究所，然後從一九九八年開始擔任各項不同的行政職務，前後將近二十年。

在這二十年的教育生涯當中，南華大學的各項行政工作大部分我都擔任過，包括教學主管：研究中心主任、系主任、所長、學院院長，以及行政主管：教務長、學務長、研究發展處處長、副校長、代理校長，還曾經於二〇一一年一月借調到佛光大學擔任佛教學院院長前後一年半。

擔任這些行政職務原本就不是我的意願與興趣，都是由於種種的外在因緣條件，而落在自己身上，為了護持師父上人的辦學理念，同時也為了將人間佛教的精神與生命教育的理念，融入高等教育的校園實踐之中，而不得不承擔下來，但是在心中一直希望有一天能夠卸下所有的行政工作，專心於講學與著述。

機會終於來臨，二〇一六年十月中旬，我接到師父上人的電話，他對我說希望我能夠到世界各地弘揚人間佛教的理念以及推廣生死學，如果能夠不擔任行政職務會比較方便，我當下就稟報師父說，依教奉行，這也是我的心願。於是我就向林聰明校長請辭所有的行政兼職，專心於教學、研究及弘法。

從二〇一七年一月份開始，我利用寒暑假及課餘時間，到美國、歐洲、中國大陸、香港、澳門、馬來西亞、日本、印度、南美洲、澳洲各地演講及參加學術會議，迄至二〇一九年底，累計有二百十一場次，其中臺灣各地九十六場，海外世界各地一百一十五場，總平均每年七十個場次，可以說是全年無休。同時我持續不斷撰寫《人間福報》「生死自在」專欄的文稿，也因此才有《生命的永續經營》這一系列書的結集出版。

回顧這二十多年來，不論是在臺灣或者世界各地，我經常有緣應信眾、聽眾及讀者之請託，到醫院或其家中為末期與臨終的病人開示，以及協助與指導家屬如何陪伴照顧末期與臨終親人的原則與要領，也因此累積了許多實際的案例與故事。也因為經常有聽眾及讀者向我提問有關臨終關懷的各種問題，我就將那些值得參考的真實案例，整理之後陸續寫在專欄文章裡面與大眾分享，如今也收錄在本書之中。

上一本書《生命是一種連續函數》的主旨是「探索生死的奧秘，體現生死的自在」，而這一系列書的主軸為：從「生死自在」到「生命永續」，「生死自在」是一種生活的態度，而「生命永續」是一種生命的實踐。

我最早在二〇〇九年六月開始公開提倡「生命的永續經營觀」此一理念，而這一系列書以《生命的永續經營》為題，就表示「生命永續」以及「生命的永續經營」是貫穿全書的核心思想，前者「明理」——闡明「生命永續」之道理，後者「顯事」——開顯「生命永續經營」之實踐。我們面對生死大事，不能「執理廢事」，或者「執事昧理」，而要「理事兼備」，還要進一步「理事圓融」。

師父上人在他講述的《人間佛教・佛陀本懷》一書中，針對人間佛教的一般誤解與疑義，提出了二十則要義，希望將人間佛教真正的原意還復回來。在這二十則要義中，有關「生命不死」的闡述就佔了七則，超過三分之一，有相當大的比重，可見「生命不死」是人間佛教的核心信念。我所提倡的「生命永續經營」，充分呼應師父上人的「生命不死」

之人間佛教理念。

《生命的永續經營》這三冊書的內容，涵蓋了現代社會中「生、老、病、死」的各方面課題，除了探討「生、老、病、死」的自然機制與奧秘、末期病人臨終關懷的理論與實務之外，還包括「喪葬禮俗的基本認知」、「病人自主權利法」、「器官捐贈」與「器官移植」的議題，乃至「死刑存廢問題的探討」以及「安樂死」的迷思與解套之方，還有〈現代人如何修持「一心不亂」與「正念現前」〉、〈研讀佛教經典的心法秘笈〉以及〈從長命百歲到無量壽〉的探討等等，都是現代人生活在現代社會裡，不得不面臨而想要探索與了解的重要課題，我提出個人的一點心得供各位讀者參考。

我的人生早已經過了耳順之年，原本希望在二〇一九年八月，能夠居齡（年滿六十五歲）從學校退休，回歸佛光山常住。其實，身為佛門僧眾的一員，是沒有「退休」的，佛門的說法是「盡形壽」，也就是「鞠躬盡瘁，死而後已」，但是身為教授的一員，是可以從教職退休的。不過，林聰明校長與本山的長老師兄們都不同意我從學校退休，所以我就繼續留在學校延長服務。

也正好南華大學生死學系的博士班經歷多年來的努力，終於在二〇一九年奉教育部核准設立，於二〇二〇學年度開始招生。這不只是南華大學以及生死學系的喜訊，甚至於對整個臺灣的高等教育而言，都是意義十分重大的里程碑。這樣的時節因緣也讓我覺得，我的留校延長服務有了新的意義與使命，希望經由生死學系博士班的成立，讓生死學的教學、研究與社會實踐，以及整個臺灣社會的生命教育與生死關懷，根扎得更深，樹長得更高，枝葉更茂盛，果實更豐碩，影響更深遠。

最後，希望本書的讀者，能夠藉由閱讀書中的內容，開展出更為寬廣深遠的生死視野，培養更為瀟灑自在的生死態度，落實更為前瞻宏觀的生命規劃與永續經營，不但自己受益，也能利益家人與親朋好友，慈悲喜捨，生死自在，盡未來際。

目次

（上冊）生命的終極功課：生死自在　瀟灑去來

—第一章— 自在的生命

—第二章— 生命的視野

（中冊）生死大事的抉擇課題：不做生命的延畢生 優雅謝幕風光畢業

一第三章一 生死的抉擇

第四章 生死的議題

（下冊）順應生命的自然機制：自然謝幕非難事 如願往生操之在我

第五章 生死的解法

第六章 生命的謝幕

第一章

自在的生命

生命的終極功課：瀟灑走一回的心法秘笈

為因應臺灣社會日益高齡化的趨勢，南華大學自一〇〇學年度（二〇一一年九月）起特別開設了「樂齡大學」課程，招生的對象是五十五歲以上的銀髮族人士，不拘學歷，無須考試，只要身體健康，有行動能力，即可報名入學。

每一期「樂齡大學」的課程為一學年（上、下兩學期），配合學校的行事曆，每學期上課十八週，每週上課二天，每天四小時（上、下午各兩小時）。

課程的設計配合銀髮族學員的需求，非常生動、活潑、實用，而且多樣性，讓學員們能夠充分享受到「活到老，學到老」的樂趣。授課的師資都是南華大學各系所的專、兼任老師，都是學有專精，而且教學經驗豐富，我個人也固定每學期都有排課。

一〇三學年度上學期（二〇一四年九月）開設的課程有：生命的永續經營觀、太極拳的修導與養生、自然醫學與自然農法、性別平等、醫療議題講座、藝術創作、心靈彩繪畫人生、養生樂活與身心自在、健康之認識與保持、樂活人生的實踐與智慧、藝術創作、文學藝術欣賞、中國導引術與養生、長者療癒花園樂活去、居家安全健康養身專題講座。

一〇三學年度下學期（二〇一五年二月）開設的課程有：現代人的生命終極關懷、太極拳的修導與養生、中國導引術與養生、陶藝製作、老人交通安全教育講座、健康之認識與保持、高齡者的終身學習與生命轉化、長者逛療癒花園、藝術創作、電腦概論與基本資訊應用、老人疾病的預防與用藥安全、自然療癒講座、臺灣野生動物、醫療議題講座、命理研究、人際溝通與壓力管理、詐騙防範／自殺行為防範、臨終關懷／生命教育、生活法律常識講座。

除了上述的課程之外，每學期至少有一次戶外教學活動。另外，每學期學校都規劃有大師級的「人文講座」，邀請各行各業、各領域的傑出人士蒞校演講，也都會還安排樂齡學員參與聆聽。

一〇三學年度下學期（二〇一五年二月）共有四十一位學員，年齡自五十七至八十六歲不等，平均六十七點二歲，年齡層的分布為：五十五至六十四歲有十五位，六十五至七十四歲有二十二位，七十五至八十四歲有三位，八十五歲以上有一位。因為學校尚無法提供住宿，學員們必須通勤，所以都是來自嘉義縣市及鄰近雲林、斗六等地，未來如果有充足的住宿空間與相關的配套設施，則會考慮接受外縣市的樂齡學員。

該學期，教務處推廣教育中心為我排了連續三週的課程「現代人的生命終極關懷」，內容主要不是談論生死的哲理，而是以實例和經驗說明生死關懷的具體實踐，學員們的反應非常熱烈。在課堂上除了強調「生命永續」的理念外，還特別引述了《人間福報》「生死自在」專欄上一系列文章〈生死大事的抉擇課題：末期絕症要不要治療？〉中所舉的五個實例，因為學員們大都上了年紀，他們聽了之後，深有切身之感。

最後一次上課，特別開放自由問答，請他們提出自己最感疑惑、過去想問而不敢問，或者找不到人問的問題，學員們發問踴躍，而且所問的都是多數人急切想知道的生命終極功課，將問答的內容整理，與各位讀者分享。

問題一：

我們都知道生死大事是自然規律與人生常態，但是現在大家的身體都還很健康，距離最後告別世間，可能是十幾、二十年以後的事情，要現在那麼早就開始緊張、憂慮嗎？

回答：

當然不是要大家不明所以地緊張、憂慮，其實大家也無須窮操心、緊張、憂慮，而是要未雨綢繆，及早準備。「凡事豫則立，不豫則廢」，古有明訓，舉個世俗的例子，大家一聽就能明白。

古時候的讀書人，想要求取科舉的功名，為了考進士、中狀元，不也都是要「十年寒窗」嗎？在世間想要成就任何事情，不論大小，都不是一朝一夕就能達成的，而是必須經年累月持續地努力，才能開花結果。生死大事亦然，如果我們真的想要善終、瀟灑走一回、如願往生佛國淨土，「平時不燒香，臨時抱佛腳」是絕對不行的，一定要及早做好各項準備，屆時才能水到渠成，所作皆辦。

其實，無論是「世間法」還是「出世間法」，有很多道理是相通的；換句話說，「世間法」的道理可以貫通到「出世間法」，「出世間法」的義理也可以運用到「世間法」。生死之間也是一樣，「生」與「死」的道理是相通的，我們根本就不應將「生」與「死」截然劃分開來看。但是很可惜的，一旦面對「死亡」，人們的思惟就好像驟然撞到牆壁或瀕臨懸崖而戛然止步了，事實上，人們想像中的那一道死亡的「銅牆鐵壁」或「萬丈深淵」，根本就不存在。

其實，生死之際的生命之流不曾片刻停頓，而是繼續轉化，有如穿越時空的「星際之旅」，我們怎麼可以不事先好好地規劃呢？

談到「生涯規劃」，從學校到社會，大家都在談，沒有人不知道，「生涯」也好、「職涯」也好，都要事先規劃，及早準備。有很多家長擔心自己的小孩「輸在起跑點上」，很早就開始為子女規劃學習生涯了，不是嗎？人生的每一個階段，從小學、國中、高中、大學、研究所，一路上來，如果希望都能儘量符合自己的志趣，不都是要預先規劃嗎？同樣的道理，從學校到社會，求職就業或創業、擇偶成家、職涯升遷或發展等等，不也是要及早規劃嗎？

俗諺云：「長江後浪推前浪，一代新人換舊人。」年華老大的歲月終究會到來，所以讓年輕的後起之秀接棒，然後從職場退休的生活安排也應該要事先規劃，包括老年的安養照顧、醫療保健等等問題。

這樣子當然還不夠，然後呢？這年頭已經有一些有先見之明的人，會及早規劃好他的後事，預立遺囑，交代心願，包括財產如何處置分配，甚至於採用何種葬式、墓地、塔位，或環保葬的選擇等等。

這樣子也還不夠，然後呢？

問題二：

啊！人生不是就這樣子結束了嗎？怎麼還會有「然後呢」？我們要如何「然後呢」？

回答：

當然還有「然後」！只是，絕大多數人以為死亡就是「終點站」了，甚至於認為是極端可怕的黑洞，所以連想都不敢再往後想了。其實，肉體的生命雖然有使用年限，但是真正的「內在靈性生命」可是「永續」的啊！可惜的是，我們對於內在靈性生命的認知和經營沒有永續。

就是因為「生命是永續」的，而芸芸眾生對於生命的認知和經營卻「沒有永續」，根本就不知道要預做規劃與準備，這當中的落差，造成芸芸眾生在生死轉化之際，陷落在輪迴的洪流之中，糊里糊塗地來來去去，永無止境。

問題三：

「死了以後」還有「生命」的「規劃和經營」？這太玄了吧！我們如何能規劃和經營呢？

回答：

當然不是等到我們「死了以後」才來規劃和經營，那可就來不及了，而是就在「當下」，就是在眼前「還活著好好」的時候，就要開始為「死了以後」的生命，好好地規劃和經營，這一點也不玄。就像是大學生或研究生，怎麼可以拖到畢了業之後，才想到要就業、創業或出國深造？當然是要在畢業的前一、兩年，甚至於更早，就要開始規劃準備了。

我用現實生活中的例子來比喻，大家一聽就能明瞭。以出國留學深造為例，學生事先一定要做足功課，就自己有意申請的幾個國外目標學校，了解其課程、師資、語文要求、申請資格、學雜費、獎助學金、校園環境、當地文化、交通食宿、氣候、治安等等，經過分析比較，然後提出申請。

又譬如有人想要移民國外，不論是投資創業移民、技術人才移民、還是退休養老移民，也不管是去美國、歐洲、澳洲、紐西蘭、貝里斯等地，總不可能今天才想到要移民，明天就啟程了，不是嗎？一定是很早以前就開始規劃了，有人會找移民顧問公司，有人會詢問國外的親朋好友，有人會自行研究，了解不同移民國家的整體情況，包括居住環境、投資環境、教育環境、治安、氣候、交通、產業等等，然後經過分析比較，再決定移民到哪個地方，絕對不會貿貿然地說要移民就移民了。

問題四：

真的有「來生」嗎？我們如何能夠確知呢？來生的事我們現在看不到啊！

回答：

這個問題可以分成幾個層次來看，首先，我們現在一時看不到的事，並不表示就一定不存在，我們眼前看得到的事，也不一定就完全真實。再者，即使現在看不到，就一般邏輯而言，也至少有二種可能：一、不存在，二、雖然存在，但是肉眼看不到或看不懂。此外，雖然「你」、「我」看不到，並不表示其他人也都看不到。

的確！對絕大多數人而言，「來生」的事，我們現在看不到！好！我們先不要講「來生」，就講「今生」的事，很多人也不見得看得到啊！譬如說，對現在的很多大學生、研究生而言，他們似乎也都看不到他們自己畢業後的未來呀！這並不表示他們就沒有未來了，只是他們對於自己的未來充滿了種種的不確定，因而造成一種惶恐與焦慮感。

在此舉一個公案為例，有學人問惟寬禪師：「道在何處？」禪師答曰：「道在眼前。」問：「我怎麼沒有見到呢？」答：「你有『我執』，所以見不到。」問：「哦！我有『執著』，所以不能見道。那麼，禪師！您有見道嗎？」答：「你不但有『我執』，還有『人我分別』，那就更加不能見道啦！」問：「哦！那麼如果沒有你我的分別，無我相，無人相，是不是就能見道呢？」答：「啊！無我無你，那麼誰來見道呢？」

這一則公案，乍看之下，好像是惟寬禪師在跟提問的學人打啞謎，其實他是在慈悲開示「眼界」與「見地」的問題。換句話說，不同的人，有不同的「眼界」與「見地」，所以能夠看到世界的視野遠近與層次高下也是不一樣的，一般「肉眼」看不見的「道」，就要用「慧眼」才能見到。

且不說「來生」的問題或者「出世間法」，就以「世間法」而言也是如此，以不同的「眼界」與「見地」，所看到與理解的世界也是不同的。例如，十七世紀的牛頓以他獨到的「眼界」與「見地」，將微積分應用在物理學上，發展出牛頓力學，闡述了萬有引力和三大運動定律，改變了世人對物理世界的看法，奠定了此後將近三百年的力學與天文學的基礎，促進了現代工程學與工業的發展。之後，二十世紀初的愛因斯坦也以他獨到的「眼界」與「見地」，發表了相對論，以「時空連續結構」的「四度空間」來解釋重力場，並提出質能方程式$E = mc^2$（能量等於質量乘以光速的平方），改變了人類對宇宙及物質的看法，並且深深影響了量子理論的建立。

回顧人類對自然界與物質的看法，不斷地進展，從牛頓的「物質不滅定律」進階到愛因斯坦的「質能不滅定律」，但是只停留與侷限在物質與物理世界的領域，尚未觸及生命和靈性的層面，所以無法解釋「來生」的問題，未來還須再進階到「靈性不滅」的層次。

其實，我認為佛教講「十方三世」，真的是非常先進的宇宙人生觀。從世界各大宗教的教義來看，自古以來「靈性不滅」就是普遍的真理，而且我認為這是比「物質不滅定律」與「質能不滅定律」還要更高階的真理。芸芸眾生的「靈性」既然是「不滅」的，所以有「來生」根本就不是問題，反而是如果「沒有來生」，那可就荒謬奇怪了。

不過話說回來，有「來生」雖然不是問題，但是芸芸眾生不知道、懷疑，或者根本就不相信有「來生」，對於肉體死亡之後生命的未來茫然無知。因此，一方面不知道如何面對及處理親人和自己的死亡，另一方面也不知道要為親人和自己的「來生」做任何有實質助益的準備，這才是真正的大問題！

總而言之，真正問題的關鍵不在於「有沒有」來生，而是在於「有沒有」為來生做好應該有的準備，就像是大學生和研究生的真正問題關鍵，不在於畢業後「有沒有」出路和前途，而是在於他們「有沒有」為自己畢業後的出路和前途做好應該有的準備。

問題五：

您說「千萬不要拖過人生的賞味期」，又說「千萬不要變成生命的延畢生」，而要「風風光光地畢業」，我們都很同意，但是我們怎麼會知道親人長輩或自己的「賞味期」快到了？又如何能夠如願地「不要延畢」而「風光地畢業」？

回答：

問得很好！我們先談能不能預先知道「賞味期將近」的問題，再談能不能「不要延畢」的問題。生命的樂章本來就有其自然的旋律與節奏，養生之道的秘訣之一，就是能傾聽自己身體的內在訊息，譬如：渴了、餓了、飽了、疲了、睏了、病了等等，然後合宜且順應自然地回應身體的訊息與需求，讓身心達到一種康寧協調的狀態。所以養生之道的最高境界，就是與自然的旋律共舞，生也如此、老也如此、病也如此、死也如此、來也如此、去也如此。

我們先從一期生命的開始講起，孕婦怎麼會知道什麼時候要臨盆？答案很簡單：腹中的胎兒和孕婦自己的身體會發出訊息，告訴她，baby要出來跟大家見面啦！在此跟大家講一個很有生命啟發性的真實小故事。

我的二弟開憲和弟妹沈冬當年在佛光山大悲殿舉行佛化婚禮，禮請星雲大師親自福證。他們有二個小孩，名字都是身為大伯的我取的，按照家譜的字排是「弘」字輩，老大是男孩，名叫「弘觀」，老二是女孩，名叫「弘音」，靈感是取義祈求「觀音菩薩」慈悲加持護佑。

幾年前，有一次我和二弟聊天，他談到他和弟妹養兒育女的父母經，在弟妹懷第二胎的時候，去臺大醫院產檢，照了超音波，知道是個女孩，夫妻倆很高興，但是醫師發現胎位不正，頭朝上腳朝下，醫師說屆時必須要剖腹生產。一開始，夫妻倆將信將疑，覺得有點傷腦筋，經過和醫師再三確認無誤，他們就轉念商量，既然醫師說必須要剖腹生產，那不就表示他們夫妻倆可以決定剖腹生產的時間囉？那為什麼不乾脆為這個還未出世的寶貝女兒選一個上好的「生辰八字」？於是夫妻倆就根據醫師診斷推估預產期的時間前後，用電腦軟體為尚未出世的女兒，神機妙算、精挑細選地排了一個上好的紫微斗數命盤，然後又拜託臺大醫院婦產科的醫師，屆時配合這個上好的生辰八字，剖腹生產。

就這樣，八字命盤也排好了，連日期、時辰都挑好了，醫師也拜託了，一切都在精心的規劃中，幾近完美！結果呢？講到這裡，二弟有點無奈地笑著說：唉！真的是人算不如天算！那天下午送弟妹到臺大醫院待產，傍晚時分，他外出去買晚餐，才不過一會兒，回到病房就發現弟妹不見了，一問，已經緊急送入產房，原來肚子裡的baby等不及了。她根本就不等爸媽絞盡腦汁幫她挑選的上好時辰，就急急忙忙自己要出來見世面了。

這件事的啟發性在哪裡？生命的樂章——不論生死——本來就有其自然的旋律與節奏。再精確一點說，我們每一個人的「出生」及「死亡」，都有其個別的「自然時機（natural timing）」，新的生命，時間到了就會自然降臨；衰老的生命，時間到了也就會自然辭世，我們最需要做的，就是歡歡喜喜地「迎接」，感恩祝福地「送別」，根本就不須也不應該以人為的因素去干預或操作，我們出生的時候是如此，將來老了、病了，以及要告別人世的時候，也是如此。

生命是一種「連續」函數，這「連續」二字還有另外一層意涵，表示我們的肉體生命經歷「老、病、死」的變化轉折，不會突如其來，或是出現斷層，而是逐漸累積演變，在這個過程當中，其實都是有跡可循的。

換句話說，生命是一種連續的活動歷程，終其一生，我們的身體會很自然且不斷地發出各種訊息，並且顯示種種徵兆或預警，讓我們能夠及早準備與因應，我們的「賞味期將近」，甚至於「臨命終」的時候也是如此。但很可惜的，現代人幾乎都在成長的過程中，逐漸喪失了傾聽自己身體內在訊息的天賦能力，同時也由於對於死亡的無知或恐懼而不願、不想面對死亡，以至於誤判情勢而「拖過人生賞味期」，最後又做出錯誤的醫療決定，讓親人受盡折磨，抱憾而終。

除了傾聽自己身體內在發出的生命訊息之外，還有觀察身體活動及外在的徵兆，與借助現代醫療科技的診斷，可以幫助我們明確地判斷自己或「年邁親人」的「生命賞味期」是否將盡。這當中又可大致分為二種情況：一、罹患癌症等惡疾重症，二、並未罹患癌症惡疾，只是純粹老化，因而引發種種「退化性」疾病，如腦中風、心血管疾病等。

第一種情況又可再分為二類：一、如果所罹患的病症是醫學文獻上找不到記載或相關資訊的案例，或是千百萬人當中僅僅只有幾個人不幸罹患過的病例，這叫做「罕見疾病」，醫師當然無法判斷其吉凶變化。二、如果所罹患的癌症是千百萬人都已經得到過的，那麼醫師就可以很明確地判斷，病人在經過手術、化療及放療等種種現代醫療處置之後，其存活率與存活期限是多少。醫師如何能夠判斷？這要拜現代科技與網際網路之賜。

當今有個名詞很夯，叫做「大數據（big data）」，不知道各位讀者有沒有聽說過？這個「大數據」的概念與生死學及臨終關懷有著密切的關聯。如果有某種疾病在全世界七十多億人口當中，罹患的病人只有個位數、百位數或千位數而已，那麼因為醫案病例所累積的「數據量」太少、太小，醫師根本無法據以做臨床的參考及判斷。反之，如果某種疾病在全世界罹患的人數已經有幾百萬、幾千萬、甚至於上億，那麼所累積的「數據量」就夠多、夠大，經過統計、分析、研究之後，可以讓醫師有根有據、很明確地判斷罹患這種疾病的末期病人存活率與存活期限。

如果病人的存活率夠高而且存活期限夠長，當然不應輕言放棄治療，但是如果存活率趨近於零，再加上存活期限不到一年半載，甚至於僅剩下三、五個月，那麼就要慎重考慮值不值得冒險治療。否則不但病治不好，最後連僅剩餘的一點精神與體力也都消耗殆盡，那就更加無力面對善終與往生的功課了。

以我個人將近五十年來的觀察與了解，其實大多數癌症病人並不是死於「癌症」本身，精確一點地說，他們並不是由於所罹患之「癌症」本身的原因直接致死，而是因為大幅地拖過可以善終的最佳時機，再加上現代醫療科技的人為不當干預，導致器官加速衰竭，同時引發種種的「併發症」，讓自身最後僅剩餘的一點精神與體力不斷地消耗殆盡，最後很可能是因為一個小小的感冒、發炎或感染，而兵敗如山倒，有如壓垮駱駝的最後一根麥稈。

我的主張是：肉體的「死亡」絕非生命的結束，而是生命的轉換，同時也是往生的契機，亟需要有足夠的精神和體力做支撐與啟航；因此，千萬不能無謂地消耗自己的精神與體力在對抗病魔與死神上面，以至於淪落到讓肉體「全面潰敗」的地步，而是要預先設定好往生的目標，儘量保留足夠的精神與體力，一心一意全神貫注在佛號（或自己所信仰的聖靈名號）之上，做為往生佛國淨土（或天堂樂土）之心性動能。

第二種情況表面上看起來相對地單純，即是年邁親人並未罹患癌症或惡疾，只是單純地老化，引發種種「退化性」疾病，或者只是器官或肢體功能嚴重地退化，甚至到無法正常生活的地步，比如說：無法吞嚥、無法進食、無法排便、無法控制排便、跌倒、突然無法站立或無法步行等等，這些都很可能是「生命賞味期」將盡的徵兆，家人必須要「非常、非常、非常」謹慎地面對與處理，否則「一失策成千古恨」，後悔莫及！

各位讀者可千萬不要輕忽或小看「單純地老化」的情況，也千萬不要誤解「器官或肢體喪失功能」的「生命預警」之重大意涵而誤判情勢，而將發生這種情況的年邁親人送入急診處然後轉加護病房「大刑伺候」，在我看來，這簡直比「傷口撒鹽」及「火上加油」還要嚴重，不但一條老命救不回來，而且會死得非常悽慘痛苦。

我的主張是：千萬要認真嚴肅地面對「生命賞味期將盡」的現實處境，全家人要形成共識，及早設定生命「停損點」以及「往生的目標」，以極力「求往生」取代「求生」與「急救」，將「生命的永續經營」從「理念信仰」落實為「實踐行動」。

因此，如果我們希望將來不但不會陷入「抱憾而終」的情境，而且能夠真正地「瀟灑走一回」的話，有三項必要的基本功課一定要做到：第一、破除鴕鳥心態，「打從心底」願意接受自我肉體生命「自然死」的來臨；第二、重新喚醒自我「覺察及傾聽」自己身體內在訊息的天賦能力。做好了這三項基本功課，再加上及早確立未來生命的方向，並且在宗教靈性的開展上精進修持，絕對可以「預知時至」，當然也就能夠從容地善終，而且如願往生到佛國淨土或天堂樂園。

問題六：

您前面所說的道理，我們都能理解，也都很贊同。但是您說要「見好就收」，我們也很希望未來能夠「見好就收」，問題是到時候即使想要收，卻掛在那裡「收不了」啊！就像我們在現實生活周遭所看到絕大多數的實際情況，那該怎麼辦？

回答：

的確沒錯，在現實生活中，我們所看到絕大多數的實際案例，幾乎都是掛在病床上無奈地拖著，陷入一種「好也好不起來，走也走不了」的困境。那些「收不了」的痛苦案例——就是我一再講的——都是已經嚴重地「拖過了人生的賞味期」，到頭來「變成了生命的延畢生」，到了這個地步「才想到要收」，當然是非常困難。這種已經陷入「收不了」的困境案例，最後要如何才能解套，就成了另外一個棘手的課題，必須要特別專題處理，在此不做討論。

俗話說：「千金難買早知道，萬金難買後悔藥。」我在這裡要講的重點，就是千金難買的「早知道」，也就是要及早提醒各位現在還很健康的人，將來千萬不要陷入那種「收不了」的困境，確實能夠做到「見好就收」。

注意！「見好就收」的關鍵，其實還不在最後這個「收」字，而是在前面「見好」這二個字。如果到了人生「該畢業」的時候，不能「見好」就收，而是一直拖著延後畢業，絕大多數的下場就是我們所看到的「歹戲拖棚」，拖到家屬終於醒覺病人確實是「好不了」了，這時才想到應該要收了，卻也發現病人已經被現代醫療科技牢牢地困住，好像被「綁架」了，想要「贖身」卻困難重重！

因此，這些年來，我在各種公開演講的場合都一再強調，「見好就收」的「最高境界」就是「無疾而終」。一開始，大家都聽不懂為什麼我這麼說，有很多人聽了之後，甚至於會感到害怕。

二〇一三年八月下旬，我在紐約的一場演講中，談到「無疾而終」，當場有很多聽眾乍聽之下都嚇了一跳，還有人問道：「既然『無疾』，為什麼要『終』？」我回應道：「如果您不想要『無疾』而終，難道您想要『有疾』而終，甚至於『惡疾』而終嗎？」

大眾對於我所說「無疾而終」的直接反應，從詫異、錯愕、不解、疑惑到惶恐，不一而足，這也正好顯示大眾對於「死亡」以及「善終」的錯誤認知——誤以為「無疾」不能「終」，一定要「有疾」才能「終」，最好是等到「惡疾」再「終」——這也是絕大多數現代人不得善終的癥結。

我的用意，當然不是說，現在大家還活著好好的，就要「無疾而終」；而是說，等到將來自己的人生修業期滿，要準備「畢業」的時候，如果想要「風風光光」地畢業，然後如願往生到佛國淨土留學繼續深造，怎麼可以「有疾而終」？更不能拖到「惡疾而終」，當然是要「無疾而終」。

簡單地說，不是現在——還在「修業」期間——就「無疾而終」，而是將來——修業期滿，準備「畢業」了——要能「無疾而終」。

其實，我所講的「無疾而終」，並不是什麼奧妙難懂的玄理，而是簡單明瞭的大自然通則。一方面，有情眾生的肉體生命本來就有其自然的「退場機制」——「自然死」——也就是一期生命的自然落幕，屆時我們為什麼要對抗生命本有的自然旋律？另一方面，有情眾生的靈性生命也有其後續的「轉換跑道」機制——「往生」或「輪迴」——也就是下一期生命的自然接續與開展，我們為什麼不積極符應生命本有的自然機制？

問題七：

感謝您這樣深入淺出的分析和說明，讓我們更清楚地理解了「見好就收」和「無疾而終」的道理了，而且聽了之後也非常歡喜贊同。可是，要如何能夠確實做到「見好就收」，甚至於能夠「無疾而終」，心裡還是覺得沒什麼把握，您有什麼具體可行的方案及建議嗎？

回答：

問得很好！前面所談的是幫助大家做「心理建設」和「思想建設」，接著當然要進一步來談具體的做法。首先，大家必須了解「善終」與「往生」二者之間的區別和連結，我先用個比喻來說明，「善終」有如一期生命學習之旅結束時的「順利畢業」，「往生」有如展開下一期生命學習之旅的「出國深造」。如果大家以這樣的觀點和心態來理解及看待「善終」與「往生」，不但不會有一般人面對「死亡」的負面情緒——如恐懼或排斥，而且還會以正面健康的態度來規劃、準備以及歡喜迎接。

大家想要真正能夠做到「見好就收」，除了「信心堅固」及「依教奉行」之外，還必須先具備二項大前題：其一是「所作皆辦」，其二是確立目標——「發願往生」。

「所作皆辦」一詞，語出《華嚴經》淨行品：「飯食已訖，當願眾生，所作皆辦，具足佛法。」這是普賢菩薩的第一百二十二願，也是佛門裡早齋及午齋結束時所唱誦的〈結齋偈〉中的最後一句。

我特別引用「所作皆辦」一詞的意思是，我們在世間時，該做的事都要做好，該盡到的責任也都要盡到，最後到了一期生命圓滿，準備要畢業的時候，該完成的事都完成了，該放下的事也要都放下，就如俗話所說的：「兒孫自有兒孫福，莫為兒孫作馬牛。」屆時還要繼續為兒孫的事牽腸掛肚的話，如何能夠「瀟灑走一回」？所以最後到了人生畢業考的時候，大家千萬不要「所作未辦」，一定要「所作皆辦」。

光是「所作皆辦」還不夠，同時要確立未來生命的目標：「發願往生」（廣義的「發願往生」包含「乘願再來」），而我們未來能不能夠「如願往生」的關鍵，就在於有沒有「發願」這二個字。

曾經有聽眾問我：「法師！如果我沒有發願往生西方極樂世界，那麼到時候我能不能往生到西方極樂世界？」我說：「哦！就像在這個世間，我們做很多事情都是要事先『預約、申請、掛號或報名』的，打個比方，如果你根本就沒有提出申請要進入哈佛大學，那麼哈佛大學會不會無緣無故發入學通知給你？當然不會嘛！你說是不是？這個道理是相通的。「如是因，如是果，沒有「發願」的「因」，怎麼會有「往生」的「果」？所以「發願」是必然一定要的！

我們要如何「發願」？這也很簡單！就像是我們向佛、菩薩「預約、申請、掛號或報名」。如果決定將來要去西方極樂世界，就到佛堂向阿彌陀佛報名，如果決定要去東方琉璃光世界，就向藥師佛報名，如果決定要去兜率天彌勒內院，就向彌勒菩薩報名，如果要乘願再來這個娑婆世界，就向釋迦牟尼佛發願。我們也可以直接向釋迦牟尼佛或觀世音菩薩發願告白，請他們代轉給阿彌陀佛或藥師佛。諸佛世界猶如「網際網路」（Internet，中國大陸稱為「互聯網」）是互相暢通的，「人有誠心，佛有感應」，所以大家不用擔心連接不到。

至於「發願」的內容？嗯，這一點很重要！以發願往生西方極樂世界為例，必須對阿彌陀佛或觀世音菩薩發願告白，表明自己在這一期生命圓滿結束之後，一心一意要到西方極樂國土進修道業，「得與如是諸上善人聚會一處」，並且以自己這一期生命所累積的所有功德，全部迴向到西方極樂世界，至誠祈求懇請阿彌陀佛屆時——亦即在自己臨終之際——前來接引。

還有，「發願」的心情、態度也很重要！不是普普通通的想要去而已，那是一種「積極、正向、歡喜」的「嚮往」，我用一個比喻，就像是小朋友滿心地「期待」、「嚮往」能去迪士尼樂園一樣，要用這樣的心態發願，才能跟佛菩薩「感應道交」。

問題八：

如果我已經發願了，將來要去佛國淨土進修，是否就一定能夠往生？或是還有其他的功課要做？

回答：

問得很好，想要往生，明確的願力是關鍵基礎，但如果光只是發願，而沒有後續的行持，當然還是不行。就像是有人雖然很想要出國深造，但是卻沒有任何準備的行動，光想、光說卻不練，當然無法成行。所以發了願之後，還必須要及早儲備往生資糧——也就是往生佛國淨土的能量，將來往生才會有把握。

至於如何儲備往生的資糧，就是要「依教奉行、正助雙修」，「正修」就是執持佛菩薩的聖號，而且力求「一心不亂」。至於要念哪一尊佛的聖號，就看行者發願往生哪一個佛國淨土，如果是發願往生阿彌陀佛極樂世界，就執持「阿彌陀佛」或「觀世音菩薩」聖號（觀世音菩薩是「西方三聖」之一）；如果是發願往生藥師佛琉璃光世界，就執持「藥師佛」聖號，依此類推。

很多人都會覺得，要念佛念到「一心不亂」，多困難啊！因為他們察覺到，即使在誦經、念佛時，自己的心思還是很亂啊！怎麼辦？大家先不要擔心或害怕，自己一時做不到誦經、念佛時「一心不亂」，只要心存「與佛相應」、「與法相應」就好。

大家可以去仔細研讀〈大勢至菩薩念佛圓通章〉，或者閱讀我的《生命是一種連續函數》或《生死自在》口袋書系列一中，〈《佛說阿彌陀佛經》的現代解讀與釋疑〉、〈「往生」的現代理解與釋疑〉這兩篇文章，讀完之後，就不會被「一心不亂」這四個字嚇到。

我舉一個世俗的社會現象做比喻，大家就很容易明白，很多人在打麻將、打電動、玩電腦或滑手機遊戲時，不都是全神貫注、「一心不亂」嗎？為什麼？因為他們的「身心」都跟「遊戲」相應結合了！同樣的道理，如果我們的身心都能夠與「佛心」及「法門」相應結合，久久自然進入「一心不亂」的境界。

「助修」就是累積自己的福德因緣，如《阿彌陀佛經》所云：「不可以少善根福德因緣，得生彼國。」譬如說，退休人士可以發心到學校、醫院、安養中心、寺廟道場、慈善機構、社福單位等等，擔任義工，廣結善緣。

其實，廣結善緣，存乎一心，有時候我們在無意之間，就可以結很多善緣，但也可能因為一念之差，讓善緣變成不善緣。在此我講一個小故事，讓大家了解個中的微妙。

佛光山大雄寶殿成佛大道的東單迴廊前頭是「東禪樓」，二樓是演講廳，一樓是客堂，讓往來的信眾、遊客休息，並且奉有「佛光茶」。回憶三十多年前，有一天有位法師到東禪樓準備給來朝山的信眾開示，在一樓客堂遇到了一位佛光小姐在給大眾奉茶，可是她的臉色表情不太好，法師為了表示關心，就跟這位佛光小姐聊了一下。

法師問：「辛苦你了！你在客堂服務，每天奉茶的數量是多少啊？」小姐答：「以人次計算，每天至少要泡六千杯茶，多則上萬杯。」

法師就說：「哇！你好福氣唷！」小姐不吭氣，也沒答話，大概心想：「我泡茶泡到累得要死，有什麼好福氣？」法師看到小姐沒有正面的反應，就進一步開導她：「這是很大的福氣呀！你想想看，如果你在自己家裡想請人喝茶，能夠請到幾個人？能找到六個朋友差不多，了不起讓你找到十六個人，六十個人？不太可能，更不用說六百人、六千人、上萬人。」小姐聽了，有一點回過神的感覺。

法師接著說：「你想想看，每天至少有六千人次讓你奉茶，如果你懷著歡喜心、祝福心、感恩心，面帶笑容地奉上佛光茶，不就等於結了六千個人次的佛光緣嗎？一天至少就有六千個善緣，經年累月還得了，這不是很大的福氣嗎？萬一你心懷無奈，又苦瓜臉似地奉茶，你就結了六千個人次的苦瓜緣，佛光緣變成了苦瓜緣，那不是很冤枉嗎？」小姐聽了之後，終於心開意解，面帶笑容地去給大眾奉茶了。

從上述的這個生活小故事，我們可以很清楚地了解，培養個人的福德因緣，廣結善緣，存乎一心，不需要深奧的道理，也不需要特殊的機緣或者造就豐功偉業，而是在日常生活當中，以慈悲心、供養心隨緣隨喜。

再舉個例子，俗話說：「公門之中好修行。」為什麼？因為身在公部門（各種公司行號亦然），每天都有機會接觸到很多人，也就是有很多機會可以服務大眾，如果能夠身體力行星雲大師推動的「三好」——做好事、說好話、存好心，以及「四給」——給人信心、給人歡喜、給人希望、給人方便，就可以結很多的善緣。但也可能因為沒有服務精神或者服務態度不佳，給人冷漠、給人刁難、給人苦瓜臉，結果好端端的廣結善緣良機，卻變成一直在廣結不善緣、苦瓜緣，將來想要消災都來不及。

《維摩詰經．佛國品》中有句經文，說得極為深刻精闢：「眾生之類，是菩薩淨土。」大乘菩薩道，是在眾生當中實現成就淨土，我們現在雖然還沒有達到菩薩的位階，但是必須深刻地了解，菩薩道的福德因緣就蘊藏在眾生當中，所以廣結善緣就是要走入人群，而且要平等無分別心地服務大眾。

問題九：

為了確保我們能夠如願往生佛國淨土，除了信心堅固、深心發願、執持佛號、廣結善緣之外，還有什麼重要的功課是我們必須做的嗎？

回答：

問得很好，的確還有一項重要的功課，就是「功德迴向」。我們經由不斷地廣結善緣，無形中就累積了豐厚的福德因緣，用世俗的概念來說就是一種個人的「資本」。在世間，當一個人有了豐厚的資本，他可以做很多事情，譬如：投資置產、開創事業，或者周遊列國一覽天下，他也可以吃喝玩樂、縱情聲色，當然也可以行善布施、救濟弱勢等等，端看個人的生命態度與心願。

不同於世俗有形的錢財資本，我們所累積的無形福德因緣，不只是可以用在這一世，還可以用在下一世未來的生命，可以用來祈求轉生善道、上生天界，當然也可以用來發願求生佛國淨土。

對於淨土行者而言，我們所累積的無形福德因緣，就是我們未來往生佛國淨土的資糧，須做最有效的投資運用管理，而不能隨便浪費花用在與往生佛國淨土無關的事務上。因此，淨土行者不求轉生善道或上生天界，而是一心一意求生佛國淨土，這就必須經由「功德迴向」，將自己所累積的福德，全部迴向佛國淨土。

我再用一個比喻來說明，大家就可以清楚地了解，譬如有人發願要去阿彌陀佛淨土，他的迴向功課，就有如申請開一個彌陀淨土的「個人帳戶」，然後將自己平日所累積的福德，統統都儲存在這個帳戶裡面。這個帳戶是「零存整付」的，也就是大家可以每天存一點、每天存一點，經年累月地儲存，到時候一次兌現。換言之，我們每天發願、每天誦經念佛、每天結善緣、每天迴向，終能水到渠成，預知時至，在往生之際，感應道交，佛來接引。

講到這裡，我提供一個「為自己發願往生用的迴向文」範本，供各位讀者參考：

弟子〇〇〇等，虔誠持誦《阿彌陀經》、彌陀聖號，以此誦經、念佛功德，
發願往生阿彌陀佛極樂淨土，祈求三寶加被，龍天護佑，

宿世惡業消除，累劫善根增長，往生信願堅固，

世緣盡時，所作皆辦，預知時至，

臨命終時，一心不亂，如入禪定，

捨報安詳，正念現前，蒙佛接引，

並以過去所集善業，

迴向累劫冤親債主，

普願沉溺諸眾生，速往無量光佛剎，

十方三世一切佛，一切菩薩摩訶薩，

摩訶般若波羅蜜。

【慧開按：我另外編寫彙集了一本〈迴向文〉的小冊子，裡面有「不孕祈子、產後坐月子、消災祈福、往生助念、超薦過往親人」用的迴向文，各位讀者如果有興趣想要索閱，可以聯絡南華大學生死學研究所的助理索取。】

問題十：

您跟我們談的這些道理，「如何瀟灑走一回」的心法秘笈，其實也是我們這一群有把

年紀的「老伙子」非常關心的人生大事，可是過去都一直找不到人問，也不知道怎麼開口來講，可以說是不得其門而入，現在聽到您不厭其煩、很詳盡地跟大家講解，終於清楚地了解了，也安心多了，非常謝謝！但是好像還有一個問題，除了我們該做的功課外，還有沒有什麼我們必須要特別注意、應該避免的事項。

回答：

的確，問得真好！除了「該做的」，還有一些「不該做的」（也就是「應該要避免的」）事情，這些都是攸關能否善終及瀟灑走一回的重要關鍵！

要想真正瀟灑走一回，第一件千萬要避免的事，就是「插管」，最好是連一根管子都不要插，當然更不要做CPR、氣切、電擊等等的，如此才能維護往生正念不會遭到干擾及破壞。

我不知道各位讀者有沒有親身經歷過插管的切身經驗？二〇一一年，我在佛光大學佛教學院擔任院長時，曾經因為腸道嚴重阻塞，緊急送醫，插過鼻胃管（不是照胃鏡）。十多年前，二弟開憲因為腎臟壞了一顆，動過手術摘除，二〇一四年十二月年小弟開定因為切除扁桃腺，都曾經歷過手術插氣管的痛苦。在此我引述小弟開定以第一人稱現身說法的氣管插管經驗，供大家參考。

小弟開定的手術插管親身經驗（二〇一四年十二月七日記錄）

出院了！插管很容易讓氣管受傷，這種罪不要說老年人受不起，中年人一樣受不起。從昨天下午三點手術到現在，我喉嚨原本沒有痰，插完管，拔出來好像火燒喉嚨，還有一堆清不完的痰，睡也睡不好。還好我們沒有讓老媽、老爸臨走前受這種罪，阿彌陀佛！

如果你問我：挨一刀會不會很痛？我只能跟你說：手術時全身麻醉，沒感覺，等你動完刀，醒來已經在恢復室了，但是痛苦的在後面。這是插氣管的，當拔管的時候，我的氣管好像火在燒，支氣管裡有一堆痰，躺著無法咳出來，兩個鼻孔又鼻塞，全身麻醉沒退，又無法起身把痰咳出來。護理人員就讓病患像一條上岸的魚一樣用嘴呼吸，卻不會幫忙，原因是如果用抽痰機，會傷到傷口與乾燥的氣管，所以就晾在恢復室。

我是在週六早晨六點開始禁食，動刀前八小時不能喝一滴水，所以我在下午三點做完扁桃腺切除手術，手術過後要六小時才能進食，到了晚上九點開始喝水。最痛的部分不是動刀的傷口，而是插管的後遺症，這個時候讓我想起了六道輪迴中的餓鬼道，喉嚨細細的，每每喝一點東西就好像火在燒，喝下去的水，又跟痰混在一起，當你咳痰的時候，不僅是傷口痛，支氣管也在痛。

這種狀況真的是無法好好睡覺，在入睡之前，一定要再打一針止痛劑與消腫針。這件事我昨晚沒做，所以就睡半個小時，起來咳痰後打坐，再睡半個小時……這樣子來來回回，一直到早上。

住院醫師來，我就跟他抱怨：我不打算再多住一天，我睡也睡不好，也沒有主動給我消炎止痛的藥，我多住一天要幹嘛？住院醫師看了我傷口的狀況是OK的，但是我跟他說：我氣管不舒服，他說是插管造成的。

我想我這種年紀（五十歲）都不見得受得了插管的痛苦，更何況是八、九十多歲的老人家，插了管，還想要「正念現前」，機率非常低的啦！

小弟開定的親身經驗：「插了管，還想要正念現前，機率非常低的啦！」點出了問題的核心，這就是我一再強調的重點，也就是為什麼在開媽媽、開爸爸最後那段住院期間，我那麼堅持拒絕醫師給他們插管的道理。

因此，如果您希望您的親人最後能夠真正地善終且「如願往生」，千萬不要讓他們遭受插管的折磨，最好連鼻胃管都不要插。同理，如果您希望您自己將來能夠真正地善終而且「如願往生」，現在就要交代好子女，屆時千萬不要讓您遭受插管的折磨，最好連鼻胃管都不要插。

死亡不是生命的終結與斷滅，而是生命的續起與開展

我一再強調，肉體的老朽與死亡不是生命的終結，更不是生命的斷滅，而是一期生命的自然落幕與轉化，以及來世下一期生命的續起與開展。「自然死」的來臨與「胎兒的出生」一樣，有其「自然的節奏與時機」，根本就不應該遭受到醫療的不當干預，甚至於人為無明的破壞。

肉體的自然老化與死亡「不是疾病」，而是大自然的生命機制，醫療與護理專業人員應該要有坦然接受「自然死」的基本認知與素養，一般大眾也應該有坦然接受「自然死」的心理準備，家屬也要有坦然面對老邁親人「自然死」的共識，這是生死自在的核心概念與基礎。

如果按照本文中所講述的心法秘笈，依教奉行，絕對可以如願往生，但是最後千萬要避免被送進加護病房急救、CPR、插管、氣切等等，不然的話，那可就「前功盡棄」了！

臨終親人「千萬不能」送進加護病房

當我們確知親人已經步入一期生命的尾聲，「千萬不能」送進加護病房，也「千萬不能」大動干戈式地急救加搶救！為什麼？因為那會加速消耗病人最後僅剩餘的精神和體力，嚴重阻礙及破壞善終與往生的機緣。在親人最後的生命階段（大約是一至三個月不等的時間），最最最重要的功課是「親情陪伴」，絕對不是「醫療救治」。

各位讀者應該都有到加護病房探病的經驗，大家對加護病房內部情況的感覺如何？我的感覺是，非常不利於末期臨終病人。其一、加護病房內的空調開得很冷，氛圍也很冷，送進去就像是被「打入冷宮」，無人理睬；其二、病房內非常吵雜，有各種醫療機器運轉的聲音，有醫護人員為病人做復健或治療、拍打的聲音等等，對於臨終病人而言是一種精神折磨，且不談病人還會遭遇插管、氣切等等十分痛苦的醫療處遇。

此外，加護病房每天只有二至三個時段——上午有半小時，下午有半小時，傍晚有半小時──開放家屬進入探望病人一會兒，同一時間只能有二位家屬進入，如果親朋好友人多就要排班輪流進出，根本就談不上陪伴，而且半小時一到就全部都被趕出來。

一旦病人住進加護病房，一天有二十二小時以上，家屬都不能陪伴在病人身邊，這等於是剝奪了「病人與家人相處的最後時機」，有很多病人就在沒有親人陪伴的情境下，孤單無助地死去，令人不勝唏噓。

所以我一再呼籲，末期臨終病人千萬不能住進加護病房，一定要住普通病房、安寧病房，或者接回家中，如此家人才能全天候地陪伴，這才是臨終病人真正需要的待遇。

您所不知道的CPR

絕大多數的一般大眾都不知道，CPR的標準施行項目及內容，是整份的「套餐」，不能讓你「單點」的；換言之，如果要做的話，就是「全套」上陣。對於意外重傷（譬如：車禍、雷擊、溺水等等）的人，這是有效的急救措施。然而，對於末期與臨終的病人而言，這不但無效，而且是比「滿清十大酷刑」還要加倍恐怖的「凌遲」。

要能及早成立個人的「往生後援會」及「往生互助會」

如果您已為自己與親人長輩簽署了「預立選擇安寧緩和醫療意願書」，還是不夠的，這只能應付醫療行政制度與法規所需，因為「徒法不足以自行」，古有明訓，一紙文書不足以完全保障個人的死亡尊嚴與品質，還必須要得到家人的認同與護持。在關鍵時刻，一定要有家人願意出面「捍衛」病人的「死亡尊嚴」與「死亡品質」，病人的安寧意願才能獲得實質的保障。

因此，我鼓勵大家要及早成立您個人的「往生後援會」以及「往生互助會」，以確保您的善終與往生權益；同時也鼓勵大家要發心為自己的親人長輩（父母、祖父母等）組織「往生後援會」，而且挺身而出擔任會長，以捍衛親人的善終與往生權益。譬如我就是開媽媽與開爸爸的「往生後援會」會長，我堅持拒絕醫師為他們插管，捍衛了他們的死亡尊嚴與品質，最後他們都是在佛號聲中與意識清楚的情況下，安詳捨報往生。

我志願擔任大家的「往生後援會」以及「往生互助會」顧問指導，未來會編寫相關教材，供大家參考。

開爸爸的人生最後一哩路

我的父親陳鶴袖老居士，在佛光山大家都稱呼他「開爸爸」，生於一九二四（民國十三）年二月十二日，居家安詳捨報於二〇一四（民國一〇三）年八月十八日上午五時三十五分，享壽九十一（虛歲）。

開爸爸出生於江西省雩都縣梓山鄉山塘村機木嶺的一個客家村落的農家，歷代耕讀傳家。開爸爸在高中畢業後，原本有意從事教育工作，考上了贛州高等師範，然而時值對日抗戰軍興，國難當前，故而投筆從戎，獻身軍旅，為黃埔軍校二十一期學生。

開爸爸的兵種是裝甲兵，一九四九（民國三十八）年隨軍來臺，在臺中清泉崗戰車部隊擔任排長，曾經是蔣緯國將軍的麾下，後來擔任連長、營長，之後調任於幕僚單位擔任參謀官，就未再調回部隊帶兵，最後任職於陸軍總部情報署，擔任情報參謀官。出於職務和工作的需要，開爸爸為了蒐集臺澎金馬的地形、地物、山川、水文、氣候、交通等等軍事所需的情報資料，多年來已經走遍了臺灣、澎湖、金門、馬祖。

開爸爸剛來臺灣時，部隊最早駐紮在臺中市的名刹寶覺寺附近，寶覺寺前的馬路就是他帶領部隊弟兄修築拓寬的，以此廣結善緣故，得以和開媽媽結識，在臺中安家。

一九六九（民國五十八）年，開爸爸派駐金門，擔任蛙人兩棲部隊情報作戰訓練官，當年兩岸的關係還處於敵對戰爭狀態，每個月的單日，金門與廈門之間相互砲擊，雙日休兵，號稱「單打雙不打」，因此多數官兵居住在太武山下的坑道窯洞中。因為坑道裡溼氣很重，開爸爸在二年任務期滿調回臺灣後，左腿經常隱隱作痛，但是因為公務繁忙而一直拖延未就醫檢查。

一九七一（民國六十）年十月間，時值某次大型軍事演習，開爸爸在視察演習場地時不幸跌斷左大腿，送到臺北三軍總醫院就醫，住院前後歷時五年（一九七一—一九七六）。住院的頭一年，前後經歷過四次接骨手術，皆無法治癒，因為體內有嚴重的排斥，接骨的鋼釘無法固著。結果大腿手術部位的組織產生病變，轉化為惡性腫瘤，腫瘤組織從手術傷口冒出，且不斷增長，到後來有人頭一般大，狀甚恐怖，然而身體卻變得非常瘦弱。當時我就讀臺灣大學數學系，二弟開憲就讀於建國中學，三弟開舜就讀於中和國中，小弟開定還在念小學，開爸爸雖然意志堅忍，念及家人，心情難免鬱卒。

大三時我擔任臺大晨曦學社社長，帶了一本《金剛經》及注釋本給開爸爸，開爸爸從隨意讀誦，到信解受持，信心堅定。後來開爸爸接受我的建議，毅然決然下定決心做截肢手術，左腿從大腿骨根處、骨盆以下完全切除，因此對於生死交關有了極為深刻的親身體驗。手術復健後，開爸爸就此申請退役，告別了三十年的軍旅生涯回到家中，每日勤寫書法、誦《金剛經》、聽空中英語教學、讀書自娛。

開爸爸的書法，工整嚴謹，一絲不苟，任何一篇書法從頭到尾都同一筆致，絲毫沒有鬆懈的痕跡。後來又自學裱褙有成，無師自通，不但能夠「紙裱」，還會「綾裱」，而且有專業水準，很有成就感，毫不在意自己是少了一條腿的「殘障人士」。

一九七七（民國六十六）年，我到星雲大師創辦的普門中學任教，擔任數學老師，之後歷任訓育組長、訓導主任、教務主任等職務。一九八二（民國七十一）年，我在佛光山禮星雲大師披剃出家，師父上人得知開爸爸的書法精到，正是佛光山所需要的人才，就親自打電話邀請他到佛光山長住。隔年，開爸爸就到佛光山，在都監院的文書單位服務，受到心平和尚、心定和尚、慧龍法師等多位師兄與全山大眾的貼心照顧，讓開爸爸在山上的工作與生活都非常愉快。

開爸爸在山上以筆墨書法服務常住文書所需，例如：大型法會（傳戒、水陸、焰口等等）的榜文、大佛法語、重要的文書書法（東禪樓客堂的〈如何做個佛光人〉）等等。當年師父上人傳法給心平和尚的〈臨濟棲霞法脈法卷〉，也是由開爸爸執筆恭書。

除此之外，開爸爸還在叢林學院和普門中學教授書法與裱褙，為了教學，他還編著《書法講義》教材一冊，書寫《陳書千字文》字帖一冊。《書法講義》內含十二講，除了內容精闢之外，全書都是用小楷書寫，從頭到尾整整齊齊，絲毫沒有鬆懈的痕跡。

非常感謝師父上人和常住大眾的關懷與照顧，開爸爸在山上很愉快地度過了十六個寒暑，後來因為消化能力退化，腸胃狀況無法適應大眾的飲食，因而經常拉肚子，嚴重影響日常生活與工作。為了避免造成大眾的困擾和不便，開爸爸就向師父上人和常住請求告老還鄉。回到臺北中和家中以後，三餐都由開媽媽料理，後來則是由外籍看護料理，針對開爸爸的腸胃狀況與消化能力，把東西都煮得很熟爛，飲食的問題獲得解決。

二〇一四（民國一〇三）年六月下旬，開爸爸突然無法用拐杖站立，吃東西時吞嚥有困難，在客廳誦《金剛經》時，念到一半就睡著了，顯示他的體力明顯下降，這就是老化且人生賞味期將盡的徵兆。

六月二十三日開爸爸發高燒，由小弟開定送往耕莘醫院永和分院就醫，醫師診斷為感染急性肺炎，以注射抗生素控制症狀。我們兄弟已有共識，開爸爸年事已高，壯年時受盡醫療的折磨，一條腿撐了將近四十年，虔誠持誦《金剛經》也將近四十年，如今已邁入人生的最後一哩路，面臨人生的畢業考，千萬不能再讓他遭受到醫療的無情干預，破壞往生佛國淨土的機緣。

醫師問是否同意插管治療？小弟開定很肯定地拒絕，並且簽署了拒絕任何插管治療的同意書。兄弟們的共識，就是堅持拒絕任何侵入式的積極治療措施，當務之急是控制肺部發炎的症狀不再惡化，讓開爸爸有精神及體力念佛發願，求生彌陀淨土。

我們兄弟輪流到醫院陪伴開爸爸誦經念佛，但見他神情安適，如在修行狀，雙手不時結手印。彷彿他沉浸在佛光山上書寫的「細聽佛陀宣法語，正是身心解脫時」的境界裡，又彷彿以他一生的經歷在細細地品味「西方即是唯心土，土淨方知心體空，一切境風猶罣念，云何妄說任西東」。

感謝耕莘醫院醫師、護士的專業醫療護理，也感謝外籍看護Yani的悉心照顧，還有郁品堂陳師傅配的中藥，開爸爸的肺部情況大有改善。開爸爸以注射點滴及營養液，維持基本體力，雖然吞嚥仍然困難，無法喝水，但可以餵食亞培安素和布丁，所以排便的情況大幅地改善，連帶地精神與意識狀況也很穩定。

七月廿七日一早，開爸爸開始點我們兄弟的名字，當天下午我們全家人圍繞在他跟前，盡力精進念佛，他的精神和心情都很好，除了跟我們豎大拇指表達能去阿彌陀佛淨土很好以外，還跟我們眨眼睛。其實他當時喉部已有嚴重感染，聲帶發音已經很吃力了，彷彿用眼睛對我們訴說「一句彌陀正信深，曇花早現一枝春，分明好箇到家句，自信西方舊主人」。

當天晚上，二弟開憲回到醫院陪伴，為開爸爸誦《金剛經》，念到一半，開爸爸對開憲說：「不要念了，先回家找衣服、褲子，舊的也沒關係。」他雖然沒有明說，但是二弟心頭一震，覺得他已經預知時至，趕緊回家找衣服、褲子。後來開憲和弟妹沈冬在家裡找到了之前開媽媽就已經為開爸爸做好的全新唐裝，還有全新的白襯衫，趕緊送到醫院，經過開爸爸的同意，這是他最後要穿的衣服。

七月底三弟開舜夫婦也從美國飛回臺灣，在我們兄弟輪流陪伴下，開爸爸的情況相當穩定，我們除了為他誦經、念佛、迴向之外，也不斷提醒他要發願祈求阿彌陀佛來接引，他都很肯定地點頭。這段時間裡他雖然因為喉嚨發炎，不太能出聲言語，但是會隨著定和尚的佛號聲，穩定持續地做喉部運動，彷彿在靜靜地實踐「臥時念佛莫開聲，鼻息之中好繫名，一枕清風秋萬里，半床明月夜三更」。

八月六日，主治醫師表示，開爸爸的情況穩定，可以考慮在一、二天內安排出院。最後我們決定在八月九日辦理出院，接開爸爸回家，兄弟共同的決定，在任何情況下都不會再送開爸爸進醫院了，大家一心念佛，積極旁助開爸爸求生淨土。

在回到家之後的一個星期裡，開爸爸意識清晰，正念穩定，八月十五、十六日開憲與開定在開爸爸跟前念《阿彌陀經》時，開爸爸多次伸開雙手好像在迎接人的樣子，目光有神。我們雖然信心堅定，但還是會擔心開爸爸的精神及體力能否持續支撐而且正念現前。殊不知，開爸爸在佛光山上簡樸生活修行多年，早已參悟「空裡千華羅網，夢中七寶蓮池，踴得西歸路穩，更無一點狐疑」。

八月十七日凌晨，開爸爸開始發燒，上午小弟開定抱他到浴缸中洗澡，讓他身心清爽。下午四點，二弟開憲為他量血壓，低到七十一／四十，聯絡陳秀丹醫師，陳醫師說若呼吸開始喘，小便停止或變少，就在一兩天內，可能一口痰卡住就走了。開爸爸眼睛一直張得很大，開憲請他先閉目休息一下，會在旁邊念佛陪他，眼睛才稍微閉起。

開憲與賈淑麗科長（現任衛福部國民健康署副署長）聯絡，她以護理專業經驗認為，雖然血壓低，但心跳還是一三〇，表示生理上還有代償功能，所以不致於是十七日當天晚上，要等心跳降到七十、八十以下，血壓也降低，才是時候到了。她感覺老人家很瀟灑，不會麻煩我們，所以我們仍然做自己該做的事，過該過的日子。

當時我正在佛光山上參加一年一度的徒眾講習會，本擬趕回，但聽賈淑麗科長說，開爸爸脈搏還強勁有力，十七日當晚應該沒事，所以就決定隔天（十八日）下午回去。但小弟妹嬴裕似乎有預感，就決定留下來陪伴。

八月十八日上午三點十九分，開憲發訊息給兄弟，開爸爸已無法用血氧機量到數值了，用手量脈搏也感覺不太到了，不過體溫還有三十七點八度，他和嬴裕在開爸爸面前誦念阿彌陀佛。最後，開爸爸在開憲和嬴裕的陪伴下，以及定和尚的佛號聲中，意識清楚地睜開眼睛注視著前方的佛像，緩緩地呼吸，閉上眼睛又再睜開，最後又閉上眼睛，很祥和地呼吸了最後一口氣，捨報往生，蒙佛接引。如同持續修行到最後一刻，示現「我念彌陀震法雷，勞生夢眼一時開，千年老藕新華綻，無限香風動九垓」。

清晨五點三十五分開憲打電話通知弟妹沈冬，弟妹就帶著姪女弘音趕回家，開定也隨即回家。五點三十七分開憲發訊息給兄弟們，開爸爸已經蒙阿彌陀佛接引，捨報往生了。我接到訊息後，隨即從佛光山趕回臺北中和。

感謝覺勤法師、永和學舍的法師、佛光會的師兄、師姐，以及臺大晨曦學社的老同學們，陸續來為開爸爸助念。我還特別邀請第二殯儀館的遺體美容專家劉素英老師來為爸爸化妝。

開爸爸的後事處理，原則上和開媽媽一樣，不發訃聞、不收奠儀、不辦公祭，以追思法會的方式懷念開爸爸。

開爸爸於八月十九日上午十點在臺北市第一殯儀館圓滿入殮佛事，然後停棺在第一殯儀館，等到二十三日上午十點半在第二殯儀館火化，禮請心定和尚主法。九月十日下午一點半，在臺北普門寺舉辦三時繫念佛事，禮請慧龍法師主法。追思法會的場地是在台北道場，時間是九月十四日上午十點，禮請心定和尚主法，由全國廣播主持人孫娟娟擔任司儀。感謝南華大學生死學研究所畢業校友曾應鐘為開爸爸的三時繫念佛事及追思法會全程錄影。

我為了找尋開爸爸的墨寶，特地在八月底回佛光山，到各個單位詢問，得知淨業林依品法師收藏有三十九幅開爸爸用大楷書寫的淨土詩偈，如獲至寶。其中有多幅法語，可以說是他在山上修行的體悟，對應他人生走的最後一哩路，印證他樸實修行《金剛經》空觀以及厚植《阿彌陀經》淨土資糧，對我們兄弟有多重啟發，不得不讚歎佛法無邊，以及他樂於做一個佛光人，積累福德而不貪著，虔誠願力的平實偉大。後來徵得淨業林堂主永藏法師的同意，出借開爸爸的墨寶在台北道場的追思會上布展。

感謝開爸爸對我們兄弟的生育、養育、教育之恩，連他的人生最後一哩路，也是一種極為殊勝寶貴的生命示現，啟發我們積極而瀟灑自在地面對人生的終極課題。對我多年來推動積極發願往生、預知時至、無疾而終，能「踢得西歸路穩，更無一點狐疑」更增添了實證的信心。

在追思法會上，我代表兄弟和家人，作了一幅輓聯，表達無盡的懷念、感恩與追思：

父親大人蓮右

弱冠投筆從戎半生軍旅足跡行遍大江南北金馬臺澎

壯年因公傷殘毅然截肢辛苦熬過生死劫

餘生潛心書法一手好字翰墨流佈道場五洲佛光世界

九旬預知時至萬緣放下一心正念登蓮臺

出家兒慧開頂禮拜輓

最後，我們兄弟感謝爸爸的生育、養育、教育之恩，敬愛的爸爸！我們只是暫時別離，未來一定會在佛國淨土相會！我們家人感謝佛菩薩的慈悲加持與接引爸爸往生佛國淨土！

感謝師父上人的慈悲關懷，感謝佛光山的長老師兄們、常住大眾（特別是台北道場、普門寺、永和學舍）和佛光會的師兄、師姐的辛勞，我們家人感謝大家的撥冗蒞臨為開爸爸拈香獻花。

敬祝大家福慧圓滿，生死自在，阿彌陀佛！

佛法與生死疑難答客問

前言

二〇一七年四月一日晚上，我在桃園講堂演講，講題為「生命的終極關懷——從生命永續到生死自在」，在最後開放問答時，現場有幾位聽友分別問到有關器官捐贈與移植的時間點問題，以及有關安樂死的問題，我說：這二個問題都牽涉甚廣，不可能在演講問答的場合，三言兩語就講清楚，你們可以參閱《人間福報》每個星期日「生命書寫版」的「生死自在」專欄，我早就寫了〈從佛教觀點談「器官移植」與「器官捐贈」〉系列文章十二篇（從二〇一六年二月二十一日至五月八日），與上個週日剛剛結束〈「安樂死」的迷思與解套之方〉系列文章十二篇（從二〇一七年一月八日至四月二日）。

如果各位讀者沒有看到報紙或來不及看報紙，或者找不到舊報紙，不用擔心，可以用電腦上網搜尋，在《人間福報》的網頁裡面可以看到我所有發表過的專欄文章。另外還有一個更簡便的方法，就是用智慧型手機直接收看《人間福報》即時報。各位讀者可以在手機裡的App Store（App商店）搜尋《人間福報》即時報的App應用程式（免費下載），而且有Android和ISO二種系統，不論是HTC或是iPhone手機等等都可以適用。

二〇一七年一月下旬，我應西來寺住持慧東法師的邀請赴美演講，邁阿密道場的永瀚法師得知我要去西來寺，剛好邁阿密道場要舉辦星雲大師一筆字展覽，希望我能以副住持的身分代表佛光山出席開幕茶會及演講。因為時值學期結束，所以我就利用寒假期間去了一趟美國，一月十三日先到邁阿密道場出席開幕茶會，十四日在Tamarac市立圖書館星雲大師一筆字展覽場地用英語演講「From One Mind to One Stroke — Understanding Buddhism in a Nutshell」，十五日上午在邁阿密道場主持三皈五戒典禮，下午用中文演講「生命的終極關懷——從生命永續到生死自在」。接著應覺凡法師的邀請於十六日轉往Orlando，十七日在光明寺用英語演講「A Modern Buddhist Reflection on Life and Death」。然後再轉往洛杉磯西來寺，二十一日用英語演講「A Modern Buddhist Reflection on Life and Death」，二十二日用中文演講「生命的終極關懷——從生命永續到生死自在」，二十三日搭機回臺。

在美國的那幾場中英文演講裡，同樣地有聽眾問到與佛法及生死大事相關的問題，這些問題是絕大多數人的疑難與困惑，也是我經常在不同的場合都會遇到有人提問的，就如同英文中所說的FAQ（Frequently Asked Questions），所以我就借用這個英文詞語，將我在那幾場演講中及演講之後所接到聽眾的提問，以「問答集」的方式呈現，供各位讀者參考。

佛法與生死疑難答客問FAQ

有位聽友William來信提問。

問題：

請問法師，佛教說一個人三皈依以後就保證不會落入三惡道，是真的嗎？

回答：

皈依文中有云：「皈依佛，不墮地獄；皈依法，不墮餓鬼；皈依僧，不墮畜生。」這是真的！佛無妄語！至於皈依三寶以後，是不是就「保證」不會落入三惡道？這個問題有必要進一步釐清。佛法講「因緣法」與「因果」，如是因，如是果。所謂「保證」並不是

「無條件的」，而是要「因果相應」。我的認知與信念是，皈依三寶以後，只要能真心誠意依教奉行「諸惡莫作，眾善奉行，自淨其意」，則「保證」不會墮入三惡道，如果能再受持五戒，可更進一步享有人天福報善果。但如果只是形式上皈依，表面上虛應故事，暗地裡造惡業，言行不一，身口意三業與佛法不相應，那麼就「不保證」不入三惡道了。

聽友Jason居士來信及提問：「今日法師演講內容，弟子從未得聞，甚為心喜，但心中難免有惑，惟考量時間因素故未提問，因此勞請秘書撥冗轉致法師提問有關『求往生』之醫療、習俗等問題，代後學請求法師開示……」感謝Jason居士的來信，他的提問其實也是大多數人的疑惑，針對他的提問，逐條答覆如下：

問題一：

若老年人得失智症，臨終如何助其提起正念，發心念佛往生淨土？

解答：

首先，我們必須清楚地理解，我們的身體是物質的結構，本來就有其個別相應的使用年限，就好像我們開的汽車，如果保養得宜，定期維修，開車的習慣也很好，那麼就可以開得久一點；然而，如果我們不懂得保養或疏於保養，開車習慣又很差，車子的壽命就可能大打折扣了。但是無論如何，我們開的車子遲早會變成老爺車，終究有一天會停擺的，這是大家都明瞭的普通常識，無須高深的哲理。

其次，我們要確實了解生命的永續與未來，對於生命的永續有堅實的信念，而且要及早規劃自己未來生命的去向，譬如：發願往生佛國淨土、上生天界，或者乘願再來人間行菩薩道。這一點就須用心且深入地思惟，請認真地閱讀星雲大師口述的《人間佛教‧佛陀本懷》一書。

在現實生活中，按照常理，我們都極不可能將一部老爺車一直開、一直開、一直開……開到最後「在高速公路上跑著……跑著……就掛了」的地步，是不是？我們也幾乎從來沒聽過或看過這一類的新聞出現，因為早在此種情況發生之前，我們就已經淘汰舊車換新車了，不是嗎？

任何人，只要活得夠老，總有一天會視茫茫、髮蒼蒼、齒根動搖，也極有可能會老年癡呆，得了失智症。您既然已經事先知道，為什麼還要讓那種情況發生？所以，我才苦口婆心地一再呼籲大家「千萬不要拖過自己的人生賞味期！千萬不要變成生命的延畢生！千萬要保留精神體力做為往生之用！」

無論古今，就世間法而言，任何人想要金榜提名，也必須要先下工夫，十年寒窗，想要行走江湖，行俠仗義，也必須要「十年磨一劍」，不是嗎？同樣的道理，想要往生佛國淨土，怎麼可以等到臨終時才想到「提起正念，發心念佛」，是不是？

您的提問也是大多數人的疑慮，然而提問所隱含的前提，在我看來似乎只是消極的等待，好像是「什麼準備都沒做，只是等著事情發生了再說（Do nothing, and just wait until something would happen!）」，而我一再跟大家強調的是積極的行願：「儘可能及早做好準備，如願善終，發願往生（Do right things as early as possible, and make the best thing happen as you wish!）。」

任何人想要「生死自在，瀟灑走一回」，千萬不能等到臨終，平日就要深心發願往生佛國淨土，同時精進念佛，廣結善緣，要提早在可能罹患失智症之前，就要「所作皆辦」。佛無妄語，只要「信、願、行」資糧具足，屆時必定能「預知時至」，臨命終時「正念現前」，蒙佛接引！

問題二：

若弟子晚年不幸亦罹此疾，應如何事先自處因應？

回答：

同上題。這個問題在我看來，有點像是問：「萬一我開的老爺車，有一天不幸在高速公路上就失速了、引擎冒煙、著火了、就掛了……，我該怎麼辦？」而事實上，在現實生活當中，您絕對不會也不可能讓這種事情發生在自己身上，不是嗎？早在您的愛車顯露出「老爺車」的症狀，而「很有可能」發生上述那些狀況之前，您就已經著手準備淘汰舊車換新車了，不是嗎？

絕大多數人，因為看不到生命的未來，沒有來世生命的規劃與準備，所以會一直拖到老年癡呆、失智。其實，失智症、老年癡呆，不是突然發作的急症，所以不會在一夕之間、一覺醒來就變成失智、老年癡呆，而是老化的衰退過程中，會有相關的症狀逐一出現，等於是身心不斷會出現預警，只要自己和家人多留意身心的變化，就可以及早發覺。而問題的真正關鍵在於：您是否早已有了「往生佛國」的心理準備？如果有的話，早一點向阿彌陀佛「報名」，依教奉行，精進修持，您就不用擔心會罹患老年癡呆或失智。

高竿的行者，絕對不會傻傻地拖到「晚年不幸亦罹此疾」的地步，而是早備資糧，所作皆辦，屆時「預知時至」，臨命終時，身無病苦，心無罣礙，「正念現前」，蒙佛接引，瀟灑走一回！

問題三：

老一輩嘗言：「病人臨終最後吐一口氣，其氣不淨勿近。」是真是假？如何為人釋疑？

回答：

「老一輩嘗言」這樣的說法，其實反映了一般大眾在面對死亡以及臨終者的莫名恐懼與心理投射，因而「想當然爾」想像出來的迷信之言。其中「不淨」的意涵，不是一般意義的「不清潔」，而是帶有特殊意味的「不乾淨」，就如同俗話說「某棟房子『不乾淨』」，並不是說房子裡面沒有打掃因而不整潔，而是拐個彎表示那個地方不對勁、不安寧，有「阿飄」出沒，最好遠離！

老一輩的人會認為病人臨終最後吐的一口氣，不只是「穢氣」，而且是「晦氣」，還可能是「煞氣」，會「煞」到旁邊的人，所以告誡人「勿近」，也算是好意。但是那句話本身，難免有道聽塗說、危言聳聽之嫌。就我的理解，除非是「含冤而死」或「含恨而終」的情況，否則不可能會嚴重到有「晦氣」及「煞氣」產生。

一般而言，從醫學與生理學來看，人體細胞需要氧氣將有機物氧化分解，並轉化為能量，在這過程中會產生二氧化碳，我們透過肺臟的呼吸功能，吸入含氧的新鮮空氣，呼出含二氧化碳的「濁氣」，這是共通於人類和所有動物的生理功能，也不存在特別「淨」或「不淨」的問題。

如果是得了重大傳染性疾病的人，那麼他所呼出的氣體，除了二氧化碳之外，很可能還帶有其他與傳染病有關的氣體分子，那麼他就不只是最後一口氣不淨，而是每一口氣都是不淨的。

當我們要準備去陪伴或照顧罹患重大傳染性疾病的親人，一定會有一些必要的防護措施。如果只是探望一般的病人，但並非至親好友，通常也不會太靠近他們，更何況是在「病人臨終最後吐一口氣」的時候，機率微乎其微，所以不必罣礙。

如果有人念佛精進，預知時至，無疾而終，吐了最後一口氣之後，他就安詳捨報，蒙阿彌陀佛接引，到了西方佛國淨土，請問：他這最後一口氣是「淨」？還是「不淨」？會「煞」到旁邊的人嗎？

我經常應家屬的請託，到醫院裡探望末期或臨終的病人，如果不是嚴重的傳染性疾病的話，我都會握著病人的手，在他耳朵旁邊親切地跟他說話，為他加油打氣，鼓勵他萬緣放下，一心念佛，發願祈求阿彌陀佛來接引。同時也開導家屬，務必要形成共識，同心協力地陪伴及旁助臨終親人如願往生。

臨終的病人正面對「來世生命何去何從」的關鍵時刻，我們不要因為世俗避諱死亡的錯誤觀念而不自覺地疏離了他們，讓他們在孤單無助的冷漠情境下抱憾而終，而是要真誠的陪伴與親切引導，讓他們在備受關懷的溫馨情境下安詳往生而邁向未來。

問題四：

星雲大師年邁體衰，廣大信眾不捨大師離去（弟子對師僧、兒女對雙親之心，二無差別），大師也因此飽受醫療折磨，法師如何看待此事？

回答：

星雲大師深達因緣性空的義理，一生為法忘軀，內心早已生死自在，一般大眾只看到表象，這是大師度化眾生的隨緣方便示現。大師雖然動過腦部手術，但是已經在二〇一七年四月七日及八日下午，分別為佛光山叢林學院的男眾學部與女眾學部的師生開示了。一般人即使不是年紀很大，動了腦部的手術，通常都要花上一年的時間恢復，大師已經高齡九十，才六個月的時間，就可以出來為大眾開示，可見不是一般常人。

大師在他口述的《人間佛教・佛陀本懷》一書，除了闡揚人間佛教思想的理念外，對於生命與生死，有非常精闢的解讀與詮釋，我特別整理出其中的要點如下，與大家分享：

生命是永恆的，也是無限的，不會死亡的，是不生不死的境界，是不生不滅的存在。十法界流轉，有無限的未來。在人間佛教的信仰裡，沒有時空的對立，沒有生死的憂慮，生命都是在歡喜裡，都在無限的時空裡，都在無限的關係成就裡。心、佛、眾生三無差別，我與時間都是無限的，我與空間都是無邊的，我與眾生都是共生的。生命是個體的，同時也是群體的，相互有關聯的。生命在輪迴裡就解脫了，沒有所謂輪迴的問題。

信仰是有層次的。信仰可以決定人生未來的去向，可以達到不生不滅的永恆境界。生命永恆，生命不死，這就是真如佛性，就是神聖性，這就是人間佛教的信念。

感謝西來寺樊師姐的來信及提問，內容如下：

我是在洛杉磯西來寺星期日（二〇一七年一月二十二日）聽開師父的演講（「生命的終極關懷──從生命永續到生死自在」），這是個很深的題目，我專程留下來聽講，得到完全不同的見解，我很想請教開師父問題，我知道開師父對西方極樂世界一定有研究，而我一直想找人發問，我想我找到人了，謝謝！我父親不久前往生，這個星期就要百日，家人到現在都無法釋懷父親的離去，非常思念，這三個月來我也夜不成眠，希望能得到任何父親的音訊。心中有一些疑惑想請問開師父，希望能得到答案，謝謝！

她的提問內容是人世間每一個人都會經歷面對（不論是已經面對或遲早必然經歷）的喪親問題，針對她的提問，逐條答覆如下：

問題一：

請問開師父，如何確認父親是在西方極樂世界？可否和他溝通？百日須要做什麼？以後呢？

回答：

親人往生之後，在一般的情況下，我們無法確實知道他的去向，就如同在人世間，親人遠遊在外，斷了音訊，我們要找尋他的所在，必須要有適當的人脈管道或通訊媒介。同樣的道理，欲知親人往生之後的可能去向，要有適當的管道或媒介。有一種可能，就是親人自己來託夢，但是這要看因緣條件，通常機率很低。另一種可能的方式，就是找到正派的通靈人士協助探詢。因為正信佛教不講靈異，所以通常我也不會談這方面的事情，你既然問起，我稍微透露一二，在臺灣民間，是有一些正派的通靈人士，純為民眾服務，不以此收取任何酬勞。你如果真想探尋令尊的可能去向，可以試著找到這樣的通靈人士查詢。不過我必須事先聲明，所得資訊，僅供參考，不要執著。

親人捨報過往之後，最重要的事情，是至誠懇切地為他持誦《阿彌陀經》與「阿彌陀佛」聖號，然後為他發願、迴向，祈求阿彌陀佛來接引親人，希望他能往生佛國淨土，見佛聞法。這些並不限於百日，雖然說七句、百日是關鍵期間，但即使過了百日，至誠懇切為親人誦經、念佛仍然會有感應，端看我們的誠意如何。

問題二：

我們和親人可以在西方極樂世界相聚嗎？

回答：

當然可以！但前提是我們和親人都要明確地發願往生到阿彌陀佛西方佛國淨土相會！就像是在人世間，我們和親人大都散居世界各地，想要相聚，必須要事先溝通及規劃，約好相聚會面的時間及地點，大家有志一同，就能如願相聚。或者大家事先約好相會的地點，時間則有先來後到，先到的人先等，不見不散。所以我們可以事先就跟親人講好，他先到西方極樂世界去報到，隨佛進修，將來我們也會跟著去報到，那麼不是就可以相聚了嗎？

反之，如果大家沒有約好將來都到彌陀淨土相會，而是每個人各自輪迴投胎到不同的世界或國度去，如此一來，東西南北，分道揚鑣，苦海沉浮，人海茫茫，即使原本是一家人，要想再相聚，機會可是非常渺茫的。

問題三：

所謂蓮花化生，父親的模樣有變嗎？他還會認得我們嗎？他會回來看我們嗎？

回答：

任何人若能蓮花化生，模樣會更加莊嚴，當然也會認得在世的親人，不過通常不會回來探望親人，就像在人世間，遠渡重洋出國留學，也要等到學成才會歸國，不是說回來就回來，更何況是到佛國淨土。

問題四：

在四十九天內念《阿彌陀經》和《心經》，現在要念什麼？

回答：

其實，不只在四十九天或百日內，而是可以一直專心至誠懇切地誦念《阿彌陀經》以及「阿彌陀佛」聖號，然後迴向給令尊，附上〈迴向文〉的範例如下，供你參考：

弟子〇〇〇（等），虔誠持誦《阿彌陀經》、彌陀聖號，以此誦經、念佛功德，迴向於（先祖父母、先父母……），祈求三寶加被，龍天護佑，宿世惡業消除，累劫善根增長，遠離顛倒夢想，具足往生資糧，仗佛慈力，超越惡道，善根成熟，蒙佛接引，並以過去所集善業，迴向累劫冤親債主，普願沉溺諸眾生，速往無量光佛剎，十方三世一切佛，一切菩薩摩訶薩，摩訶般若波羅蜜。

問題五：

想知道父親的內心想法，他走得太快，他自己和我們完全沒任何準備，想知道爸爸內心如何，對子女有沒有責怪。

回答：

承樊師姐的問題一及問題四，這裡再做補充。的確，親人走得太突然，他自己和家人都完全沒有任何準備，連說聲「再見」都來不及，因而成了千古遺恨！俗話說「天有不測風雲，人有旦夕禍福」，佛法說「人生無常」，所以我們應該要「居安思危」，平時就要「未雨綢繆」，佛法講「要早備資糧」，千萬「不要臨時抱佛腳」，這些道理我們大家都知道啊！為什麼就沒有提早做準備呢？

俗話說：「千金難買早知道，萬金難買後悔藥！」李商隱的〈錦瑟〉詩中所云：「此情可待成追憶，只是當時已惘然。」可說是對這種遺憾及悔恨非常貼切的寫照。

如今唯一的補救之道，就是由你們家人，至誠懇切代為令尊祈求阿彌陀佛和觀世音菩薩的慈悲加持與接引，同時可以用令尊的名義做慈善或文教功德，然後迴向給他。此外，最好能夠將你們家人來不及和父親告別的切身經驗，誠懇地分享給親朋好友，希望他們能夠早做準備，不要重蹈覆轍，這也是功德一件，有助於令尊早日往生善道。

感謝臺南的陳居士來信提問，以下針對他的提問，逐條答覆如下：

問題一：

請問，為順應「臨終脫水現象」，點滴是否應及早移除？點滴是近百年的產物，之前人類在往生前若已無法進食，亦無點滴可維生。家父九十五歲，中風十餘年，下半身、語言、吞嚥功能均受到影響，近日特別的嗜睡不思飲食，擬順應其身體的意願，不過度干預，故有此疑惑。

回答：

如果病人有需要，點滴可以維持，無須移除，因為點滴直接進入血管，不經由胃腸，所以不影響消化系統關機，但是不能過量，能夠維持身體的基本所需即可；但是如果進入臨終階段，千萬、千萬、千萬不要給病人插鼻胃管。

有關鼻胃管的問題，近年來國外的研究已有大致的結論：一者、放了鼻胃管並未降低吸入性肺炎的風險。二者、沒有明顯改善病人的營養狀況。三者、並沒有增加病人的存活率。目前，歐美許多國家已經不建議給末期失智症病人插鼻胃管餵食，臨終病人更是如此。

其實，當病人進入臨終（瀕死）階段，他對於營養及水分的需求會銳減。臨終病人的身體開始進行「無氧代謝」，這時候給予葡萄糖營養劑，會造成代謝物無法排出，反而會增加病人的疲憊感。當病人開始出現吞嚥困難的情況時，就應考慮停止經口飲食，在理論上，靜脈注射也最好能夠停止。

當臨終病人已經無法進食的時候，會產生「臨終脫水現象」，不會感到飢餓，這些都是大自然原本的生命機制，只是一般大眾不知道而已。「臨終脫水現象」會造成病人身體內酮體聚積，不但有止痛的效果，而且還會有欣快的感覺，能夠讓身體輕鬆，有一種飄飄然的感覺；這時如果給予葡萄糖，反而會降低甚至於抵銷這種欣快的感覺。

我的母親在往生前，主動拒絕任何飲食，住進醫院後，每天一袋點滴及一袋營養液（台大5號），後來接回家中也是如此，前後一共四十三天。在她往生前九個小時，我們將點滴及營養液關閉停止，因為她的呼吸出現蛋白質的氣味，表示身體已經無法吸收了。母親在住院的後期一直到接回家中，她的氣色比剛住進醫院時還好，這讓很多人產生錯覺，根本不認為她已經到了臨終階段而即將往生。這也是一般大眾的迷思，以為臨終的人一定是一副「死相」，其實不然；一般大眾，因為沒有「往生」的概念與準備，而且抗拒「自然死亡」的來臨，因此絕大多數都是拖到「衰竭」而死，當然呈現出一副「死相」。而我母親在她告別世間的十五年前，就發願往生佛國淨土，每天都虔誠持誦《阿彌陀經》，往生前三個月就已經預知時至，最後是在兒孫的陪伴下，沐浴在佛號聲中，蒙佛、菩薩接引，意識清楚地含笑捨報往生。這就是我一再強調的，真正實質的「往生」，是「活著」的時候蒙佛、菩薩接引，「捨報」而去的，絕非一般病到奄奄一息，「衰竭」而終的。

問題二：家父為無神論者，先前對佛菩薩甚至譏謗詆毀，家母及末學則均為在佛光山受菩薩戒的弟子，請問家父如今在意識不清明的狀態下，可否皈依三寶？須顧及老人家之前的認知與行為嗎？

回答：

老人家之前的錯誤認知與無明行為，多少會構成他自己的障礙，對於未來能否往生至善道，會形成某種程度的障礙，所以你們家人的當務之急，是要為令尊消除障礙，虔誠地懺悔往昔，發願當來，懺悔的方式可以為他虔誠持誦《八十八佛大懺悔文》、《地藏經》等等，家人最好也能參與法會代為令尊禮懺，祈求佛菩薩慈悲攝受，然後迴向給他。

在令尊意識不清明的狀態下，仍然可以為他皈依三寶，你可以至誠懇切地祈求佛菩薩慈悲加持，然後在他耳邊慇懃開導，勸請他懺悔往昔所造諸惡業，發心皈依三寶，當然最好能禮請到學德修行兼備的法師來為令尊主持皈依，如果沒有這些前提與因緣條件，則皈依三寶就可能只是形式而已，實質的功效有限。

即使令尊的意識不清楚，你們家人仍然可以在他耳邊慇懃開導他念佛，乃至發願往生佛國淨土。在此傳授你一套佛號加持的方法，你們家人如果能夠形成共識，信念堅定，依教奉行，必有功效，但若只是虛應故事，就難有效果。方法如下：

1.慇懃開導：在令尊耳朵旁邊，用堅定的語氣及和緩的口吻，開導他要萬緣放下，在心中稱念「南無阿彌陀佛」，要一心一意跟阿彌陀佛連線，懇請阿彌陀佛放光加持，痛苦就會減輕。然後要發願去阿彌陀佛淨土，懇請阿彌陀佛屆時前來接引，痛苦就可以去除。

2.佛號灌頂：用手掌心輕輕按住令尊的頭頂囟門（頭頂正中央百會穴），一邊稱念阿彌陀佛聖號，一邊觀想阿彌陀佛慈悲加持，佛光從手掌心注入腦門，然後遍布流到全身，將令尊的氣場轉正。每一次須念滿一百零八遍「南無阿彌陀佛」。

3.佛號加持：在令尊的天庭（額頭）、印堂（亦即眉心，兩眉中間）、人中（口鼻之間）、喉頭、心窩（胸口）、丹田（肚子）等處，依序從上到下用手指隔空書寫「佛」字。然後再將令尊扶坐起來（如果他可以坐起來的話，但若不行，就不要勉強），在他的背後從上往下用手指隔空書寫「阿彌陀佛」四字，一邊書寫一邊大聲念出聲音，每一回要重複七遍。

4.懺悔業障：《大勢至菩薩念佛圓通章》云：「十方如來，憐念眾生，如母憶子。」《阿彌陀經》云：「舍利弗！若有善男子、善女人，聞是經受持者，及聞諸佛名者，是諸善男子、善女人，皆為一切諸佛之所護念，皆得不退轉於阿耨多羅三藐三菩提。」你除了在令尊耳邊開導他念佛、懺悔、發願之外，最好家人能代令尊懺悔業障，如果屆逢佛光山本山或府上附近有佛光山的別分院舉辦法會，請以令尊的名義登記超薦累劫怨親債主，同時家人也要親身實際參與法會禮懺；這一點非常重要，而且要虔誠禮拜，不可以虛應故事。人有誠心，佛必有感應！

感謝屏東講堂周居士提問，以下針對他的提問，逐條答覆如下：

問題一：

如果親人已經得了失智症，怎麼辦？如何能幫他們？

回答：

其實，「失智症（Dementia）」不是一種「單一症狀」的疾病，而是一類「輕重程度不等、症狀顯現因人而異」的退化性「症候群」。年齡是失智症最主要的危險因子，根據流行病學的研究，六十五歲以上的人患有失智症的比例為百分之五，八十五歲以上增加到百分之二十，九十歲以上則增加到百分之三十六以上，年齡愈長，比例愈高。套一句俗話，只要你活得夠老，終有一天等到你！

然而，即使得了失智症，也有幸與不幸。比較不幸的情況是，有的老人病發之後，性情會變得多疑而且暴躁，有的老人則會有幻聽、幻覺，有的甚至於會出現被迫害妄想，複雜的狀況不一而足。以目前的醫學研究與醫療科技，失智症無法治療，只能減緩，家人照顧起來相當辛苦。

失智症如果是輕度的，還大有可為；如果已經嚴重到根本連家人都認不得了，坦白說，能夠做的真的是非常有限。俗話說：「千金難買早知道，萬金難買後悔藥。」所以我一再強調：「不要拖過人生的賞味期，不要變成生命的延畢生。」

然而，即使年邁的親人得了失智症也並非完全不幸，我的母親（開媽媽）可以說是非常幸運的案例。在她往生前三年，出現了輕度失智的症狀，有一次我回去探望她時，同樣一個問題，她會重複每隔一兩分鐘就問我，連續好幾次，我發覺情況有異，提醒二弟要帶母親去醫院檢查。經送恩主公醫院請陳榮基院長詳細診斷後，發現腦部長了一個拇指大的鈣化硬塊。因為母親已經年過八十，而且硬塊非屬惡性，陳院長認為無須動手術，建議我們家人好好照顧控制，不要讓情況繼續惡化就好。

後來我們發現，母親腦部病變長出硬塊的位置非常奇妙，好像將她有生以來種種陳年往事中不愉快的記憶統統都封存或移除了，自從輕度失智以後，反而變得很快樂，也不再擔憂這個、掛念那個，有如返老還童一般，她過去經常訴說的那些家族裡陳年過往的恩恩怨怨，就再也沒有聽她提起過。

開媽媽從她往生前十五年開始，就聽從我的勸導，發願往生阿彌陀佛極樂淨土，每天早晚都很認真做功課，虔誠持誦《阿彌陀經》與阿彌陀佛聖號、迴向、發願。後來即使得了輕度失智，她的日常誦經、念佛功課也沒有中斷停頓。往生前因為腦中風送醫住院，到後來接回家中，因為她自己已經無法誦經、念佛，我們就播放心定和尚誦念的六字佛號給她聽，同時由我們兄弟在輪流陪伴她時為她誦經、迴向、發願。最後，開媽媽身上沒有插任何一根管子，在佛號聲中、兒孫陪伴、意識清醒的情況下，含笑捨報往生，我們兄弟都認為這是佛、菩薩的慈悲加持與庇佑！

《水陸儀軌》與《供佛齋天儀軌》裡的〈佛慈廣大讚〉云：「佛慈廣大，感應無差，寂光三昧遍河沙。」十方諸佛菩薩不捨眾生，即使親人已經得了失智症，也不要失去信心或放棄希望，仍然要一心一意地至誠念佛，與佛相應，跟佛菩薩連線（online），祈求佛菩薩慈悲加持親人。大家一定要信願堅定，行持精進，佛菩薩必有感應！

問題二：

如果到了癌症末期，疼痛難忍怎麼辦？

回答：

如果有親人（甚至於自己）到了癌症末期，疼痛難忍的話，可以參考上文，我回答臺南陳居士的第二個提問，其中有一套佛號加持的方法，包括：（一）慇懃開導、（二）佛號灌頂、（三）佛號加持、（四）懺悔業障，可以幫助病人減輕身體的疼痛與心理的焦慮。我這一套佛號加持的方法，是非常靈驗的。二〇一六年一月下旬，有位大陸學術界的朋友（是一位在大學擔任院長的教授），他的母親因腦中風癱瘓在床多年，還有高血壓和糖尿病，後來因肺部感染及身體皮膚潰爛，住進重症監護室（亦即加護病房）二十多天，然後被醫院轉到普通病房，靠著激素和球蛋白維持生命，疼痛難忍，每日呻吟哀嚎。

老太太神智還算清醒，但早已不能開口說話，面對此一情境，醫師也束手無策，家人更是一籌莫展。這位院長知道我從事生死學研究、生死教育推廣以及癌末與臨終關懷多年，在不得已的情況下，發手機微信向我求救，他先請我錄一段微信語音留言，內容是對老太太開示，讓他能播放給母親聽。當時我正在杭州旅次，和林聰明校長去靈隱寺拜會光泉大和尚，剛剛結束離開，正在回飯店的路上，等回到飯店後就傳了微信語音留言，另外還傳了一篇臨終關懷的文章給他參考。

我在微信的語音留言中，開示老太太要萬緣放下，在心中至誠懇切、一心一意地稱念「南無阿彌陀佛」，祈求佛陀慈悲加持，身體的病痛就會減輕。然後，我將上述的那一套佛號加持的方法，用微信傳給那位院長，請他千萬要照著我講的內容依教奉行，必有功效。

後來，這位院長回訊給我，老太太聽了我的微信語音留言，情緒馬上穩定下來，然後家人就照著我教的這一套佛號加持方法身體力行，老太太就不再呻吟哀嚎了。後來，老太太的情況居然好轉到可以出院回家，醫師都覺得不可思議。最後，在二〇一六年十月份，老太太在家人為她佛號助念下，安詳往生。

雖然我提供了一套佛號加持的方法，但是很多人還是會擔心，萬一自己到了癌症末期，疼痛難忍而又求生不得、求死不得，怎麼辦？要不要打嗎啡或其他的止痛劑來麻醉自己或抑制疼痛？很多人的這種「預期的擔心」與「莫名的恐懼」，與實際可能發生的情況，二者之間其實有滿大的落差，這個問題含藏著不少大眾的迷思，我要再分為三個面向來分析、探討，幫大家解惑。

一者、其實癌症並不是最可怕的病症，還有比癌症可怕很多倍的病症，我舉三個例子來說明，第一個例子，如《最後十四堂星期二的課》一書中，那位莫瑞教授（Prof. Morrie Schwartz）所罹患的「肌萎縮性脊髓側索硬化症」（Amyotrophic lateral sclerosis，縮寫為ALS，俗稱「漸凍人症」），是一種漸進且致命的神經退化性疾病。這種疾病是由中樞神經系統內控制骨骼肌的運動神經元退化所致，由於上、下運動神經元退化和死亡，肌肉逐漸衰弱、萎縮。然後，大腦完全喪失控制隨意肌運動的能力，最終會造成發音、吞嚥，以及呼吸上的障礙。這種疾病並不一定會像「阿茲海默症」那樣影響病人的高級神經活動；相反地，到了疾病晚期，病人還可以一直保持清晰的思惟，也可以保留發病前的記憶、人格和智力，就像是靈魂被封鎖在軀殼內一樣，全身都不能動彈，但神智卻非常清醒，這是比得了癌症還要恐怖的身心狀態。最後，大多患者會死於呼吸衰竭。

第二個例子是《潛水鐘與蝴蝶》（法語：*Le Scaphandre et le Papillon*）一書及電影中，主人翁尚—多明尼克・鮑比（Jean-Dominique Bauby）所罹患的病症，這是個真人真事的故事。身為法國時尚雜誌《ELLE》的總編輯，正值四十二歲壯年的鮑比，突然全身中風陷入昏迷，在三個星期後甦醒，不幸被診斷出得了「閉鎖症候群」（Locked-in Syndrome），全身完全癱瘓僅僅剩下左眼可以活動。不過鮑比的意識清楚，在語言治療師所研發的字母拼音板語言表達系統下，鮑比藉由眨眼的動作透露要表達的意思。由於鮑比在病發前曾與出版社協議要出一本書，便因此透過眨眼的動作寫下一生的回憶錄。潛水鐘象徵著鮑比的身體被困在千金重的潛水鐘裡，根本無法與外界互動溝通，但他的靈魂渴望掙脫桎梏而幻化成蝴蝶飛翔。在電影的片尾，鮑比完成了他的回憶錄，由妻子口述外界的反應評價。在出版後第十天，鮑比與世長辭。

第三個例子是「小腦萎縮症」（Spinocerebellar Atrophy），又稱「脊髓小腦萎縮症」或「脊髓小腦失調症」（Spinocerebellar Ataxia，SCA），是一類遺傳病，涉及不同基因，目前沒有任何治療方法。一九八六年，一本文學作品《一公升的眼淚》在日本首次出版並創下二十六萬本的銷售紀錄，作者為木藤亞也，故事以作者身分親述自己小腦萎縮症發病的真實際遇及心路歷程，其日記經母親木藤潮香整理後出版，其內容還被改編拍成電影（二〇〇四年十月）及電視連續劇（二〇〇五年十月）。臺灣也有不少小腦萎縮症的患者，並成立有「中華小腦萎縮症病友協會」。

總之，從以上三個真實的病例，我們可以清楚的認知，癌症雖然可怕，但還不是最可怕的，其實還有很多我們知道或不知道的病症，遠比癌症要可怕許多，但是很少人會憂慮。

二者、癌症本身並不一定會造成疼痛，其實絕大多數的癌症在初期，甚至於中期都是不聲不響、無聲無息、不痛不癢的，不然患者早就察覺了，怎麼會拖到事態嚴重或末期時才發現？再者，癌症患者的肉體疼痛或身心的難過不適，並非完全是由於癌症本身所造成，很多是因為手術及治療過程中所產生的後遺症。現實的情況往往是，癌症手術本身還不可怕，但是後續的「化學治療」（Chemotherapy，簡稱化療Chemo）、「放射治療」（簡稱放療，俗稱電療）及其他配套的治療所產生的副作用或後遺症就非常可怕了。有不少癌症病友，在手術後的化療期間，療程還沒結束就落跑消失不見了，讓醫院及醫師都找不到他們，因為實在太痛苦了。

從二〇一四年十二月下旬到二〇一五年三月下旬，我曾經在《人間福報》「生死自在」專欄發表了十二篇系列文章，標題為：〈生死大事的抉擇課題：末期絕症要不要治療？〉，文章裡所舉的那些實際案例，也可以做為這個問題的解答，在那篇文章中，我舉了一個「八十八歲虔誠念佛老阿嬤的安寧往生」的實例，可以針對「到了癌症末期，疼痛難忍」的疑慮與憂懼為大家解惑，在此我簡要地重述一下。

臺大晨曦學社學長曾斐卿居士的母親，於二〇〇九年七月七日往生，享壽八十八歲。在往生前兩個多月，老太太因為身體不適，到臺大醫院看診，最後診斷出得了大腸癌，而且是末期。由於老太太年事已高，所以家人決定不做治療，只是做了腸道撐開手術以方便排泄，之後就出院回家安養。

到了六月下旬，老太太又因為身體不舒服，再度送到臺大醫院，經檢查診斷，得知感染了肺炎，還有肺部積水的問題。家人不希望她遭受治療的折磨，想乾脆接回家去，但是醫師顧慮萬一有變化而須緊急處理，住院比較妥當，家屬就選擇住進安寧病房，不要再做任何積極治療。

那時候老太太已經有了心理準備，安然無懼地面對往生的功課，全家人也都有了心理準備和共識，決定不讓老太太遭受任何無效醫療的折磨，所以老人家很幸運地身上沒有插上任何管子，最後能夠不受干擾地安詳捨報往生。談到老太太的往事，斐卿學長說：

母親曾經在臺大醫院動過三次髖關節手術，她都不會喊痛。第一次手術前，陳引舟上師親自到病房為她加持，隔天手術後，韓毅雄醫師來巡房，問她痛不痛，母親說：「不痛！」而別床的病號每個人都痛得哀哀叫。韓醫師看到母親手持念珠，就說：「哦！原來你拿念珠，所以就不痛了。」

由此可見老太太虔誠念佛的深厚功力，她親身驗證了一心念佛可以化解肉體的疼痛！

三者、有關是否給病人施打止痛劑的問題。很多人都會問：如果親人到了癌症末期，實在痛苦難忍，如果沒有其他的方法，可以用嗎啡或止痛劑來減輕痛苦嗎？從表面上看來，嗎啡或止痛劑好像能減輕病人的疼痛，但其實效果有限，而且止痛劑其中大部分含有毒品成分，隨著肉體的抗藥性不斷增強，嗎啡或止痛劑的效果愈用愈差。更嚴重的是，嗎啡或止痛劑會讓病人的意識狀態愈來愈糟，更加不利於往生。我在上文中，所講述的佛號加持方法，包括：（一）慇懃開導、（二）佛號灌頂、（三）佛號加持、（四）懺悔業障，可以幫助病人減輕身心的疼痛與精神上的焦慮，是最好的止痛劑。

《瑜伽師地論》有云：「善心死時安樂而死，將欲終時無極苦受逼迫於身；惡心死時苦惱而死，將命終時極重苦逼迫於身。」由此可知，我們在臨終時的善、惡心念決定了自己的「死亡品質」與「死亡的尊嚴」。此外，「善心死時安樂而死，將欲終時無極苦受逼迫於身」這一段描述，還透露了一項重要的訊息，可以釐清與化解一般人面對死亡時的恐懼與成見，亦即死亡的經驗並非一定就是苦惱、恐怖的，也可以是很安樂、愉悅的，有許多關於瀕死經驗的記載可以做為旁證。死亡經驗的安樂或苦惱，其關鍵在於我們臨終之際的心念，意識昏沉並不能免除死亡的苦惱，只有意識清楚且「正念現前」才能超克死亡的焦慮與恐懼。

總之，癌症末期的疼痛往往並不是癌症本身的原因，而是因為醫療行為所產生的後遺症與副作用。很不幸地，在現代醫療的過度干預下，大多數人的死亡歷程，不是多重器官衰竭，就是被藥物所掩蓋而昏沉，最後幾乎都是在意識不清的情況之下死亡。從佛教的觀點來看，在這樣的意識狀態下死亡是不健康的，甚至會持續影響到一個人在捨報之後他的意識的去向。當一個人臨終捨報時，理想的情況是意識清楚且「正念現前」，能夠自覺到「我現在要走了，佛來接引了」，這才是一期生命最好的句點。

問題三：

我如果發生意外死亡了，根本來不及準備，怎麼辦？

回答：

佛法講「世間無常」，俗諺亦云「天有不測風雲，人有旦夕禍福」，所以我們才須要「未雨綢繆」、「居安思危」，不是嗎？其實，這些道理大家都耳熟能詳，但是很弔詭的，絕大多數人卻都沒有真正放在心上，只是當事到臨頭時才開始真正緊張，才想到要燒香、要抱佛腳，但往往都來不及了。

嚴格地講，如果確實了解及深信「世間無常」與「諸法因緣生，諸法因緣滅」的道理，其實並沒有純然的「意外」。就實而論，真正無法解釋的純然意外是極少數的，絕大多數所謂的「意外」，都有其前因後果。譬如車禍，可能是人為疏失（包括酒駕、疲勞駕駛等），可能是機械故障，可能是天候惡劣，可能是道路坍方，或者道路施工卻標誌不明等等因素而發生嚴重的交通事故，導致傷亡。又譬如疾病重症，事先一定都有跡象或徵兆可循，但是不幸都被我們忽略了，以至於察覺發現時，已經到了末期而不可救藥。

「凡事豫則立，不豫則廢」，古有明訓。因此，面對可能的「意外死亡」，就要及早做好心理準備以及模擬因應之方，就像是學校裡的模擬考試。當應屆畢業學生面臨「聯考」、「高考」這種人生中的重大考試前，學校都會舉辦數場完全比照實況的「模擬考試」，讓學生及早「進入狀況」，以期在真正大考時，能從容應試而不至於慌亂。

另外還一項比喻，就如同軍人作戰，平日就要設想戰時的種種緊急、危機、險惡的情況，而不斷勤加演練，以備當戰時身處槍林彈雨、烽火連天的場景，才能從容沉著地應變。就像海軍陸戰隊的戰士（俗稱「蛙人」或「水鬼」），在日常訓練的時候，就要通過「天堂路」（註）的種種嚴苛磨練與考驗，到了戰時即便死亡隨時出現在身邊，也能勇往直前，而不會恐懼退縮。

因為「死亡」就如同我們面對自己一期生命最後階段的「畢業考」，所以我們應該在平日就借助「模擬考試」的思惟，及早做好因應臨終與死亡的準備及演練。準備及演練的要領很簡單，就是在心中觀想阿彌陀佛（或西方三聖）放光加持，口中稱念阿彌陀佛聖號，模擬自己在臨終的時候，不管是「意外死亡」，還是自然死亡，都能夠「正念現前」，萬緣放下，全心全意與佛相應，一心一意求生佛國淨土。

因此，不能光是「擔心」卻不做任何準備，而是要預做準備，並且要不斷地模擬演練，就不用害怕「意外」了。

二〇一七年五月上旬，我應邀到桃園佛教蓮社對僧信二眾演講生死自在之道，有一位老居士提問。

註：海軍陸戰隊兩棲偵搜大隊在集訓階段完成前的最後一關，必須通過俗稱為「天堂路」的洗禮，因為只要通過該項考驗就能結束猶如地獄般痛苦的訓練，宛若飛上天堂一樣而得名。「天堂路」的魔鬼訓練，是一條以稜角尖銳的咾咕石鋪成，長約五十公尺的路面，全身僅著游泳短褲的海軍陸戰隊員們必須在這樣的路況上以匍匐前進、翻滾的方式通過，還要做出各種指定的戰技動作，而且只要教官認定動作不合格便必須重來，沿途還會被潑灑鹽水。所以凡通過天堂路的隊員沒有不遍體鱗傷的，然而通過了最嚴格的考驗之後，人生再也沒有什麼值得害怕的事了。

問題：

我已年近八十，我還需要聽經聞法、學習新知嗎？還是只要專心念佛求往生就好？

回答：

一般人可能會認為，老人家年紀大了，精神體力衰退，又來日無多，只要專心念佛求往生就好，不需要聽經聞法、學習新知了。其實，這是一種迷思。原則上，「聽經聞法、學習新知」與「念佛求往生」這兩者可以相輔相成，毫無衝突。

《金剛經》云：「無我相、無人相、無眾生相、無壽者相。」覺得自己「老了、不行了、來日無多了」，就是一種「壽者相」，《金剛經》說「無壽者相」，就是不要抱持著這種「壽者相」。孔子也說：「其為人也，發憤忘食，樂以忘憂，不知老之將至云爾。」俗話說：「活到老，學到老。」所以不要有學習上的心理罣礙。

因為生命是永續的，所以我們的學習也要是永續的。只要個人還覺得自己的精神體力狀況許可，能夠參與聽經聞法、學習新知，這是好事一樁，對於立志發願往生佛國的淨土行者而言，解行並重，福慧雙修，有助於往生品位的提升。不管年紀大小、年齡老幼，聽經聞法、學習新知都可以增進我們對於法門的認知與體會，對於我們「求往生」的心願與行持而言，是一種助緣，而不是障礙。

另外，參與聽經聞法、學習新知，還有另一個好處，就是「得與如是諸上善人聚會一處」，也就是可以認識許多善知識與同參道友，相互切磋砥礪，對於個人的行解是有正面助益的。

以上有關「佛法與生死疑難」的問答未來還會以問答的方式與各位讀者交流，持續不斷討論新的生死課題。

「四千萬」的內功心法秘笈

臨終關懷的心歷路程

緣起

一九九六年我從美國費城天普大學獲得博士學位回到佛光山，一九九七年南華大學生死學研究所碩士班奉教育部核准成立並開始招生，我進入生死學研究所擔任專任教職，從事生死學相關的教學及研究工作。以此因緣，從一九九八年開始，我不斷接到臺灣社會各界（學校、醫院、企業、社團、公私立機構等）以及佛光山海內外各道場的邀請，在課餘時間到各地公開演講有關現代人及現代社會所面臨的生死課題，至今已經超過二十年。

我回溯於二〇〇二年三月二十三日，在成功大學醫學院講〈面對千古難題——解開死亡之結〉、〈生死之道——生於憂患，死於安樂〉，談到生死的理想境界時，我主張要

「生死自在」及「瀟灑走一回」。之後，我就一直以「生死自在」及「瀟灑走一回」做為面對生死大事的核心概念與態度。

二〇〇九年六月，我進一步公開提倡「生命的永續經營觀」，以化解社會大眾面對生死議題的避諱態度與恐懼心理。二〇一一年一月二十日，我應岡山農工的邀請在蓮潭會館演講〈從生死探索到生死關懷〉，談到「往生（死亡）的準備——及早規劃個人生命的永續經營」，特別提出「見好就收」以及「保留精神與體力，以確保正念現前」這兩點重要的往生概念。我在PPT講義內容中，寫道：

要確實認清我們的色身（肉體）本來就有其相應的使用年限，終有衰老報廢的一天，因此要儘量避免拖到身體機能衰敗，病魔纏身，乃至多重器官衰竭，切記要及早準備，見好就收。

當個人的世壽即將圓滿前，能從容且歡喜地迎接往生時辰的到來，透過平日的精進修持與願力，能夠預知時至，從容準備，保留精神與體力，以確保正念現前，身心康寧，無有恐怖，身無病苦，心無罣礙，無有遺憾怨懟。

已故傅偉勳教授在他的著作《死亡的尊嚴與生命的尊嚴》一書中，談到他的父親以九十一歲高齡逝世，但是老人家在七十歲時就中風了，因為家人無法照顧，不得已將他送到安養院安置，之後二十年左右就如此在醫院一小房間內，直至逝世為止。

二〇一二年三月二十四日，我在基隆極樂寺「人間覺者佛典研習營」演講「生命的永續經營觀」時，引述傅教授有關他父親因中風臥床多年的敘述做為案例，特別提出「不要變成生命的延畢生」以為警惕。

二〇一二年四月一日，我在南台別院演講「解讀生死的玄機——生命不死與生死輪轉」時，第一次公開提出「千萬不要拖過自己的人生賞味期」以及「千萬要保留自己的精神與體力做為往生的能量」。接著在二〇一二年四月三十日，我在蘭陽別院演講「生死的玄機解密——生死安頓與生死超克」時，再加上「千萬不要變成生命的延畢生」。

在之後的每一場演講當中，我都不斷地提醒聽眾：不論自己信仰什麼宗教，都「千萬不要拖過個人生命的賞味期，千萬不要變成個人生命的延畢生，千萬要保留自己的精神與體力，做為往生佛國淨土（或上升天界）的能量。」

二〇一四年二月七日，我在關島世紀廣場演講〈生命的永續經營觀〉，首次將這三句心法口訣，定名為「生死自在三千萬」。

後來我再深入檢視，發現這「三千萬」內功心法秘笈還不夠完整。如果一個人只是簽署了「預立選擇安寧緩和醫療意願書」還是不夠的，「徒善不足以為政，徒法不足以自行」，古有明訓，單憑一紙文書並不足以保障個人的往生權益，因為那只能應付醫療法規與醫院行政制度所需，個人的往生意願還必須得到家人的認同與護持，才能如願而不致遭到破壞。換言之，一定要有家人願意出面「捍衛」病人的安寧意願及往生權益，病人的死亡尊嚴與品質才能獲得實質的保障。因此，我還要進一步鼓勵大家要設法及早成立個人的「往生後援會」及「往生互助會」，以確保自己的善終與往生權益。

二〇一三年十一月三十日，我在台北道場人間大學演講〈佛法的心靈預防醫學與治療法〉時，公開呼籲大眾千萬要及早成立個人的「往生後援會」及「往生互助會」，這就是「生死自在四千萬」心法口訣的緣起與醞釀過程。

「生死自在四千萬」心法秘笈口訣

回顧這二十多年來，我不斷地在臺灣以及世界各地演講，苦口婆心地推廣「生死自在」的理念與「瀟灑走一回」的心法。此一心法秘笈，也從「一個千萬」、「兩個千萬」、「三個千萬」，擴展到「四個千萬」：（一）千萬不要拖過個人生命的賞味期。（二）千萬不要變成個人生命的延畢生。（三）千萬要保留自己的精神與體力，做為善終及往生佛國淨土（或上升天界或轉生善道）的能量。（四）千萬及早成立個人的「往生後援會」及「往生互助會」，以確保自己的善終與往生權益。

此一「生死自在四千萬」心法秘笈口訣，適用的對象普及所有的社會大眾，不論有沒有宗教信仰，也不論信仰什麼宗教，佛教徒、道教徒、天主教徒、基督教徒、伊斯蘭教徒，乃至於民間宗教的信徒，都一體適用。甚至於很鐵齒的無神論者，如果不希望到了生命的末期還被家人送醫急救乃至苟延殘喘，而希望能夠很有尊嚴地善終，也非常適用。我如此大力地推廣，就是為了幫助大家化解面對死亡的恐懼與憂慮，進而能夠及早準備，最後能夠達到「生命永續經營」的目標以及「生死自在」、「瀟灑走一回」的境界。

心法秘笈的醞釀機緣

其實，這「生死自在四千萬」的內功心法秘笈，不是我憑空想像出來的，而是多年來在日常實際生活當中，身臨其境地目睹「生、老、病、死」的事件與現象，深刻地體會、沉思再加上佛法的薰習而醞釀出來的。最早的機緣是我在建中高三的時候，父親因公受傷住進臺北三軍總醫院，一直到我從臺大數學系畢業，前後歷時五年。我的整個大學生活就是在臺大校園和三軍總醫院之間穿梭而度過，看盡了醫院裡的「生離死別」與「悲歡離合」，種下了我意欲探究生死與日後出家的種子因緣。如果讀者想了解比較詳細的內容，請進入《人間福報》網頁搜尋「生死自在」專欄之前的文章，或者參閱香海文化出版的《生命是一種連續函數》，於此就不再詳述。

另外一個很重要的因緣，就是三十多年前（一九八七年）我去美國賓州費城天普大學（Temple Unversity）進修博士學位，也是我最早從事臨終關懷與往生助念的機緣。照說出國留學本來就是很平常單純的事情，但是因為我的身分不單單是「留學生」，同時也是「法師」，就有一些很奇妙的佛法因緣。一九九一年春，我在參加天普大學的中國同學會聚會裡，認識了一些來自海峽兩岸的同學，他們表示對佛學很有興趣，希望我能對他們介紹佛學，在來自臺灣的黃淑芬同學的熱心籌備與安排下，我就利用晚上課餘的時間，在天普大學的研究生宿舍裡開講「佛學概論」，來聽講的同學來自海峽兩岸，專業學科也都不同。

後來，又經由在費城中華公所的中文學校擔任義工老師的臺灣同學虞珊民的介紹，認識了中華公所的譚社認董事長，他和中華公所的董事們有意在費城市區唐人街（Chinatown）

裡，設立一座佛堂讓華人同胞能有一個地方可以拜佛。

經過我和他們幾次深入的面談之後，了解了他們的初衷，原來費城的唐人街和僑社在美國是很有歷史與規模的，居住在費城的華人同胞大多是廣東人，絕大多數是信奉佛教，歡喜拜觀世音菩薩，但是他們有一項重大的需求無法得到滿足，就是當有人往生了，希望能用中國傳統的儒道佛方式治喪，卻找不到合適的地點或場所。

譚董事長說，在不得已的情況下，他們轉而求助於華人的天主堂或基督教會，向他們商借舉辦喪禮的場地，但是因為喪家不是基督徒，教會不願意出借禮堂，只願意出借地下室之類的空間，還不准他們燒香，讓家屬覺得往生者死得很沒有尊嚴。所以譚董事長和公所的董事們一直想要設立一座佛堂，讓華人同胞平日有地方可以拜佛，往生的時候也有地方可以很有尊嚴地辦理後事。

經過幾次深入的會談之後，我了解了他們想要設立佛堂的動機與心願，純粹是為了服務大費城區的華人同胞，而不是為了任何營利的目的，這一點我非常感佩。但是我還不確定他們需要的是什麼樣形式和性質的佛堂？因為他們都不是佛教徒，譚董事長本身出生於天主教家庭，全家人都是天主教徒，其他的董事們頂多只是民間信仰而已，對於正信佛教所知無幾，所以我必須先要了解他們心目中佛堂的型態。我就問他們：想要設立的佛堂是哪一種型態的？是一般民間佛道神明不分的呢？還是純正佛教型態的？

當時我心裡設想：如果他們希望設立純正佛教型態的佛堂，我就進一步協助他們規劃，但如果想要的是一般民間佛道神明不分的，我就表明無能為力，他們要另請高明。結果董事們都沒有特別意見，唯譚董事長馬首是瞻，他說了算。譚董事長雖是天主教徒，但極有正知正見，他說既然要設佛堂，當然是要純正佛教型態的，我就答應幫他們規劃。

美國賓州費城普門寺的成立

譚董事長還特別物色到一處設立佛堂的理想地點與場所，就是在費城華埠（Chinatown）的一棟大樓的六樓，長方形的格局，面積有六、七十坪大，很適合設置佛堂，屋主蘇星輝女士為了共襄盛舉，只收取一元美金象徵性的房租。

為了設立佛堂的事，譚董事長還特別組團帶領中華公所的董事們到臺灣考察，我特別接洽了佛光山本山以及高雄普賢寺、臺北普門寺等等道場，安排他們去參訪。譚董事長一行從臺灣回到費城之後，說他們參觀了臺灣各個佛教道場之後，對臺北普門寺的印象最好，所以他們也要將佛堂取名為「普門寺」。

我就以臺北普門寺為藍本，幫他們規劃整個佛堂的格局與隔間，請臺灣的設計師做室內設計繪圖，所有的佛像、供桌等都在臺灣製作，然後運到費城組裝。當佛堂完成的時候，所有人一進到「普門寺」，就覺得是佛光山道場的風格。

說來真的是因緣殊勝，費城「普門寺」完成之後，剛好師父上人星雲大師到紐約弘法，我們也在費城成立佛光會，於一九九四年九月十五日恭請大師蒞臨費城，主持普門寺佛像開光以及佛光會費城協會成立大會與授證，由黃韻霜擔任中英語即席翻譯。在開光及授證典禮圓滿之後，應信眾的要求，大師又為大眾主持了一場皈依三寶典禮，有三百多位來自紐約、紐澤西、費城、德拉瓦以及首都華盛頓特區的信徒發心皈依三寶。

譚董事長還邀請不少貴賓與好友於當日前來觀禮，包括：賓州眾議員傑姆斯先生（Harold James），美國國會議員佛林特先生（Thomas Foglitta）及其助理懷特先生（Stanley White）、賓州眾議員托馬思先生的代表伍茲女士（Pariscilla Woods），費城市長代表費承達先生（Hal Fichandler）及高齡九十三歲的大陸中央研究院院士顧毓琇先生及夫人。

普門寺成立之後，譚董事長邀請我利用週末課餘的時間，為大眾開講，我就在學期間的每個週日在普門寺為大眾講佛學概論，上午班用中文講，聽眾除了大費城區、紐澤西、德拉瓦以及首都華盛頓特區的華人同胞外，還有來自海峽兩岸的留學生；下午班用英語講，聽眾有各個族裔的美國人，白人、黑人、西班牙裔都有，印象深刻的有一位白人電腦程式設計師，名叫Tim Ide，還有一位黑人女士，名叫Bernadette。

這位Tim聽了我的佛學講座之後，意猶未盡，希望我能教大家學習禪坐，特地捐了美金一千元給佛堂買蒲團及毛巾被，我就另外開了一個禪修班，還編寫了中英對照的坐禪講義。後來又有聽眾希望學習念佛法門，我就帶領大家念佛共修，也編寫了中英對照的念佛儀軌。

值得一提的是那位黑人女士Bernadette，她其實是位虔誠的天主教徒，但是又對佛學極有興趣，來聽了英語佛學講座之後，成了全勤的學員，不但參加禪修班，也參加念佛共修。她曾經為了信仰的抉擇而苦惱困擾，找我談話問我的意見，她是否要放棄天主教而皈依佛教？我深知美國人在美國社會裡，如果要一下子完全放棄原本的宗教信仰而改信佛教，將會面臨極大的挑戰，會嚴重影響他們的人際關係和家庭生活，所以我對她說不用急，她可以一邊學佛但仍然保有原本的天主教信仰活動與人際關係，等到機緣成熟，再正式皈依佛教。

從「念佛共修」到「臨終關懷」與「往生助念」

人生已經走過一甲子，回顧自己這大半生，有很多人、事、物的機緣與經歷，都不是事先預期或規劃的，而是應運而生而轉的。我原本利用晚上課餘的時間，在天普大學的研究生宿舍裡為十多位海峽兩岸同學開講的「佛學概論」，在普門寺成立之後，就改為每個週日在普門寺為大眾開講。之後，又應一些聽眾的請求，特別是從臺灣移民過來大費城區的中上年紀的幾位師兄、師姐，希望能帶領大家念佛共修，解行並重。

一開始念佛共修時，比較年長一輩的師兄、師姐很相應，但是比較年輕一輩的留學生多半都不相應。他們都是碩士班、博士班的留學生，來參加佛學講座聽聞佛理，覺得還不錯，可是要念佛，他們在心理上就會覺得那是老太婆的宗教行為，感覺很不自在。為了要轉變他們對於念佛的觀感與成見，我一方面對他們講解「身、口、意三業相應」的道理，另一方面採用星雲大師「自由調」的念佛方法，而不用傳統的念佛調子，果然成功地改變了他們的觀念及成見。我跟他們說：「當你用『自由調』念佛的時候，可以觀想自己就像大鵬鳥一樣在空中自由自在地展翅飛翔，或者像海豚在大海中無拘無束地巡弋遨遊，與大自然融合為一。」

最初在他們的心目中，「念佛」是很「傳統、八股、僵化、落伍、老太婆」的事，所以心中就潛藏著排斥感；但是大師的「自由調」念佛，不落窠臼，只要速度配合木魚的節拍，至於聲音高低起伏，則可以隨著個人的呼吸氣息調整而自由發揮，他們聽著、念起來都覺得很有「現代感」。其中有位同學在大學時期是合唱團成員，在經過我們幾次念佛共修之後，跟我說「自由調」念佛的感覺，真的很像「原野四重唱」，現在她一點都沒有排斥感了！原本只是單純的大眾念佛共修，沒想到後來實際派上用場，發揮了「臨終關懷」與「往生助念」實際功能。

一九九四年底，住在紐澤西Cherry Hil（與費城隔一條河的對岸）的郭彩雲師姐很焦急地來找我，她的同修蔣治萬先生在家中腦中風，送到醫院（Virtua Hospital）後被判定腦死，她不知如何處理這樣的情況而向我求助。一九九五年一月二日，費城的浦靜芳師姐開車帶我到醫院，郭彩雲師姐母女三人、陳維師兄和蔡昌雄同學（目前任教於南華大學生死學系的蔡老師）已經在醫院等我。經與院方主治醫師具體討論過後，確認腦死無疑，院方決定要拔管。

我就建議郭師姐，趁蔣先生呼吸尚未停止之前，將他接回家中，我們好為他念佛求往生，這是唯一能做的最好安排。郭師姐同意了，但是她的兩個女兒不同意，原因是當蔣先生在家中昏迷倒地不起時，還在就讀高中的妹妹剛好就在現場目睹而驚嚇到，心中的強烈恐懼感揮之不去，所以不希望將爸爸接回家中，而姐姐同情妹妹的心理感受，姐妹倆同一陣線，媽媽也沒轍。為了說服姐妹倆同意將爸爸接回家中，我們好說歹說，分析利弊得失，前後一共花了三個半小時，姐妹倆終於同意了。

一月二日蔣先生接回家後，我們就開始聯絡曾經參加念佛共修的蓮友前來助念，住在Cherry Hill，大費城區、德拉瓦州、華盛頓特區等地的蓮友都陸續趕到。我讓大家輪班助念，每二小時輪一班，每一輪結束前念〈迴向文〉一次。

蔣先生原本是中國餐館的廚師，還不滿五十歲，雖然是在腦死的狀態，但是心臟還很有力，當大家念佛念到十二小時的時候，他的呼吸仍然很有力，當大家念佛念滿二十四小時的時候，他的呼吸仍然沒有減弱的跡象，念到第三十小時的時候，大家開始感覺「有點吃不消了」，有人在心裡嘀咕：「你再不往生，我們念得都快往生了！」

當念滿三十六小時的時候，我認為蔣先生有一些往生的障礙需要排除，就請大家暫停念佛，改為一同持誦《地藏菩薩本願經》，然後迴向給蔣先生。《地藏菩薩本願經》持誦完畢，迴向過後，再重新開始念佛。當念滿四十八小時的時候，蔣先生的呼吸和心跳開始有減弱的跡象，一月五日在念滿六十小時的時候，蔣先生終於捨報往生，然後我請大家再繼續念滿十二小時，也就是前後整整助念了七十二小時，功德圓滿。

來參與為蔣先生助念的蓮友，只有很少數的幾位曾學佛多年，絕大多數都是初學佛者，也幾乎都是第一次身臨其境地面對臨終病人的生離死別，大家心中都有一股莫名的恐慌，還好有佛法的引導與佛號的加持，讓大家能夠逐漸化解了心中的恐懼與徬徨。

在這七十二小時的助念期間，我除了返回費城住所一趟拿個人衣物之外，都留在蔣家全程陪伴及指導大眾助念佛號。我記得是在週一晚上從醫院接蔣先生回家，接著就趕緊連絡參與佛學講座的學員及念佛共修的蓮友前來助念，也因為時值元旦假期以及學校寒假期間，大家比較有空，參與的情況非常踴躍，除了來自紐澤西、大費城區外，還有從德拉瓦過來的。我之前提到的那位黑人女士Bernadette，不但來參與助念，居然還穿著黑海青以表虔敬，讓大家非常感動。

在佛號的加持下，助念期間，蔣先生的面容安詳，就像在熟睡一般，小女兒原本因為恐懼而不敢讓爸爸回家，後來看到爸爸的面容非常安詳，心中的恐懼也都化解了，我親眼目睹小女兒在週三早上出門前，還向爸爸揮手道別。

經過六十小時的助念後，蔣先生終於安詳地捨報，面帶微笑。整整三天三夜七十二小時連續不斷的助念圓滿後，蔣先生身體柔軟，胸口猶有餘溫，顯示往生善道。

從表面上看來，這一場臨終及往生助念，是大家幫著蔣先生助念佛號，他是受益者；但是從另外一個層面來看，我們要感謝蔣先生與郭師姐促成這個難得的機緣，讓大家能夠親身實際地面對生死情境，至誠懇切地稱念彌陀聖號，具體實踐佛法的解行並重，我們也都是受益者。

在這過程當中還有一個插曲，那天我們從醫院接蔣先生回家後，李彥輝醫師也前來表示關心，他和同修林少光師姐都是出身臺大醫學院的老學長。在開始助念的第一天，大夥正忙著念佛，李醫師卻沒有參與助念，反而找人問東問西，不斷追問蔣先生是怎麼發病的？發病前身體狀況如何？發病時又是什麼樣的情況？又是如何送醫的？諸如此類的醫療問題等等。說實在的，沒有人能夠回答李醫師的問題，大夥兒看他不來助念卻問東問西，心裡不是很舒服，但是看在李醫師年高德劭，不便開口明說。我看在眼裡，覺得需要幫大家和李醫師解圍，就請他到一旁說話。

我就跟他說：「李醫師！您問的這些問題，都跟醫療專業有關，在這屋子裡，除了您老之外，我們都不是醫師，根本無法回答您的問題。況且眼下就有位臨終的病人亟需我們為他助念，大夥正忙著念佛，也沒時間和心情跟您討論這些醫療專業問題。不過，我倒是有個重要的問題想要問您？」

他說：「什麼事？」我接著問：「李醫師！您有沒有想過？您將來百年之後，會想要去哪裡？」聽我這麼一問，李醫師愣住了！想了一會，他說：「我從來沒有想過，我不知道耶！」我接著說：「哇！那可是很嚴重的事欸！您最好還是認真地好好想一想！」我只是提問題，並沒有提示任何答案，也沒有要求他給我答案。

在助念圓滿結束之後，大眾要求希望能皈依三寶，我就請紐約道場的法師們前來支援，辦了一場皈依典禮。很意外地，李醫師出於自願，主動報名參加，還把家裡的寵物狗狗帶來一起皈依，他的同修林師姐非常驚訝，覺得不可思議。她跟我說，這麼多年來她一直希望李醫師能夠皈依三寶，一心向佛，她想方設法，好說歹說，威脅加利誘，卻都沒有任何效果，李醫師抵死不從，最後她只好放棄了。她問我：「法師啊！您是對他施展了什麼神奇的法術？居然讓他心甘情願地來皈依？」我說：「我哪有什麼法術！我只是在蔣家助念的時候，隨順因緣問了他一件事：有沒有想過將來死了以後要去哪裡？我也沒有push他要來皈依。」就佛法而論，這就是機緣現前，也不是我的功勞。

就在蔣先生往生之後不久，又有兩件往生助念的案例，一位是腦中風的老先生高伯伯，一位是年僅十一歲罹患腦瘤的林小弟。

同樣是在一九九五年一月下旬，住在南澤西Cherry Hill的高月娥師姐特別來找我，談到她父親的病況。高伯伯一個人住在紐約市，因為中風跌倒住進醫院，昏迷不醒，高師姐的弟弟去醫院探望，千呼萬喚都叫不醒老人家，高師姐非常焦慮，不知如何是好，才拜託陳維師兄帶她來找我，希望我能指點迷津。我了解了情況之後，判斷高伯伯時日無多，極力勸高師姐，務必要在老人家捨報（斷氣）之前，就接回家中，請大眾來幫忙助念，這是最好的臨終關懷與安排，否則後續的麻煩就大了。

根據美國的醫療法規，如果一個人在醫院裡過世，他的遺體就成了必須由醫院照規章處分的「物業」（property），只能送到殯儀館（funeral home）進行後續的處理，是不可能接回家中的，因此根本就不可能為他往生助念。另外，還有一件很麻煩的事，根據美國的法規，往生者的遺體不能跨越州界運送，因為高師姐家住紐澤西州，萬一高伯伯在紐約州的醫院裡過世的話，不能直接送到紐澤西州家裡附近的殯儀館，而必須先送到紐約州的殯儀館，然後由紐澤西州的殯儀館出面和紐約州的殯儀館接洽，才能將遺體「引渡」回紐澤西，這樣的法規讓我們直呼不可思議！

高師姐回去和先生（張和雄醫師）討論之後，接受了我的建議，決定去紐約的醫院將父親接回家中。張醫師（高伯伯的女婿）本身是外科兼麻醉專科醫師，在紐澤西開了一間診所。一月二十三日一早，他們夫婦由陳維師兄陪同，開了一輛救護車，一起去紐約要接高伯伯回家，臨行前問我要不要帶個氧氣筒過去，我說最好帶著，有備無患。

沒想到，一開始紐約的醫院不願意放人，理由是，院方的醫師認為，老先生根本就走不出醫院的大門，只要離開呼吸輔助系統，病人從二樓還沒下到一樓就可能斷氣了。面對這樣的情境，張醫師就表明自己是麻醉專科醫師的身分，病人呼吸的情況他可以處理，醫院不用擔心。就這樣子，他們從早上開始和醫院交涉，一直到下午，整整花了六個多小時，院方才勉強同意放人，但是還有一個小關卡，就是病人的點滴裡面需要加一種藥物，但醫師不願意提供。張醫師說：「這個藥也不是什麼特殊名貴的藥，我自己的診所裡就有，你們刁難不給，大不了我就回自己的診所拿，平白浪費時間而已，你們堅持不給，到底有什麼意義？」聽張醫師這麼一講，他們覺得不好意思，就提供了點滴裡所需的藥。

老先生終於可以出院回家了，當張醫師將自己帶去的氧氣筒接上，取代醫院的呼吸輔助系統時，監視儀表上的心跳及呼吸指數明顯提升改善，院方的醫師在旁邊看了都非常驚訝，就隨口問道：「Could you come to work here for us?」（你能否來我們這裡工作？）事後，張醫師跟我解說，醫院的呼吸輔助系統是靠著機器pump（幫浦）運作，是沒有感覺的，而他是用手壓縮來運作人工幫浦，是要靠著手感的，他是專科醫師，當然是比機器有效率得多。

就這樣子，張醫師一路看護，陳師兄陪同播放佛號，讓高伯伯得以平安順利返回紐澤西。說來不可思議，在醫院裡一直昏迷的老先生，傍晚到了家門口，居然清醒了，還睜開眼睛看著家門和家人。接回家中，安頓好了之後，就開始聯絡費城普門寺的佛友們來助念，過了半個小時，高伯伯安詳捨報。

大眾輪班為老先生助念，整整念佛十二個小時，老人家面容安詳，身體柔軟，最後圓滿迴向，結束了助念，家人開始處理後續的相關事宜。結果，還有不少沒趕得及來助念的朋友，陸陸續續打電話給高師姐和張醫師，說要來助念，沒想到那麼快就結束了。

這要感謝元月初蔣先生的因緣，成就了大眾往生助念功課的實地訓練，經過了七十二小時持續不斷的輪班助念之後，大眾助念的信心和耐力都建立了，只念佛十二小時，對大家來說，已經是「a piece of cake」，根本就不是什麼負擔。

一九九五年一月三十日，我特別請紐約道場的法師來支援，以佛教的方式為高伯伯舉辦告別奠禮，高伯伯的家人與親朋好友都感到莊嚴肅穆而溫馨。火化之後，家人將高伯伯的骨灰帶回臺灣，安奉在北海福座。

在高伯伯往生後不久，有一件很特別的往生案例，是住在紐澤西州大西洋城（Atlantic City）的林小弟。林小弟全家從臺灣移民到美國，還有不少親朋好友也先後移民到大西洋城而且比鄰而居。大西洋城是美國紐澤西州大西洋郡的一座度假城市，是美國東岸最大的賭城，連帶著有很多觀光遊樂、酒店、旅館及餐飲業，不少臺灣來的移民在此安頓居住及就業工作。

年僅十一歲的林小弟不幸罹患了腦瘤，到全美著名的費城兒童醫院（The Children's Hospital of Philadelphia，簡稱CHOP）就醫，剛好有一位參加佛學講座及念佛共修的臺灣同學在CHOP當義工，認識了林小弟，也因為這個機緣，林小弟的媽媽也曾多次抽空從大西洋城來費城或南澤西參加我們的佛學研討及念佛共修。

剛住進醫院時，林小弟還可以行走活動，而且還很熱心地協助其他華裔病人及家屬當翻譯，看起來一點都不像罹患惡疾重病的樣子。林小弟在學校的表現，不但成績優異，還乖巧有禮貌，而且熱心公益、樂於助人，老師和同學們都很喜歡他，也因此大家對於他會生這樣的怪病，都覺得非常難過、慨嘆與不捨。林小弟也知道自己腦部生病了，而且還不是普通的疾病，然而卻很平靜淡定，絲毫沒有多數病人那種憂愁焦慮的樣子。

後來，林小弟在醫院接受了腦部手術，卻很遺憾無法進行醫治，因為當醫師打開林小弟的頭蓋骨，一觀察檢視，很驚訝地發現，林小弟腦部的病變，不是「一顆」或「兩顆」腫瘤，而是「一群」散布在大腦裡面一粒粒細小的瘤，根本就無法處理，不得已，只好原封不動，再將頭蓋骨縫合回去，結局可想而知。

因為醫師無法治療這樣奇怪的病例，所以家人就將林小弟接回家中，希望在親人的陪伴下度過生命最後的時光。最後，林小弟於一九九五年一月二十七日在家中安詳往生。林媽媽希望我能在殯儀館將遺體接走之前，到家裡為林小弟念佛、灑淨，就請託陳維師兄開車載我從費城到大西洋城。我們到達的時候已經是晚上了，除了親朋外，還有十多位青少年、兒童也在場，都是與林小弟年若相仿（我估計是堂兄弟姐妹或表兄弟姐妹），我帶著他們在林小弟的臥房念佛、灑淨、迴向，林小弟面容安詳，狀如熟睡。

念佛、迴向結束的時後，有好幾位小朋友跟我說，他們很希望能在林小弟的額頭上親吻一下，以表示最後的道別（kiss good-bye），問我可不可以？我看到他們一臉殷切，就說：可以！但是千萬不要讓林小弟心裡有牽掛，而是要鼓勵、祝福他安心地去阿彌陀佛那裡。我就看著他們一一跟林小弟kiss good-bye。然後，我就到客廳跟他們家人講話，希望能稍微化解他們面對生離死別的悲傷情緒。

最後，殯儀館的人員來接遺體，兩名彪形大漢，費了九牛二虎之力，才將林小弟的遺體接走。他們沒料到林小弟的身體竟然柔軟得像水一樣，一開始想用「抬」的，卻根本就使不上力，折騰了半天，最後是兩人一前一後，分別抓住屍袋的四個角，用「拎」的，才完成任務。這兩個洋人大漢說，他們幹這一行已經幾十年了，從來未見過這種情況，深覺得不可思議，他們當然無法理解這就是念佛的感應。

林媽媽跟我說，她會學佛是因為兒子生病的關係，我跟她說：你兒子是來報恩的，母子的緣分盡了，他就告別了，你不用罣礙，將來在佛國淨土可以相聚。林媽媽還跟我分享了一段他們母子間的溫馨故事，在林小弟往生前，林媽媽問兒子有沒有什麼最後的心願，希望媽媽可以幫他完成？兒子說他最後走的時候，希望能穿上一套西裝。可是當時他已經病得無法去量身訂做衣服了，林媽媽就到費城的服飾店及百貨公司去找，看看有沒有符合兒子身材的西裝，沒想到居然讓她找到一襲完全合身的兒童西裝，可以滿足兒子的最後心願，心裡覺得非常安慰。

她怕衣服折到會有皺紋，就用手拎著衣架帶回家，滿懷欣慰。回到家門口，正好遇到林爸爸，想到兒子快要死了，卻看到兒子的媽居然還面帶笑容，非常生氣。

面對林爸爸的不解與責難，林媽媽心中難免覺得很委屈，但是想到能夠幫兒子完成他這一生最後的心願，也就釋懷了，不過看到自己的先生一直無法面對喪子之痛，只是一味地悲傷怨懟而走不出來，她也覺得很無奈。

面對生死課題，我們不但要追求生命的品質與尊嚴，還要儘量圓滿死亡的品質與尊嚴，這就是我們學佛與研習現代生死學的終極目標。十分難得的是，林媽媽和林小弟他們母子二人因為佛法的薰習，都能非常坦然地面對死亡，也因此林媽媽會想到要幫兒子完成他最後的心願，林小弟也很自然地對媽媽表達，希望能夠穿著一套西裝告別人間，在生離死別之際，如此溫馨的情境，放眼世間是何等感人的一刻！從佛法的觀點來看，這樣的善緣親情是可以盡未來際的！

可惜世間絕大多數人，由於不願、不能或拒絕面對及接受死亡，在親人臨終之際，因為過度陷溺於悲傷的情境，而錯失了最後可以和臨終親人親情交流以及共同成長的生命契機。李商隱的詩作〈錦瑟〉，最後兩句：「此情可待成追憶，只是當時已惘然！」反映了絕大多數人錯過了最後那段寶貴的時機，在親人往生之後，心中那種深層的惆悵與失落感，久久無法排遣。

所以我要提醒大家，在陪伴末期與臨終親人的最後那段寶貴時光，不是什麼事都不能做，而是有很多靈性的功課要把握機會去實踐的，包括消除與化解臨終者的負面情緒，諸如：恐懼、不安、遺憾、怨懟等等；詢問臨終者的最後心願，儘量幫他完成，或者幫他化解，讓他放下；最重要的是能引導臨終者的意念，開導他放下前塵往事中所有的牽絆與執著，令其正念現前，一心念佛（或稱念其信仰中聖靈的名號），以迎接未來的生命。最好還能留下文字及影音紀錄，以免事後追悔，那是非常珍貴的回憶，可以慰藉喪親的失落感。

另外還有一件往生事件，是一位住在大費城區年僅三十九歲的張雲昇居士，大家都稱呼他的英文名Peter。Peter和同修浦靜芳師姐夫婦倆，在費城普門寺成立的過程中，在工作之餘以義工的身分勞心勞力地協助，普門寺能夠順利完成及開光，他們倆有很大的貢獻。

一九九四年夏秋之際，Peter覺得身體嚴重不適，出現咳嗽、發燒等類似感冒的症狀，剛就醫時，醫師也以感冒的症狀來處理，可是用盡了各種治感冒的方法和藥品，病況都沒有好轉。後來Peter的母親堅持要他去驗血，徹底檢查一下，驗血的結果是不正常的貧血，但是仍然不能解釋為什麼會有類似感冒的症狀。後來再進一步地追查，發現是淋巴癌，但是這又有兩種可能：如果只是單純的淋巴癌，那麼治癒的機率是很高的，但如果是別處的癌細胞感染轉移過來，那麼情況就很麻煩了。

Peter自已覺得不是淋巴癌，而要求醫師再繼續檢查他的腸胃部分，一檢查之下發現是腸癌，最後追查的結果竟然是原發性的腸癌，然後癌細胞向上穿越過橫隔膜，已經是第四期的癌症。醫師說腸癌的部分如果不開刀處理的話，可能很快就會腸胃阻塞了，屆時就很可能既無法進食，又無法排泄，不但完全沒有生活品質可言，而且命在旦夕了。所以Peter就決定要做腸癌的切除手術，不過醫師事先提出警告，如果腸子因為切除太多，剩下的部分太短而接不回去的話，就必須要做人工肛門，那是非常恐怖的事。不過後來醫師確定腸癌需要切除的部分不長不短剛剛好，可以讓剩下的腸子前後接上，就不必做人工肛門了，浦師姐說要感謝三寶加被，這真的是不幸中的大幸，阿彌陀佛！

Peter的腸癌切除手術非常順利，真的也沒有做人工肛門，手術後接著的化學治療等療程也都按照醫師的指示進行，他也聽從大家的建議，開始吃素和實行一些養生保健之方。手術後Peter不但可以正常生活，也如往常一樣和大家一起參與活動，包括佛學講座、佛學會考、念佛共修、八關齋戒、禪修等等。

為什麼浦師姐會說：如果Peter要做「人工肛門」，那可是非常恐怖的事情？所謂「人工肛門」聽起來好像是可以替代身體原本的肛門，而其實根本就不是。它是在病人的腹腔開一個洞，再插入一根管子，向內連接上直腸，然後在體外接上一個袋子，胃腸的排泄廢物就直接流到那個袋子裡面。我們身體天然的肛門有「括約肌」可以控制排便，但是「人工肛門」因為沒有「括約肌」，也沒有人腦或是電腦的相關設計裝置可以控制它，因此，如果一不小心，袋子裡的排泄廢物就會滿出來，造成病人在生活上的極大不便，與精神上的極重負擔，所以說是非常恐怖的。也因為醫師最後診斷Peter不必做「人工肛門」，手術後還可以排便，能維持起碼的生活品質。浦師姐說一直到現在已經過了二十多年，她回憶起來都覺得那是三寶加被要感謝，真的是不幸中的大幸！

當醫師發現Peter罹患原發性的腸癌時，因為癌細胞已經向上穿越過橫隔膜，入侵到肺部，並且開始擴散，醫師的評估，Peter的時間大約只剩下六個月了，也可能會長一點，但是並不樂觀。Peter很努力地實行養生保健之道，也儘可能維持正常的生活方式，後來撐了十個月才往生。

在最後那一個半月，Peter已經進入末期階段，開始進進出出醫院，他的家人包括兄弟姐妹等也開始花比較多的時間陪伴他，平日在普門寺及南澤西參加佛學講座、念佛共修的師兄、師姐和留學生們，也開始輪流陪伴照顧他，也可以說，我們已經開始做末期陪伴照顧與臨終關懷了。

記得有一天晚上，我去探望Peter，知道他已經有面對生死的心理準備，但是心中仍然難免恐懼。我就跟他開示「發願往生」的道理，一方面緩和他面對死亡的恐懼，一方面鼓勵他發起往生的正念。

我很誠懇地對Peter說：當我們的身體已經壞到無法治療、藥石罔效的程度，就應該要一心一意積極地「求往生」，往生到佛國淨土見佛聞法，將來可以乘願再來。另外有一件很重要的事一定要知道，真正的「往生」，是當我們「還活著」的時候，就跟隨阿彌陀佛去到西方極樂淨土了，絕不是等到我們「死掉」以後才去的，所以我們要「往生」的時候，千萬要保留有足夠的精神和體力才行，千萬不可以把自己的精神和體力都消耗殆盡，到時候就往生不了，而是六道輪迴了。這是我首次正式講出「千萬要保留精神和體力做為往生之用」的道理，但是當時幾乎沒有人真正聽得懂。

我在跟Peter講以上那些話的時候，剛好他的家人在旁邊，有人聽到之後非常不高興，還怪我講那些不該跟病人講的話，認為我好像在催促Peter趕快死似的。我當然了解他們聽不懂我的話，就把他們家人請到一旁，進行一場座談，他們有任何意見、疑慮甚至於不滿，都儘量提出來，不用客氣，我也把道理跟他們講清楚。經過這麼一番對談之後，他們就沒有再表示什麼了，至於他們究竟能理解多少，這就有待時間的考驗了。

一九九五年七月底，Peter住進醫院（Thomas Jefferson University Hospital）的單人加護病房，這已經是生命最後一哩路了，我們開始排班輪流陪伴照顧他，真正進入「末期陪伴」與「臨終關懷」階段。

記得是八月五日週六的晚上，當時由天普大學宗教所博士班的蔡昌雄同學（目前任教於南華大學生死學系所的蔡老師）留在醫院陪伴照顧Peter。過了午夜，已經是八月六日的凌晨二、三點左右，我突然接到蔡同學的緊急電話，說Peter已經完全沒有辦法呼吸了，一直在喊救命，問我怎麼辦？我說不能讓Peter現在就斷氣，我們必須爭取一點時間，最後才能幫他助念。在不得已的情況下，先請醫師幫Peter插管，讓他暫時還能呼吸，然後馬上開始聯絡大家，準備天明（八月六日）一早就去醫院助念。就這樣子，醫師就直接為Peter做了氣管內插管，但是沒有氣切，他勉強還可以呼吸。

八月六日清晨六點，浦師姐也接到了通知，要她趕緊把小孩一起帶到醫院。浦師姐一趕到醫院病房，就聽到供給氧氣的機器發出噪音聲響，一直叫、一直叫，因為Peter肺部的氧氣不夠了，而且已經無法再吸收到氧氣，還看到氧氣輸入管裡居然充滿紅色的血水。浦師姐說她自己雖然不是醫療專業，但是看到血水已經從肺裡面跑出來了，也知道這表示肺部已經壞掉，完全喪失功能了。當時Peter非常掙扎，因為肺部呼吸不到氧氣，好像人溺水一樣，所以非常痛苦地掙扎。

護士小姐進來，看到這個樣子，就準備要將Peter的雙手綁起來，因為怕他在掙扎的時候太劇烈，會從床上跌下來。浦師姐不忍心Peter被綁起來，就跟護士小姐說：「讓我來，讓我來！」其實當時浦師姐也不知道自己究竟能做什麼，她就跟Peter說：「你放心！我來了，也把兒子帶來了。看起來你的身體已經完全壞掉了，看你這樣子真的好辛苦！實在不忍心看你再這樣辛苦下去，你就放心走吧！其他的事就都交給我了！」很神奇地，當她說完這些話之後，Peter就不掙扎了。浦師姐覺得很欣慰，Peter有把她講的話聽進去，而且不再掙扎了。

這時，我和李彥輝醫師夫婦都趕到醫院了，其他的蓮友也都陸陸續續趕到醫院。然後，我們就開始為Peter念佛，同時向醫院提出為Peter拔管（註）的要求。

在拔管之前，加護病房的醫師說要為Peter注射高劑量的嗎啡，以免他痛苦掙扎，但是我們認為不妥，不能讓Peter的意識陷入昏迷，那樣會嚴重影響他的往生，所以不同意施打嗎啡。我們商量好了以後，就推派李彥輝醫師為代表，以醫師的身分代表家屬以及我們念佛的團體跟院方溝通。

李醫師就對醫院的醫師說，根據我們的宗教信仰，我們不能讓臨終之際的病人在捨報的時候，陷入嚴重的昏迷，那樣就無法如願地往生，所以我們不希望為病人注射嗎啡。但是醫師也有他本身以及醫院的考量，我們那麼多人在場，如果沒有打嗎啡而在拔管的時候病人痛苦地掙扎，會驚嚇到大家，這不是醫院希望看到的情境。後來雙方同意，嗎啡先準備好，但是備而不用，萬一有狀況時才用。

在護士要拔管之前，我先在Peter耳邊跟他說法，我跟他說：「Peter！你的身體已經不堪使用了，再拖下去只是更加痛苦，你要放下，一心一意跟隨阿彌陀佛到淨土世界求取法身慧命，將來我們都會在佛國淨土重聚的。現在要幫你拔管了，你的痛苦會解除，我們都會在你身旁幫你念佛，你也要一心一意跟著念。」我說完之後，大家就開始念佛，護士將管子拔出，Peter頭一偏就走了，絲毫沒有掙扎。

插氣管的管子口徑比起鼻胃管要粗得多，當管子拔出之後，Peter的嘴巴張得大大的合不起來，Peter的媽媽看了很傷心，就想用手將張開的嘴巴推回去，但怎麼推嘴巴都合不起來。我們在病房裡為他助念了整整十二個小時，當助念結束時，Peter不但身體柔軟，而且嘴巴也自己合起來了。

當時大家都專注於念佛，希望Peter能蒙佛接引，一路好走，沒有多餘的心思，但事後回想，大家都覺得Peter走的時間點及地點的組合，可以說是非常殊勝。先說時間點，八月六日剛好是週日，原本就是大家固定在費城普門寺念佛共修的時間，所以不必再特別去召集人手，就通知大家當天從普門寺轉到醫院來助念就好。

註：有關末期及臨終病人的處遇，美國的醫療法規先進許多，對於已無治癒希望的末期病人，如果家屬提出要求，可以拔管。而臺灣的《安寧緩和醫療條例》，原本在二〇〇〇年通過的最初版本，如果病人插了管，就不准許拔管，直到二〇一三年的第三次修法，才准許拔管。

再說地點，Peter住的是單人加護病房，相當寬敞，還有可以讓家屬休息的空間，我們在裡面念佛不會干擾到其他的病人。也因為是週末，醫院的上層主管都休假了，我們提出希望能在病房裡念佛至少八小時，病房的醫師和護士也都很尊重我們的宗教信仰而予以通融。更難得的是，護士非常慈悲，體諒我們長時間念佛會口渴，就跟浦師姐說：「我知道你們不喝咖啡，那我泡茶給你們喝好嗎？」讓大家非常感動！

助念結束後，Peter面容安詳，狀似熟睡，不但身體柔軟，而且原本大大張開的嘴巴也自己合起來了。當天參與助念的蓮友，都親身感受到佛號的不可思議。雖然已經事隔二十多年了，現在回想起當時大家在費城的醫院病房裡為Peter助念了十二小時的因緣，仍然覺得不可思議。就常理而言，不要說是在美國，即使是在臺灣的醫院病房裡，也不可能讓我們為往生者念佛的，通常病人一過世，就要準備移送到太平間（morgue）的冷凍櫃裡了（美國的醫院裡沒有往生室或助念室）。

八月十一日，我們為Peter辦了一場很別致的喪禮，在告別奠禮的過程中，當然有佛教的儀式，包括有：〈蓮池讚〉、〈般若心經〉、〈往生咒〉、〈變食真言〉、〈讚佛偈〉、念佛、三皈依、迴向等程序，此外，我們還特別加上Peter的生平介紹，好友代表分享Peter的生活點滴及小故事，浦師姐致感謝辭。

除了告別奠禮的儀式，我們還在式場禮堂外，布置了Peter的生平回顧展，雖然他這一生的歲月只有三十九個寒暑，但是和浦師姐一同從臺灣移民到美國費城，還是有不少感人的故事與回憶，值得和大家分享。

喪禮結束後，葉怡平醫師的夫人黃淑珍師姐很感動地跟我說：「這是我有生以來所參加過最美麗且令人感動的一場喪禮，我希望我將來往生的時候，也有一場這麼溫馨美麗的喪禮，我就心滿意足，死而無憾了！」我說：「不用擔心！你可以預約，我來當指導，大費城地區的蓮友會很樂意圓滿你的心願，你只要一心念佛，人有誠心，佛有感應！」

Peter的遺體火化後，由浦師姐將骨灰帶到洛杉磯西來寺，奉安在懷恩堂。

結語

以上這些真實的故事，都是二十多年前在美國親身經歷的臨終關懷、安寧照顧及往生助念案例，回到臺灣後的這二十多年來，又有更多的真實故事，以後有機緣會陸續跟讀者們分享。在本文結束前，我要針對第四個「千萬」做一點補充說明。

我最早於二〇一三年十一月三十日，在台北道場人間大學講〈佛法的心靈預防醫學與治療法〉時，公開呼籲大眾「千萬」要及早成立個人的「往生後援會」及「往生互助會」。後來在二〇一六年四月十五日，有一篇《聯合報》記者甘育瑋發自新北市的報導，標題是「放棄急救老母・弟告兄嫂殺人・檢方判不起訴」，可以佐證我這第四個「千萬」呼籲的重要性。

根據報導，一位九旬謝姓老婦病危，在大兒子簽名同意放棄急救後，急性呼吸衰竭死亡；但是三兒子不滿大哥違反母親生前「百年長壽」的心願，控告大哥殺害直系血親重罪，同時還控告醫師及二嫂共同殺人。但檢方認定三人均無殺人或任何故意致死的事證，以不起訴處分。

檢方指出，從住院病歷、死亡證明書等可證明，老婦住院時已年邁病弱，生命歷程正邁向不可逆自然死亡情形。由最近親屬提出放棄急救，醫師也依安寧緩和醫療條例規定，不對病患施行心肺復甦術，均符合醫療常規。

有高血壓、糖尿病史的謝姓老婦，因年老罹患失智症，曾多次走失，近年家屬安排她住進長期照護中心；二〇一五年五月，她病危送醫，院方出於好意詢問大兒子是否同意簽署放棄急救同意書，大兒子同意簽名後三天，老婦因肺炎引發敗血性休克，導致急性呼吸衰竭身亡，所幸沒有被送去急救、插管、氣切，逃過一劫。不料，老婦的第三個兒子為此控告大哥、二嫂基於殺人犯意，利用母親住院治療機會，在未告知其他家屬的情況下，簽下不施行心肺復甦術同意書，讓母親無法完成生前「百年長壽」心願，主治醫師也涉嫌殺人。

根據院方護理紀錄，記載家屬對放棄急救一事意見不合，並聯繫社工師協調安撫情緒，過程已善盡解說及處理，全案罪嫌不足，檢察官判決不起訴。

我的評論是：任何人如果只是簽署了「預立選擇安寧緩和醫療意願書」或是DNR還是不夠的，因為那只能應付醫院的行政制度與法規所需。「徒善不足以為政，徒法不足以自行」，古有明訓，在臺灣由於傳統文化和社會習俗的問題，一紙文書其實並不足以保障個人的死亡尊嚴與死亡品質，還必須要能得到家人的認同與護持。因此，一定要有家人願意挺身而出，極力「捍衛」病人的死亡尊嚴與死亡品質，病人的安寧意願與往生心願才能夠獲得實質的維護與保障。

所以我鼓勵大家要設法及早成立您個人的「往生後援會」以及「往生互助會」，以確保您的善終與往生權益。我自願擔任大家的往生法門諮詢顧問與實務輔導。

喪葬禮俗的基本認知

前言

根據媒體報導，二〇一四年五月五日，馬英九總統的母親秦厚修出殯火化，總統府早在那幾天前就已經對外表示，馬家依循過去處理父親馬鶴凌後事的做法，對母親秦厚修的後事也一切從簡，不設治喪委員會、不發訃聞、不設靈堂、不辦公祭，低調簡單。

不料在出殯前一日，某陳姓立委先透過國安局表示欲前往致意，國安局表明馬家沒有安排公祭，但是該陳姓立委仍執意欲前往，國安局不得已才透過總統府公共事務室聯繫家屬，希望屆時能安排有人在場協助接待，讓陳姓立委在遺像前鞠躬致意。

總統府公共事務室主任陳永豐則表明希望該陳姓立委不要去，因為馬家對後事的處理一切從簡，在臺北市第二殯儀館只有在火化場等候廳的臨時祭拜臺上放置照片，其餘的完全都沒有設置，也不會有家屬在場，如果陳姓立委仍想到場，最好在上午八時至九時三十分的火化期間，來火化場等候廳向秦厚修的照片致意。最後，在陳姓立委的堅持前往下，就約定上午八點到場致意。

如果陳姓立委在當天到場鞠躬致意後就離去，那麼一切功德圓滿。沒想到陳姓立委到場後，卻因為馬家未設靈堂，他就直接在現場發飆表達不滿，還抱怨沒有人出面接待他，也沒有簽名簿，拗不過他的無理要求，禮儀公司人員連忙拿出空白簽名簿讓他簽到，此番行為遭到外界質疑他是在「鬧場」。

陳姓立委辯稱：馬家靈堂應有人出來接待，也要有簡單的題名簿，並有人引導獻花、拈香、鞠躬，也應有家屬答禮，這是「臺灣民俗」，但現場都沒安排，他很訝異，才提出「溫柔的建議」。

總統府明明在事前就已經對外界公開說明了，葬禮一切從簡，不發訃聞，也不設靈堂，陳姓立委難道不知道嗎？就算原先不知道，但是在他表示欲前往致意後，國安局和總統府公共事務室也都先後對他說明，請他理解與尊重，他還是不聽而執意前往。很明顯的，他是十足的在蓄意鬧場、踢館，藉機作秀以博媒體版面，十分可議。

在現時代的臺灣，一個黑道大哥都可以把親人的喪禮辦得「冠蓋雲集」且「備極哀榮」，有如武林大會一般，難道馬家非得要辦得像那樣子，才符合臺灣民俗？才不失禮數？平心而論，馬英九身為總統，只要一聲令下，要將母親的後事辦得多風光、多盛大都可以；然而，他卻決定用最簡約的家祭方式，免除了文武百官到場應酬的繁文縟節，省卻了勞師動眾與公帑花費，僅僅保留家人的哀思片刻，我認為不但毫不失禮，而且是非常難得的處理方式。

本文並不是要刻意批評某個魯莽白目立委的個人無禮行徑，而是想藉著這一樁烏龍事件，從佛教禮儀與民俗的觀點來談一談「喪葬禮俗」基本內涵，讓各位讀者對於「喪葬禮俗」有些基本的認知，日後遇到自己的親人往生時，在有關後事的處理上，至少心中有個譜，也比較知道在諸多的儀節之中如何取捨。

「禮」與「俗」之意義與關係

首先，談一下「禮」與「俗」兩者之間關係與差別，根據徐福全教授的《臺灣民間傳統喪葬儀節之研究》一書，「禮」的定義，是指人類文化生活中的一切典章制度與法則；

而民間的所有生活習慣，是由該族群人民在共處的環境中，經過生活中不斷嘗試、篩選而形成大多數人遵守的習慣做法，就是「俗」。

「禮」是由三個要素所構成，首先最為重要的是「禮義」，指行禮之後所能夠或所期望達到的目的；其次是行禮時所須使用到的器物，亦即是「禮器」；第三個要素是「禮儀」，也可稱為「禮文」，即行禮時的儀節、規範與秩序。

此外，「禮」具有「俗」的優點，亦即是各種「俗」的優點之交集，「禮」與「俗」兩者之間關係，有下列五個面向的對照：

1.先有「俗」，後有「禮」。

2.「俗」沒有文字記載，都是用口耳相傳，「禮」則有文字的記載。

3.「俗」是自然形成的，「禮」是經過聖哲制定，或經過嚴格篩選及深思熟慮，而留下的菁華。

4.「俗」會經歷時間的變化而改變，「禮」則是流傳永久而不變。

5.「俗」是在某一地或某一時方能適用，「禮」不受時間、空間的限制，能廣泛來運用。

其實，臺灣傳統的喪葬儀節在「禮」與「俗」之間不斷地變遷，在不同的時間與不同的地區影響下，喪葬禮俗也隨社會變遷而起了變化。在現今社會中，「禮」是大家都希望能遵守的，但受到社會情境或其他外在因素的影響，喪葬儀節在禮的引導下，也會形成新時代的習俗。

臺灣民間傳統喪葬禮俗的源流

根據一九二六年（民國十五年、日據時代）日本人在臺灣所做的調查統計，當時臺灣漢人有三百七十五萬二千人，其中百分之八十三為閩籍，百分之十六為粵籍，百分之一為大陸其他各省。這百分之八十三的閩籍人口中，百分之四十五來自泉州府，百分之三十五來自漳州府，其餘的百分之三來自福建省其他各府。由此可知，臺灣民間傳統文化——包括喪葬禮俗——的源流，主要是來自閩南的漳州、泉州及客家傳統文化，而閩、客文化又是源自中原河洛文化，而且保存得還相當完整。

考臺灣民間傳統喪葬禮俗文化根源自《周禮》，至今仍保留有近七成的儀節，當然隨著時空的轉變，有一些儀節經過逐漸淘汰而廢除。譬如「乞水」，在古代沒有自來水，其原意為往乞河川長流潔淨之水，以為亡親沐浴，其中涉及不少「乞水」之禮法，但是在現代社會有極其便利的供水系統，「乞水」之禮法已不符合實際生活環境，所以早就逐漸淘汰而廢止不行了。

有一些儀節的名稱不變，但是內容卻有增減變化，譬如「沐浴」，「沐」是為亡者洗頭，「浴」是為亡者洗身，古早時的「沐浴」儀節禮俗相當繁複，洗身之後，男性要剃頭、紮辮子，女性要梳頭、綰髻、裹足，但是沒有特別為面部化妝；古早時的「沐浴」逐漸演變為現代殯葬業界通稱的「洗、穿、化」——亦即「洗身、穿衣、化妝」，省略了許多繁複的儀節做法，但比較重視面部的化妝，現行大多由禮儀公司的專業人員服務。還有一些特別的情況，譬如車禍、溺水、跳樓自殺等意外事件的往生者，就必須請特別專業的遺體美容師，為其進行「遺體修護」，維護其應有的死亡尊嚴與品質，以撫慰家屬的悲傷情緒。

也有一些儀節的名稱變了，但內容、做法及目的大致相同，譬如《周禮》中的「復」，就是現代的「引魂」或「招魂」，但是已經不再用「復」這個名詞了。

本文的主要目的並不是要討論臺灣民間傳統喪葬禮俗，而是從佛教的觀點引介現代喪葬禮俗的基本意義、內容、架構與流程，以上所述只是大致說明臺灣民間傳統喪葬禮俗的源流，讀者如果有興趣一探究竟，可以參閱徐福全教授所著的《臺灣民間傳統喪葬儀節之研究》一書。

喪葬禮俗之意義與目的

就民俗傳統文化的觀點而言，喪葬禮俗的根本意義與目的至少有下列四點：

1. 家族子孫表達對往生者的孝思與哀戚之情；
2. 後人哀悼與追念往生者，緬懷其德澤行狀，饗之以祭奠；
3. 生者祈求往生者安息與安靈，並且能持續庇佑後代子孫；
4. 讓往生者與社會正式告別，入列祖先之位。

從佛教的觀點來看，除了以上四點之外，喪葬儀軌主要還有下列三點目的與功能：

1. 生者表達對往生者的持續與終極靈性關懷；
2. 喚醒往生者中陰身之覺性，以助其認知生死流轉的本來面目；
3. 開示及引導往生者發願往生淨土、上生天界、轉生善道或乘願再來。

誦經、念佛與迴向的意義與功能

佛教的喪葬儀軌，除了須顧及傳統「殮、殯、喪、祭」的意義及內涵外，主要是以「誦經、念佛與迴向」做為主結構，來貫穿整個喪葬禮儀流程，而免除了世俗的繁文縟節。至於誦經、念佛與迴向的意義與功能，主要有下列三點：

其一、開導往生者，囑咐他能放下以往的牽絆與執著，使其神識能順利地脫離其軀體，毫無畏懼地邁向未來的生命。藉由持誦經文及佛號來指引往生者的神識，協助其在茫茫的生死大海中，能夠找到方向，順利地轉生善道、上升天界或往生佛國淨土。

其二、助念者至誠懇切地持誦經文與佛號，其誦經及稱念聖號的聲調與音韻，可以藉由至誠的心念穿透往生者的分別智，直入往生者的深層意識中，令其提起正念，以協助往生者能夠往生佛國淨土，上升天界，或轉生到其心願中的理想歸宿。

其三、協助往生者的家屬與親友，藉由持誦經文與稱念佛號，以轉移及抒發他們哀傷的情緒。

我借用現代的科技概念來譬喻，佛教的法會儀軌猶如一種靈性的「介面」與「平台」，我們誦經及稱念佛號的心念，透過法會儀軌的介面與平台，能夠感發佛、菩薩的慈悲加持，而與往生者的心念相通，進而引導往生者生起並維持往生正念，這是在佛、菩薩、生者與往生者之間——不生不滅的靈性生命之間的「感應道交」。

臺灣民間傳統喪葬儀節流程

根據古禮及習俗，臺灣民間傳統喪葬儀節的整個流程，從親人捨報（斷氣）初終，然後守靈、入殮、出殯、下葬，一直到做七、百日、對年、合爐，乃至拾骨（撿骨）與吉葬（二次葬），可分為六個階段：（一）養疾慎終，（二）沐浴殮殯，（三）殯後迄葬前一日，（四）葬日，（五）葬後迄變紅，（六）拾骨與吉葬。

上列每一階段都有數個到數十個不等的儀節項目，前後總計有一百二十餘項之多，可以說是相當繁複，而且因為來自閩南、客家、漳州、泉州等不同地域，實際的禮俗做法多少還是會有些差異，因此儀節項目也會互有增減，並無定數。

以「點主」這一項儀節為例，子孫為求吉運，一方面祈求往生者安靈，另一方面也祈求庇佑子孫，而禮請鄉紳賢達有功名者用硃砂筆在魂帛（神主牌位）上的「王」字點硃為「主」字，繼以墨筆點在硃點上，提筆點主者稱為「點主官」，現今則多請道士或地理師為之。傳統的「點主」儀節大都在墓地（棺木入壙時）舉行，而近十餘年來各級政府鼓勵火化，以致土葬愈來愈少，「點主」的儀式遂逐漸式微，即使保留也只是「點」一個形式而已，或者調整到「家祭」之後、「公祭」之前的「告別奠禮」中舉行。

不過在客家傳統，至今仍然相當重視「點主」的儀節，在奠禮前舉行告靈、告祖、告天之後，在禮堂舉行「點主」儀式。而在閩南漳泉習俗，則全臺灣各地的存廢不一，有些地方保留較多，例如雲林、嘉義、臺中海線地區，有些地方已多半式微，例如臺中山線地區、彰化、臺南。整體而言，鄉下地區較多保留傳統儀節，都會地區則已經大幅地簡化了。

此外，有一些傳統禮俗項目還包含了許多更細微的內容，譬如「葬列」這一項儀節所包含的細目內容就有將近五十項之多，其繁複瑣碎的程度，一般社會大眾根本就搞不清楚。在五、六十年前，鄉下的村落都會有幾位熟悉喪葬禮俗的地方士紳或耆老，在有鄉親過世的時候，會義務出面指導、協助料理後事。如今，那些士紳、耆老絕大多數都老成凋謝了，也沒有傳人，現在幾乎都由葬儀社、禮儀公司代勞。其實，大多數喪家往往不清楚喪葬的整個流程與細節，又害怕觸犯禁忌，不敢妄自主張，多半都交由葬儀社或禮儀公司來安排。

佛教喪葬禮俗的程序及儀軌

從佛教的觀點而言，親人自臨終彌留之際，到捨報往生之後，家人最重要的功課是陪伴與靈性上的關懷，所以後事的處理並不一定要沿用世俗的繁文縟節，而是以「誦經、念佛與迴向」來引導親人提起正念，發願往生。

我綜合了佛教的基本佛事儀軌與社會通用的喪葬習俗，整理出十四項治喪流程，供各位讀者做為取捨的參考。在此先特別聲明：本文所述的這些流程絕非唯一的「標準」版本，實際上也從來就沒有所謂「絕對標準」的喪葬流程，從佛教的觀點來看，「法無定法，因緣所生」，只是合不合理，合不合宜而已，各位讀者也可以自行考察研究，再行衡量及斟酌。

治喪的十四項流程為：一、臨終及往生助念，二、發喪，三、入殮佛事，四、七七佛事，五、家祭，六、告別奠禮（告別式），七、團體公祭，八、起靈，九、安葬佛事：（一）土葬程序，（二）火化程序，十、安位，十一、百日，十二、對年，十三、合爐，十四、拾骨與吉葬。以下就這十四項流程，一一解說其內容要點，必要時加上一些我個人的評論，供各位讀者參考。

一、臨終及往生助念

（一）**初終須知：**

1.當長者預知時至，已經做好往生之準備，或者病人藥石罔效，或者病情惡化，經醫師宣告生機絕望者，或者時辰已至，進入彌留狀態，無論是在家中或是在醫院裡，於未斷氣前即可開始助念。

2.如在家中，病人捨報（氣絕）後，可留在臥房進行助念，不一定要「搬鋪」，也不一定要移到正廳，也不須忌諱生肖、沖犯、方位之習俗，以方便大眾助念為原則。【慧開按：開媽媽、開爸爸（我的母親和父親）捨報後，均是如此，不做任何移動。】

3.若在醫院（一般病房、加護病房、安寧病房），病人捨報後，按醫院常規，須先移到往生室（或助念室），然後在那裡進行助念。

4.當病人捨報時，家屬無論如何悲戚，不可在往生者面前哭泣，以免增加亡者之罣礙與執著，嚴重影響其神識順利脫離肉體軀殼。

5.預先準備好「陀羅尼經被」，及時覆蓋於遺體上。

6.往生者的臉部不應該用被單遮蓋，被單與陀羅尼經被覆蓋到往生者的頸部即可，面部要露出來，就像他（她）在睡覺一般，我們可以在助念的過程中，觀察到往生者的面部表情。【慧開按：一般大都用被單將往生者的頭部完全蓋住，好像往生者已經「離我們而去了」，我認為那是不正確也不如法的。當年煮雲老和尚往生，我們有前往弔唁、念佛、上香致意，我的印象非常深刻，煮雲老和尚的臉部是露在被單外，就如睡眠的狀態，弟子們沒有用被單將他的頭部蓋住。我的父母親捨報往生後，我們在助念的時候，也是讓他們的臉部是露在被單外，就像睡覺一樣，沒有用被單將他們的頭部蓋住。】

（二）助念須知：

1.助念是一種對往生者的意念及靈性上的導航，引導往生者生起善心正念、發願往生佛國淨土或上生天界，至少也能轉生善道。

2.眷屬千萬不可對往生者說情愛話或臨床揮淚，擾亂往生者的往生正念。

3.如果能夠延請到出家僧眾帶領助念，當然最好，若一時請不到法師，也可商請助念團協助。萬一都請不到，也可集合家屬，輪流隨侍在往生者身旁為其念佛。

4.念佛的音調須柔和安詳、高低適宜、快慢適中。木魚聲不宜太響，以沉穩安詳為原則。

5.也可不用法器，只用口出聲念佛即可，或可用音響（錄音機）播放錄音帶或CD，但不可單獨使用電子念佛機，卻無家人在往生者身旁助念，一定要有家屬、親人或助念蓮友隨侍在側出聲助念。

6.可稱念往生者常念之佛號或菩薩聖號，若往生者生前並無念佛的習慣，或特定稱念的佛菩薩聖號，則以「南無阿彌陀佛」六字佛號為宜，使往生者容易跟隨稱念。【慧開按：我鄭重推薦心定和尚六字佛號的念佛調子，不疾不徐而且鏗鏘有力，做為往生助念之用最為合適，各位讀者可以上網搜尋「心定和尚念念彌陀」，https://www.youtube.com/watch?v=w13n0gpaQAk】

7.在病人捨報，開始助念的時候，應如是開導往生者：「您的世緣已經功德圓滿了，家人都在您的身旁，您可以安心，不要罣礙，我們現在為您念佛，祈求阿彌陀佛、觀世音菩薩慈悲加持，前來接引，請您放下萬緣，跟著我們一起一心念佛，跟隨佛菩薩前往佛國淨土。」

8.助念時，心中要觀想西方三聖（阿彌陀佛、觀世音菩薩、大勢至菩薩）慈悲加持，放光接引。

（三）助念程序：

助念的儀式，並非絕對必要，也可以省略，至誠懇切的心念才是最重要的。以下所述僅供參考，也可以依實際情況而做調整。

1.時間：八小時至二十四小時，每枝香約一小時，也可不分香次，一直助念到底，重點是「不間斷」。

2.人員：可分成數班，輪班助念，每班至少兩人以上，每輪（每枝香）一至二小時，或者全體大眾同念，個人可以依照自己的精神及體力隨機換班，往生者的家屬親人必須參與一同同念。

3.法器：木魚、引磬，法器聲要平和，忌諱尖銳或大聲（亦可單用木魚或不用法器）。

4.程序：

(1)唱香讚〈蓮池讚〉

(2)《佛說阿彌陀經》一卷

(3)〈往生咒〉三遍（以上三項僅第一枝香須誦念）

(4)〈讚佛偈〉（阿彌陀佛身金色）（第二枝香起，直接從〈讚佛偈〉或佛號開始）

(5)念佛（六字佛號、四字佛號）

(6)〈三皈依〉、〈迴向偈〉（願生西方淨土中）

從第二枝香起，可略過香讚、《阿彌陀經》，從〈讚佛偈〉開始，或者直接就從佛號開始。第二枝香以後，甚至也可以不分香次，一直助念到底，在最後結束前唱〈三皈依〉及〈迴向偈〉。

二、發喪：告知親朋鄰里家有喪事

（一）示喪（掛孝）

1.佛教徒可用黃紙書寫「南無阿彌陀佛」貼於門外，以示街鄰親朋。

2.另外可書寫：「吾家信奉佛教，先嚴（慈）往生，承蒙諸親友蒞臨弔祭，但請念佛或上香即可。」

3.依傳統習俗，喪親後在自家門扉或門聯上貼白紙條，稱為「掛孝」。若是父親逝世，則於白紙條上書寫「嚴制」，若是母親逝世，則書「慈制」。若是家中的第二代或

（四代同堂的）第三代不幸因故逝世，因為老一輩尚健在，不可寫「嚴制」或「慈制」，而必須寫「忌中」或「喪中」。

（二）報喪

1. 母親逝世須向母舅家報喪，由孝男親往。
2. 親朋居遠地者，可以電話或網路通訊通知。
3. 喪家多會發訃聞及登報，但亦可不發訃聞。

（三）掛紅

依傳統習俗，如果在自宅辦理喪事，期間可能會經過或借用前後左右鄰居們的出入巷道或通路，所以會在鄰居家門上掛以紅布條或紅紙，希望左鄰右舍們能逢凶化吉，並且讓他人能辨識何家為喪宅。

（四）治喪委員會

1. 傳統習俗中根本就沒有所謂的「治喪委員會」，其原由是那些隨國民政府從大陸退守來臺的各界人士及老兵，而後來在臺灣隻身亡故者，因為沒有任何家屬遺族，才由同僚或同袍組織「治喪委員會」，為之料理身後事。

2.為求「死後哀榮」，「治喪委員會」的組成，自然會請上級長官、地方官員或社會賢達等掛名擔任主任委員及委員，以顯哀榮。

3.到了後來，社會各界有名望之人士，過世後亦率皆比照辦理，而且「治喪委員會」的層級不斷提高，甚至到中央部會首長，一般民眾遂從而仿效之，到後來幾乎沒有免俗者。連黑道大哥亦然，而且做得更為過火，不但有地方長官乃至部會首長擔任治喪委員，還發動一幫「小弟們」穿著黑衣捧場助陣，以壯聲勢，實在是不倫不類。

4.我認為這些形式，純粹是「虛榮」，根本無助於往生者的往生福德因緣，故非絕對必要，家屬可斟酌為之。

三、入殮

（一）入殮須知：

1.在往生者捨報（斷氣）及助念八小時（乃至二十四小時）之後，乃可為往生者沐浴、化妝、換壽衣，以便親友前來瞻仰遺容。

2.倘若遺體僵硬了，可用熱水敷之，然而根據我二十五年以上帶領信眾為往生者助念的實地經驗，在不間斷地念佛的情境下，其遺體在捨報之後八小時（甚至於二十四小時），仍然保持柔軟有彈性。

3.殮服（往生者的壽衣）以純棉布衣為佳，特別是已決定火化者，千萬不可為其穿戴含有化學纖維類的衣物材質。不一定要用新衣，只要往生者生前喜歡穿的衣服即可，而且殮衣不需要超過三襲，宜為往生者惜福。

4.出家法師往生，宜穿著海青披袈裟，或者袈裟亦可不披，摺疊好放在身邊。念珠可放身邊或握在手上。

5.在家居士往生，有皈依三寶、受五戒、菩薩戒者，入殮時可穿著海青、披縵衣，或者縵衣亦可不披，摺疊好放在身邊。念珠可放身邊或握在手上。

6.陀羅尼經被，要先經過（誦經持咒）加持，再用以覆蓋遺體。

7.入殮時間之遲速，可視寒暑季節及氣候冷暖而定，冬季或天冷可稍延遲一點，夏季天熱時就須提早一些。此外，也須考慮遺體本身的狀況，如因癌症或惡疾而病故，遺體較易敗壞，則應儘早入殮。

8.若在自宅治喪，在助念結束後尚未入殮前，往生者躺臥的地方，可用布幔（白布或黃布）圍起來，以區隔內外，讓往生者不受干擾。

9.入殮封棺，要通知家族親友參加，尤其讓輩分高的親人主持入殮封棺，以免事後有爭議與是非。

10.靈桌前須備辦供品（香、花、燈、果、菜、飯、茶水、筷子），花果可天天換或數天一換。

（二）入殮時間：

依照傳統習俗，「入殮、出殯、安葬」等重大事宜，都是要根據黃曆看日子、選時辰的，但是到了現代工商社會，已經很難再像農業社會那樣安排處理了。在傳統土葬的情況下，棺木安葬的日子和時辰是最重要的，所以必須先行決定，然後再來安排入殮、出殯的時間。然而時至今日土葬已經愈來愈少了，幾乎都改以火化為主，所以入殮的日子和時間反而變成是最重要的，然後再來安排火化、晉塔的時間。

目前在臺灣南、北部的做法有些差異，南部多半要先看好入殮的日子和時辰，再來安排出殯及火化的日子，通常都是在頭七以後，而且往生者愈高壽，日子會拖得愈久。

至於北部都會地區，因為火化場火化爐的時程都滿檔，家屬必須遷就火化排班的時間，再來決定入殮的吉時，然後再安排告別奠禮及公祭的時間。以上所述僅供家屬參考，確切時間還是由家屬集體商議決定。

其實從佛教觀點來看，日日是好日，因此為往生者入殮，不須看時辰，亦不須避諱犯沖，只要大眾方便就好。如果要移靈至殯儀館入殮，根據殯葬法規，必須在亡者捨報二十四小時以後，以死亡證明書為憑，殯儀館才受理入殮。

（三）入殮佛事：

1.人員：法師二至四人

2.儀式及程序：

(1)靈柩放室中，柩前設桌，供西方三聖（阿彌陀佛、觀世音菩薩、大勢至菩薩）像、往生者遺像（在佛像之下）。

(2)焚香，眷屬集合靈前，對佛像三拜。

(3)對亡者遺像三拜（若往生者是晚輩，則在世的長輩不拜）。

(4)〈蓮池讚〉

(5)《佛說阿彌陀經》（時間短可改成《心經》）

(6)〈往生咒〉

(7)〈讚佛偈〉（阿彌陀佛身金色）

(8)念佛（繞棺三匝，表示超出三界。繞棺時須注視往生者，以示送別。）

(9)掩棺，眷屬環跪棺旁，誦佛號。

(10)掩棺畢（收佛號），眷屬對棺三拜。

(11)眷屬趨向佛前對佛三拜。

(12)〈三皈依〉、〈迴向偈〉（願生西方淨土中）

(13)禮成。

四、七七佛事

往生者初終之日為第一天，往後算到第七天為頭七（頭旬）或首七（首旬），後每七天為一旬，至七旬（七七）共四十九天。

時至今日工商社會，因為很多家屬可能散居世界各地，很難湊齊排出四十九天做七，所以就有縮短為二十四天者，亦即「頭七」及「七七」維持七天，「二七」至「六七」這五個「七」皆縮短為兩天，合計共二十四天。

七七佛事的內容，並沒有一定的規範，主要的目的是為剛過往的親人懺悔業障、增進福慧，祈求佛菩薩加持而能往生淨土或善道。

其實，最簡便而務實的做法，就是由孝眷或家屬拜訪熟悉的寺院道場（如果沒有熟悉的，也可請親友介紹），和法師商議具體的做法。以下所列，僅供家屬參考：

1. 一天的佛事：《地藏經》、《金剛寶懺》、《三昧水懺》、《藥師寶懺》（法師人數二至四人）。

2. 半天的佛事：《淨土懺》（或《阿彌陀經》）、《金剛經》、《八十八佛洪名寶懺》（法師人數二至四人）。

3. 其他佛事：《梁皇寶懺》（五天至七天）、《三時繫念》、《瑜伽焰口》（法師的人數，包含主法和尚，至少需六眾或以上）、隨堂往生普佛、一枝香超薦、施放《蒙山施食》。

在目前工商社會的大環境之下，由於各種主客觀的因素，原本支撐七七佛事的宗教精神與內涵，已經逐漸被稀釋淡化了，為往生者做七逐漸變成一種「形式」，甚至於是一種「公式」了。不少社會大眾，其實並沒有什麼深刻的信仰，也不能免俗地行禮如儀一番。

根據佛教的生死觀點，多數的眾生在命終捨報之後，七七四十九天之內，是處於「中陰身」的階段，這段時間，孝眷家屬為亡者誦經念佛，是最容易得到感應的。

因此，除了在七個「旬日」做佛事外，家屬親人應該每天在家中自行為剛過世不久的親人誦經、念佛、迴向，往生者所能得到的感應與利益是很大的。

五、家祭

「家祭、告別奠禮（告別式）、團體公祭」這三項程序，是在出殯之日舉行，而且是前後連在一起的，先舉行家祭，接著就舉行告別奠禮，然後接著舉行團體公祭，結束後就起靈，準備出殯到墓地安葬，或到火化場火化。以下就這三項程序，依次提出一些範例，供各位讀者參考。

1.家祭隆重形式（範例）

(1)○府○老先生（○太夫人）殯葬奠禮家祭開始

(2)奏哀樂

(3)請姻親就位

(4)孝家眷就位
(5)孝男孝媳致祭
(6)孝女致祭
(7)內孫、內孫女致祭
(8)親族致祭
(9)親姑致祭
(10)母舅致祭
(11)母姨致祭
(12)內親家致祭
(13)外親家致祭
(14)女婿致祭
(15)孫婿致祭
(16)外孫、外孫女致祭
(17)家祭禮成

2.家祭簡便形式（範例）

(1)祭禮開始
(2)全體就位
(3)主祭就位
(4)與祭者及全體家族就位
(5)奏哀樂（可免）
(6)上香
(7)獻祭品（花、果、供菜）
(8)讀祭文
(9)主祭者與全體家族向遺像及靈位行三鞠躬禮
(10)奏哀樂（可免）
(11)禮成

六、告別奠禮（告別式）

告別奠禮（俗稱「告別式」，這是在日據時代，受到日本的影響而簡稱），是在家祭結束，團體公祭之前舉行。告別奠禮的方式、內容及程序，並無絕對的標準，而可以有佛教、道教、基督宗教、民間信仰等等方式，要看往生者的宗教信仰，由家屬斟酌安排。以佛教的方式，主要是禮請法師誦經，以及為往生者與孝眷說法開示。今列出範例如下，供讀者參考。

佛教方式告別奠禮程序（範例）

1. 告別奠禮開始
2. 奏哀樂
3. 遺族就位
4. 遺族上香，遺族獻花、果、供（菜）
5. 遺族復位
6. 恭請法師就位
7. 誦經
   - 〈蓮池讚〉
   - 西方接引阿彌陀佛（三稱）
   - 《般若心經》（一遍）、〈往生咒〉（三遍）、〈變食真言〉（三遍）

‧〈讚佛偈〉、念佛（念佛時繞靈柩三匝，歸位時收佛號）
‧大乘常住三寶（三稱）（孝眷三拜、長跪）
‧主法者開示法語（主法者先對往生者開示法語，再轉身對孝眷開示法語。）
‧〈三皈依〉、〈迴向偈〉（願生西方淨土中）

8. 法師退位
9. 親友弔祭
10. 親友拈香
11. 遺族致謝辭
12. 奏哀樂
13. 禮成（按：若還有「團體公祭」，則「告別奠禮」結束後，接著就舉行「團體公祭」，否則即刻「起靈」。）
14. 起靈（按：若接著有「團體公祭」時，則「起靈」應在「團體公祭」之後。）

七、團體公祭

在古代喪葬禮俗之中，其實原本並沒有「團體公祭」這一項，這是從清朝中葉開始才逐漸演變形成的；換言之，當今社會流行的「團體公祭」並不是古禮，而是近代才有的。考其原由，一方面是因為時代的演進與社會的變遷，工商業逐漸發達，工商階級興起，社會化的禮俗應運而生；另一方面，則是自清朝中葉以來，西洋的文化勢力逐漸滲透進來，東西方交流日益頻繁，受到西方文明的影響，民間的各種活動，包括婚喪喜慶等等，都不斷地融入社會化、大眾化、活動化與現代化的元素。

本文不做詳盡深入的學理探討，簡單地說，「團體公祭」就是家屬讓往生者與社會正式告別，或者說讓社會大眾為往生者送別的一項活動。但是我個人認為，這當中有一個必須思考的問題，如果往生者是個公眾人物，才有必要與社會正式告別，團體公祭才顯得有意義；如果往生者並非公眾人物，團體公祭是否有意義與必要性？值得重新思考與斟酌。

《論語・為政》子曰：「非其鬼而祭之，諂也。」非其鬼，是指非自己的祖先，不當祭而祭之，是一種諂媚的行為。大家可以看到現行「團體公祭」的場合，都有一堆與往生者素昧平生，八竿子都打不著的機關團體代表、政治人物以及民意代表去上香，是否有意義與必要性？值得省思。

開媽媽、開爸爸（我的母親和父親）往生後，我們兄弟決定不發訃聞、不收奠儀、不辦公祭，而以追思法會的方式懷念媽媽、爸爸，然後移靈晉塔。馬英九總統喪母，一切從簡，不發訃聞也不辦公祭，這一點我非常肯定，給他按個大大的「讚」字！

雖然我這麼說，不過對絕大多數社會大眾而言，實在很難免俗，以下仍然列舉二個公祭程序的範例，供讀者參考：

1.公祭程序（範例一）

(1)祭禮開始
(2)全體肅立
(3)奏哀樂
(4)主祭者就位
(5)陪祭者就位
(6)與祭者就位
(7)上香
(8)獻花、果
(9)恭讀祭文
(10)向靈前行三鞠躬禮

(11)主祭報告致祭意義
(12)奏哀樂
(13)禮成
(14)起靈

2.公祭程序（範例二）

(1)吉時已到，○府○○○先生公祭禮開始，奏哀樂
(2)故人生平介紹
(3)家屬致謝辭
(4)（下一個公祭單位），請○○單位（機關、部會、政黨、學校、公司、行號等）公祭，請○○○長官（頭銜）主祭
(5)主祭者請就位，與祭、陪祭者就位
(6)奏哀樂
(7)上香
(8)獻花

(9)獻果
(10)獻香茗（酒）
(11)恭讀祭文
(12)向靈前行三鞠躬禮
(13)家屬答禮
(14)奏哀樂
(15)禮成
(16)起靈

八、起靈

公祭結束之後，接著就是起靈，即是將靈柩移至靈車，準備送往墓地安葬，或到火化場火化，在這個過程當中，仍須為往生者稱念佛號。

1. 時間：從公祭程序結束，到靈柩送上靈車就位。
2. 程序：
(1)舉佛號（阿彌陀佛）

(2)法師引導靈柩至靈車，等靈柩上車就位後收佛號。（陪同坐在靈柩車上的家屬，仍可持續稱念佛號，或用音響播放佛號。）

(3)法師上車（法師車排在靈柩車之前）

(4)前往土葬墓地或火化場

3.出殯隊伍

(1)開路車→（樂隊車（註1））→（花車（註1））→（法師車（註2））→靈柩車→眷屬車→其餘親友車

(2)出殯當天能夠就地安葬最為便利。

(3)依佛教的觀點，日日是好日，出殯安葬可不必問卜擇日，也不必請堪輿家選擇風水，家屬可斟酌為之。

九、安葬佛事

近二十餘年來，政府大力提倡火化，在都會區以及北部的縣市，由於墓地難覓，火化的比例很高，但是愈往南部火化的比例就愈下降，偏鄉地區的民眾還是傾向選擇土葬。

起靈送葬之後的安葬佛事，會依照「土葬」或者「火化」的情況而有所不同，今分別說明如下：

（一）土葬程序：

1.靈車到達墓地之後，卸下靈柩。

2.吉時一到，靈柩即放入墓穴中。

3.送（撒）五穀，誦念「送五穀文」，將五穀撒入墓穴，然後填土蓋好。

依照傳統民俗，動工興建「陽宅」稱「動土」，建造「陰宅」（即墳墓）稱「破土」；「送五穀」則有「祈福」及「謝土」之意涵，通常由地理師負責。若依佛教觀點，並非絕對必要，但亦可以隨順喪家之需求而進行，讓孝眷與親族安心，所以特別列在此處供各位讀者參考。

註1：「樂隊車」與「花車」並非必要，家屬可斟酌為之。多年前曾流行有脫衣舞孃的電子花車，那是非常荒謬的社會亂象，幸而近幾年已經式微而少見。

註2：一般而言，如果往生者是要土葬，除非家屬特別提出請求，否則佛教的法師通常不會陪同送葬到墓地；但是如果往生者是要火化，法師大多會陪同到火化場，為亡者誦經、迴向，然後送往生者進入火化爐。

「送五穀」的用品，包括有：鐵釘、銅幣（此二者必備）、木炭（可有可無），以及五種穀類種子：黃豆、紅豆、綠豆、黑豆、稻米，取義五行（金、木、水、火、土）及五色（青、黃、赤、白、黑）。

「送五穀文」的內容，有不同的版本，雖然繁簡不一，但都是庇佑子孫興旺的吉祥話，而且一定要用臺語（閩南語）誦念才有韻味，今舉一個範例如下：

一送東方甲乙木　子孫代代受天祿
二送南方丙丁火　子孫代代成家火
三送西方庚辛金　子孫代代得萬金
四送北方壬癸水　子孫代代多富貴
五送中央戊己土　子孫代代同彭祖
五穀送上權　子孫代代做官員
五穀送出去　凶神惡煞走得離
五穀送下墓　子孫代代多興旺
五穀送下蔽　子孫代代興不退

4.點主。

此非周代古禮，後世才演變形成，依照民俗，由喪家禮請鄉紳賢達有功名者為之，現今則多半由道士或地理師來做。依佛教觀點，並非絕對必要，但若喪家認為需要，法師可隨順喪家以佛教內涵執行。記得一九八五年前後，臺南市某功德主為親人治喪，為因應家族親友的強烈要求，安葬時必須安排「點主」儀式，而禮請佛光山指派法師至墓地點主，我應常住的開牌，隨喪家前往墓地送葬及進行點主儀式。

(1)準備物品：毛筆、硃砂、香。

(2)首先讓孝男背手奉牌位，或由兄弟多人分兩邊互相握手，面向墓壙而跪。

(3)民俗方式點主：

捧主者（往生者之孝男一人）面向墓壙而跪，背負神主牌。點主官以筆向神主的上、下、左、右、中隨點隨唱道：「點天天清，點地地靈，點耳耳聰，點目目明，點人人長生，點主主分明。」最後點主官以硃砂筆在神主上的「王」字點上硃而成為「主」字，繼以墨筆在硃點上點墨，並唱道：「點王為主，點主主安。」

(4)佛教方式點主：

點主時，法師手拿沾過硃砂的毛筆，面對牌位。法師念一句點主文，孝眷即答一句：「阿彌陀佛」。

(5)佛教方式點主文範本：

晴天時（一）

今日委逢〇〇出殯之期，特請山僧做點主佛事，謹依如來教法，眾等當諦聽：

吽！吽！吽！

吽字湧出紅硃筆，點靈妄心要歸一，

妄心原是生死本，悟此妙諦樂自得，

硃筆騰騰，指日高昇，點天天清，點地地靈，

點人人長生，點主主榮靈，亡靈仗佛早超生。

點開慧眼見青天，逍遙快樂坐寶蓮，

硃筆原是一點紅，蔭得子孫代代賢。

點亡本性佛眼開，望佛接引上金階，

悟徹真如賢妙理，永離生死得涅槃。

硃筆墜落墓，子孫代代多興旺，

硃筆點得完，子孫代代出官員。

晴天時（二）

今日委逢〇〇出殯之期，特請山僧做點主佛事，謹依如來教法，眾等當諦聽：

吽！吽！吽！吽！

吽字湧出紅硃筆，點靈妄心要歸一，

妄心原是生死本，悟此妙理得解脫，

硃筆騰騰，指日高昇，

點天天清，點地地靈，

點耳耳聰，點目目明，

點人人長生，點主主榮靈，

點開慧眼見空性，逍遙自在度輪迴，

點化本性佛眼開，蒙佛接引坐蓮臺，

亡靈仗佛早超生，花開見佛悟無生，

悟徹真如賢妙理，永離生死證涅槃，

硃筆原是一點紅，蔭得子孫代代賢，

硃筆仗佛威神力，災難病痛皆遠離，
硃筆映佛光，子孫代代多興旺，
硃筆點圓滿，子孫代代皆孝賢，
西方佛國勝娑婆，無量無邊功德多，
拔度亡靈生淨土，九品臺上禮彌陀。

雨天時

一切有為法，如夢幻泡影，如露亦如電，應作如是觀。
今日委逢〇〇出殯之期，特請山僧做點主佛事，謹依如來教法，眾等當諦聽：
吽！吽！吽！
吽字湧出紅硃筆，
點天！甘露遍灑三千，點地！活泥化成紅蓮，
點人！常生慈悲，學習觀音，點子孫！行願具足，效法普賢。
點親戚！相親相愛，菩薩為侶，點朋友！互相合作，皆為善緣。
點家庭！如來之家，安和樂利，點事業！自力利他，吉祥如意。
點主！往生極樂，端坐金蓮，硃筆墜落墓，亡靈生淨土。

諸行無常，是生滅法，生滅滅已，寂滅為樂。

5.土葬誦經程序：

(1)清涼地菩薩摩訶薩（三唱三拜）

(2)西方接引阿彌陀佛（三稱）

(3)《心經》、〈往生咒〉、〈變食真言〉

(4)〈讚佛偈〉、念佛（繞墓穴三匝，歸位收佛號）

(5)〈三皈依〉、〈迴向偈〉

以佛教方式土葬，於最後棺木下葬入壙的誦經程序中，在「〈讚佛偈〉、念佛（繞墓穴三匝，歸位收佛號）」之後，與「〈三皈依〉、〈迴向偈〉」之前，主法和尚可以舉墓前法語，以開示往生者。墓前法語的範例如下：

(1)西方佛國勝娑婆，無量無邊功德多，拔度亡靈生淨土，九品臺上禮彌陀。

(2)就算娑婆千般好，不及淨土樂逍遙，如今萬緣能放下，捨報安詳往西方。

(3)四大五陰幻化身，行者捨去莫認真，若能證悟真如性，從此就算蓮邦人。

與土葬的繁複程序比較，火化的程序相對簡單許多，特別是在大都會區。在臺灣南部，即使是火化仍然是要看黃曆、挑日子、選時辰的。但是在大臺北都會區就有實務上的困難，因為火化場火化爐的排班時間非常緊湊，而且有公定的標準作業流程，不可能讓家屬挑日子選時間火化，而必須掛號排隊，家屬也只好遷就。等到骨灰晉塔奉安時，再來看日子選時辰。

（二）火化程序：

1. 靈車到達火化場後，卸下靈柩，安放在火化臺上。
2. 孝眷排班就緒，花、果、供菜排好，點香禮拜。
3. 法師誦經
4. 火化誦經程序

(1) 清涼地菩薩摩訶薩三唱

(2) 西方接引阿彌陀佛三稱

(3)《心經》、〈往生咒〉、〈變食真言〉

(4)〈讚佛偈〉、念佛（念至靈柩送進火化爐後收佛號）

(5) 主法舉火化法語（主法者收起靈前香爐之香）

範例一：一塵不染，萬事罷開，撒手而去，乘願再來。

範例二：諸行無常，是生滅法，生滅滅已，寂滅為樂。

範例三：這個臭皮囊，原本即無常，無常無處去，念佛往西方。

範例四：一切有為法，如夢幻泡影，如露亦如電，應作如是觀。

(6)〈迴向偈〉（迴向時，將靈柩送進火化爐）

(7)啟動火化開關（註3）

5.約兩小時後收骨灰

6.安骨灰程序：

(1)清涼地菩薩摩訶薩（三唱）

註3：在理論上，由孝男（或家屬代表），或者由主法者啟動火化開關，才比較具有慎終的倫理與宗教意義。但是目前在臺灣無法如此實行，以臺北市立第二殯儀館為例，皆是由火化場的工作人員操作。

以我在美國主持葬禮的經驗，雖然火化場也是限制家屬不得進入火化區，但是會很鄭重地請家屬代表或者主持葬禮的宗教師（神父、牧師、法師等），到火化爐前啟動火化開關。

我的博士論文指導老師傅偉勳教授往生後，我特地飛往美國加州聖地牙哥市為傅老師以佛教儀式主持告別奠禮，然後送他到火化場，最後我在火化爐前親手按下火化開關（按鈕），送別朝夕相處九年的恩師。

(2)西方接引阿彌陀佛（三稱）

(3)《心經》、〈往生咒〉、〈變食真言〉

(4)〈迴向偈〉

十、安位：

1.在土葬或火化之後，家屬回到家中為亡者安奉靈位。（在告別奠禮之後，家屬送靈柩去墓地土葬或火化場火化時，可留部分家人將家中恢復原狀）。

2.回到家後，孝眷先換下孝服，門口準備水桶或大臉盆盛水。

3.往生者的牌位安放於祖先牌位之左邊（面向祖先牌位的方向），並且另設香爐一個。

4.準備：花果、供菜、淨水。

5.孝眷點香、跪拜

6.法師就位、誦經

7.安位誦經程序：

(1)清涼地菩薩摩訶薩（三唱）

(2)安位王菩薩摩訶薩（三稱）

(3)〈大悲咒〉、〈往生咒〉、〈變食真言〉（誦〈大悲咒〉時，孝男帶法師至家中各處灑淨，或於誦經結束後灑淨亦可）

(4)〈三皈依〉、〈迴向偈〉

8.灑淨未用完之淨水，可用大水桶或臉盆將其沖淡，分送家人、親朋及鄰居，用於洗淨（家屬親族住家較遠者，可分送〈六字大明咒〉，回家火化於水中使用）。

十一、百日

七七之後，下一個重要的儀節即是做「百日」，按照傳統民俗，家屬會延請法師做佛事（或請道士做法事），再做一次供養，家境清寒者，至少也會簡單致祭。實際上，百日祭的時間並非剛好在亡者逝世的第一百日，而是在三個月左右，確定的日期則是由孝眷家屬擇日行之。

1.時間：亡者逝世後百日前後

2.佛事：可至佛寺隨堂超薦，或在家誦超薦之經典（如《阿彌陀經》、《地藏經》）即可。

十二、對年

按照傳統民俗，孝眷家屬在往生者逝世後翌年之忌日做「對年」，但若逢閏年，因往生者無閏，故若在閏月之後往生者，須提前一個月。

時間：往生者逝世滿週年的祭日前一天。

佛事：可至佛寺隨堂超薦，或在家誦超薦之經典（如《阿彌陀經》、《地藏經》）即可。

十三、合爐

「合爐」之意義，為往生者喪期既滿，孝眷取其牌位前香爐中部分香灰加入祖先牌位前之爐，象徵往生者回歸歷代祖宗之列。「合爐」之後，孝眷即可「除服脫孝」，亦即無須再戴孝，表示喪期已滿，家屬回歸常態生活。

時間：往生者逝世滿三年，現有於對年後十天或對年後選一節日（如清明節）舉行。

（一）程序：

1.首先把新往生者的名諱寫入祖先牌位裡面。

2.將新往生者所用香爐中抓一把香灰，放入祖先用的香爐裡。

3.將新往生者的牌位焚化掉，香爐則可拿去環保回收，或另行處理。

4.準備：香、花果、供菜、紅龜粿、發粿。

（二）誦經：

1.〈爐香讚〉

2.《金剛經》

3.〈往生咒〉、〈變食真言〉

4.〈三皈依〉、〈迴向偈〉

十四、拾骨與吉葬

拾骨（又稱「拾金」或「撿金」）改葬的習俗，在大陸各省是極少見的，但是在臺灣卻非常盛行，因為二、三百年前，從唐山渡海來臺的移民，客死異鄉，一時無法將靈柩運回大陸祖籍歸葬，就先行在臺灣安葬，等有機會再送回祖籍改葬，久而久之拾骨改葬遂成了習俗。

拾骨後再葬名為「吉葬」或「做金」、「做風水」，葬後數年為之。但未成年（或十六歲以下）者，不撿。根據一九九八年臺灣省政府民政廳的調查報告，通常三十歲以下者，五年就「撿金」，四十歲以上者六年，五十歲以上者也是六年，也有八年或八年以上才撿的例子。近年來政府推行「七年輪葬制度」以及奉安納骨堂塔，「撿金」而後「晉塔」之情形已經成為常見的現象。

結語

因為「千里不同風，百里不同俗」的情況，臺灣北部、中部、南部、東部、濱海、山區及閩、客族群在儀節方面，多少都會受其當地、當族的傳統影響而有差異。現在殯葬消費市場上更是出現「個性化」、「客製化」的現代創意喪禮（例如一些演藝人員），跳脫傳統宗教儀節的規範，以個人的風格及喜好來設計殯葬儀式，正是目前e時代的新趨勢與潮流。

不論東、西方文化，生死大事必然會在某種程度上觸及宗教，也因此喪葬禮俗必然會在某種程度涉及宗教性的儀式。然而很弔詭的，一般大眾不能免俗地行禮如儀，但又往往會對這些宗教儀式的功能與效用心存懷疑，而這樣的疑問往往帶有某種程度功利性思惟的色彩。其實在助念、誦經、持咒、禮佛、懺悔、發願、迴向等宗教行持中，儀式是一種必要且重要的「介面」與「平台」（我借用現代資訊科技的概念來詮釋說明）。

雖然宗教儀式是不可或缺的一環，然而單靠儀式不必然保證宗教行持的效力，還必須要「如法」地施行。其實，宗教行持的真正效力其實是繫於宗教實踐的行者——也就是「念佛的人」，或者嚴格地說，乃是繫於行者至誠懇切的心念與思惟。行者的心念透過法會儀式的介面與平台「上求下化」——上與佛、菩薩的行願相應，下與往生者的心念溝通，協助並引導往生者的神識在茫茫的生死大海中找到方向與出路，這是在佛、菩薩等聖靈、行者與往生者之間——不生不滅的靈性生命之間的感應道交。

從佛教的觀點而言，在喪葬禮俗儀節中的宗教儀軌，不是對往生者有無超薦效果的表面功利性問題，而是開導往生者提起正念，放下以往的牽絆與執著，迎接未來生命的一種終極靈性關懷。透過宗教儀式的實踐，不僅表達了在生者對往生者的終極關懷，而且在聖靈、在生者與往生者之間，形成一種心靈與心靈之間的網路連結，讓彼此的心意相通，如此不但可以引導往生者開展其未來的生命，還可以協助往生者家屬與親友，轉化喪親的失落感與悲傷情緒。

關於「慎終追遠」的各項「喪祭之禮」是眾生「生死大事」的一環，這些都不純然只是一種讓人「行禮如儀」的空洞具文或刻板形式，而是透過宗教儀式的介面與平台，讓我們的精神與意識可以融入「生命終極關懷」乃至「生命永續經營」的靈性內涵，引導往生的親人與佛、菩薩感應道交，前往佛國淨土，而讓我們能夠更為具體地實踐與彰顯「慎終追遠」的孝道精神與文化內涵。

第二章

生命的視野

耳順與耳背

二〇一三年十二月中旬，收到一位讀者的電子郵件，說她的先生年屆耳順，聽力日漸衰退，嚴重地影響到日常生活品質以及人際關係。後來她無意間在YouTube網頁上聽到我的演講，其中，我提到自己耳不聰、目不明，所以想請教我是如何克服聽損障礙的。

剛好在收到此信的前幾天，普門中學幼保科第一屆同學在畢業了三十二年之後，來南華大學開同學會，當年幼保科一年級導師鄭美玲老師也來參加。她告訴我，她因為聽力障礙，經人介紹去臺北「振興醫院」看耳鼻喉科的陳光超醫師。經過檢查，她的聽覺神經正常，只是耳鼓傳導出了問題，在做了耳鼓傳導修復手術後，解決了聽力障礙的困擾，效果非常好。

我回信給這位讀者，很坦白地告訴他們應該去找耳鼻喉科醫師，尋求醫療的專業諮詢，而不是來問我。當然我也大略敘述了自己從小因為重病所以「耳不聽、目不明」的情況，供他們參考。

如果她先生原本並沒有聽力的問題，那麼現在聽力日漸衰退，很可能只是因為老化的關係，情況應該不會像我這樣無可救藥。我建議他們應該去看耳鼻喉科醫師，只有經過醫療專業的檢查與診斷，才能找出真正問題所在，也才能對症治療。

回到我自己的「耳目」問題，我生肖屬馬，而且是一九五四年甲午之馬，在寫這篇文章的上個月（二〇一四年三月）剛滿一甲子的歲月，已經邁入「耳順」之年，但是在生理上，其實是非常「耳背」及「眼拙」的人。回顧過去這大半生，我是在「耳不聽、目不明」的情況下成長，但是在幼年時自己從未意識到問題的嚴重性，上了初中以後才逐漸察覺異常，但仍然不明瞭問題之所在，一直到四十五歲以後，先後到慈濟和臺大醫院徹底檢查聽力，經過醫師的診斷，才了解問題之所在與嚴重性。如今做一點生命經驗的回顧，與各位讀者分享。

我在一歲大的時候得了「白喉」（急性呼吸道傳染病），差點小命不保。在當時得了白喉就像現在得了SARS一樣恐怖，左鄰右舍怕被傳染，全都「避難」去了，母親帶著我等於是被「隔離」了。所幸當時剛好有新藥（治療白喉的抗生素）問世，才保住一條小命，但是醫師在用藥劑量上無前例可援，我成了第一批白老鼠，不幸聽覺傳導神經燒壞了，視力也連帶受損。

我從小在臺中市東區的眷村長大，早年的生活環境非常單純，物質條件匱乏，沒有電話、電視、音響之類的電子產品，所以也就沒有機會察覺聽力異常，當時完全不知道自己的兩耳聽不見高頻率的聲音；所幸中低頻率的聲音在近距離還可以聽得清楚，所以日常生活以及在學校的學習並沒有太大的問題。

然而頗為不可思議的是，國小三年級時，我就讀的臺中市成功國小正籌備成立交響樂團，要從全校學生當中挑選四名種子團員學小提琴，由學校裡的音樂老師免費指導，我是四名入選者之一。因為我的音感極佳，音樂老師在風琴鍵盤上隨便彈一個音，我就可以正確地說出它的C大調唱名，所以能夠從全校三千名學生中脫穎而出，獲選為交響樂團的小提琴培訓種子。但是上了四年級之後，因為父親調職，舉家搬到臺北，就中斷了小提琴的學習。

一九六六年我考上省立板橋中學初中部，入學的時候要做身體檢查，在做聽力檢查時，我雖然可以聽得見運動碼表的滴答聲，但無法分辨聲源是在左邊還是右邊，這才第一次發現自己的聽力異常，不過因為沒有影響到日常生活與課業學習，所以也不覺得這是什麼嚴重的問題。

等到上了高中，開始佩戴手表（機械發條式）時，我發現聽不到手表的滴答聲，而必須要緊緊貼到耳朵才聽得到。等到上了大學，家中裝了電話，我又發現講電話時常常會聽錯。精確地說，其實並不是「聽錯」，而是無法分辨電話中某些字音，特別是「ㄐ、ㄑ、ㄒ、ㄓ、ㄔ、ㄕ、ㄖ、ㄗ、ㄘ、ㄙ」等氣聲字音，譬如：「一、基、七、西」、「因、金、親、新」、「英、經、清、星」等等，這一類的字音，如果對方講得很快，或者口齒不清，我就很難分辨。

後來在考托福英語聽力測驗時，也讓我倍感苦惱，因為考場是在大教室，用手提錄音機播放試題，既不是在語言視聽教室裡戴耳機，也不是面對面的談話，我根本無法分辨帶有「ci、gi、ji、si、ti、xi、chi、shi」這一類的氣聲字音，所以聽力部分考得很差，全靠文法部分考滿分、閱讀部分考高分來拉高成績。

然而在另一方面，說來也頗為不可思議，雖然聽力受損，但是在讀國小時，自己並不知道，從一年級到三年級的老師們也都未察覺異常，反而發覺我的音感極佳，唱歌的音質也很好，還選拔我為樂團的種子小提琴手，啟發了我對音樂的愛好，後來因為搬家轉學到臺北而中斷了小提琴的學習。

在省立板中讀初二時，有位同學帶了笛子到班上表演，引發了我對國樂的興趣，開始自學笛子和洞簫，而且廣為蒐集樂譜做為練習之用。初中畢業之後考上建中，曾經參加過國樂社一段時間，練習到後來，梆笛可以演奏〈陽明春曉〉，曲笛可以演奏〈姑蘇行〉、〈鷓鴣飛〉，洞簫可以演奏〈春江花月夜〉、〈霓裳羽衣曲〉等唐代古曲。

二弟開憲受到我的影響，也對國樂萌生興趣，跟著我學笛子，而且非常熱衷、勤於練習，我等於是他的國樂啟蒙老師。後來二弟的笛子吹奏得比我好，青出於藍，而且他的聽力、音感與演奏技巧俱佳，在建中及臺大讀書期間都是國樂團的臺柱，而且還擔任樂團指揮，曾經到全臺各處巡迴表演。他在大二時和女朋友（弟妹沈冬，現任臺大教授）雙雙獲選參加教育部的青年訪美團，於一九七七年赴美國巡迴表演一個月。

我剛進臺大數學系時，原本一心一意想參加國樂團，後來因為加入了晨曦學社（佛學研究社團）無暇分身而作罷，不過仍然維持笛子和洞簫的吹奏練習自娛，但不曾參加過樂團演奏。畢業後，應星雲大師之邀，到普門中學任教，課餘仍然持續練習，而且還帶領學生社團「笛子社」指導學生。

吹笛子不僅僅是娛樂或才藝，對身體還有一個好處，就是增加肺活量，對於課堂教學極有助益。以前的教室裡面都沒有麥克風，一班學生往往都有五十人以上，教師的音量要夠大聲，才能讓全班學生都聽得清楚。有一些老師，如果身體違和不適，一天四、五節課上下來就可能聲嘶力竭、喉嚨沙啞，萬一感冒了更是悽慘。我因為吹笛子多年的關係，中氣十足，就算是不小心感冒了，仍然可以大聲講課，所以當年在普中有不少老師非常羨慕，戲稱我是「無敵鐵金剛」。

出家之後就較少練習了，不過仍然會吹奏一些佛曲和崑曲曲目，偶爾也會在聯誼活動的聚會場合應邀登台表演，娛樂大眾。印象中最深刻的一次是在一九八九年三月下旬至四月下旬，我和傅偉勳教授從美國赴中國大陸，參加星雲大師率領的佛教弘法探親團，中途到了西安，有人送給我一支曲笛，後來從宜昌到武漢——在暢遊長江三峽的江輪上，在一場聯誼晚會當中，應傅老師之推薦，演奏了一首崑曲〈姑蘇行〉，博得滿堂彩。大約從二〇〇三年開始，因為校務繁重，就幾乎不再練習了，等於是「封笛」不吹了。

身為「法師」，不但要能夠「講經說法」，還要能夠「梵唄唱誦」。出家後，佛光山常住開牌要我擔任法會佛事的主法和尚；音感好，對於我學習法會佛事的梵唄唱誦也極有助益。

為了擔任《三時繫念》超薦佛事的主法和尚，我關在寮房裡面，一邊聚精會神地聆聽錄音帶，一邊練習佛事懺儀的白文及唱誦，前後花了五個小時，就上場擔任主法。

一九八五年九月五日，知名作家林清玄的父親往生，他特別到佛光山禮請法師，以佛教儀式為父親辦理後事。九月十七日，我由常住開牌去旗山鎮為他父親主法《三時繫念》超薦佛事。他的舅舅原本主張用民間傳統習俗方式治喪，而極力反對採用佛教方式，不過林清玄仍然堅持用佛教儀式。後來他舅舅在親身參與了《三時繫念》佛事後，見識到佛教法會的莊嚴肅穆，聆聽了佛曲梵唱的雋永悠揚，態度大為改觀，居然對林清玄說，將來他自己百年之後，也要用佛教的儀式辦理後事。

雖然從小聽力受損，但是因為當時的環境單純，在日常生活上以及求學當中，並未產生重大問題，在成長過程中也自覺從未遭遇到任何重大挫折或困難。然而在進入大學之後，因為生活及學習的範圍擴大，環境也相對複雜許多，聽力受損的問題遂逐漸凸顯。譬如在公眾會議的場合，就產生程度不等的障礙及困擾，尤其是在大型集會場所或大庭廣眾的環境下，因為有回音，或是背景聲音吵雜，或是發言者距離稍遠，我不但聽得非常吃力，也往往聽不清楚。

來到南華大學任教之後，我先後到臺大醫院和大林慈濟醫院的耳鼻喉科徹底檢查，才終於了解到，低頻率的聲音我可以聽得清楚，中頻率的聲音也可以勉強聽得到，但敏感度隨著頻率的升高而遞減，愈是高頻率的聲音愈聽不清楚，高頻率部分的音量要高達九十五分貝以上才稍有感覺；這種頻率及音量對於正常聽力的人而言，已經是「魔音穿腦、震耳欲聾」了，對我卻毫無影響，可以紋風不動。（所以，也有人羨慕我「耳根清淨」，但是他們永遠無法理解我「耳根損鈍」的痛苦。）兩家醫院最後的檢查結果，結論一致，總平均聽力四十五分貝，屬於中度聽障（註）。

大林慈濟醫院的耳鼻喉科主任醫師，在幫我做了檢查之後，非常驚訝，說他以往門診過像我這樣情況的學童，幾乎每一個都有學習障礙，有的甚至於口齒不清，但是我好像一點都沒有受到什麼不良影響，國語還說得字正腔圓，他覺得很奇蹟。

我也曾配戴過助聽器，用了一陣子效果不佳，就不再用了。其實，在發動或行走的車上（因為有引擎聲）或者在大庭廣眾，譬如在體育館、展場、車站、機場等有吵雜聲音的場所，我就聽不清旁邊的人跟我講的話，也往往聽不到手機的鈴聲，只聽到汽車引擎聲和人聲鼎沸的吵雜聲。

又譬如在音樂會的場合，如果沒有鼓聲，我可以聽到弦樂器（如二胡、古箏、小提

註：正常聽力為二十五分貝；平均聽力三十五分貝，屬於輕度聽障；平均聽力四十五分貝，屬於中度聽障；平均聽力五十五分貝，則為重度聽障。

琴）或揚琴的聲音，但是只要鼓聲或管樂聲一起，我就聽不清弦樂聲了。只有戴耳機聽CD或DVD，我才能欣賞到比較完整的樂曲聲韻。所以，就生理上的狀況而言，我可說是十足的「耳背」，而且近幾年隨著年齡的增加，感覺到耳背的情況，有更為嚴重的趨勢。

二〇一一年一月，我從南華大學借調到佛光大學，擔任佛教學院院長，從那時候開始，不知是因為年齡的關係，還是因為人生經驗上的歷練，在和別人談話時，自覺得逐漸能夠從別人的話語之中，聽出另外一層心理意涵。孔子之言「六十而耳順」，過去只是從文字上知曉，卻一直未真正理解其究竟意涵，如今終於有了親身體會的經驗。

二〇一二年八月，奉董事會之命，我從佛光大學歸建回南華大學擔任代理校長，為期五個半月，代理任務結束後，本來計畫再回佛光大學，又應林聰明校長之邀請，留在南華擔任學術副校長。

俗諺云：「不經一事，不長一智。」感謝董事會給我這樣的一個機會，那一段代理校長的經歷，是十分難得的寶貴經驗，既是學習與磨練，也是考驗與挑戰，不論是對於人事的閱歷，還是對於人性的理解，都有更上一層樓的深刻體會。對於孔子所言：「視其所以，觀其所由，察其所安，人焉廋哉，人焉廋哉！」過去只是停留在文字上的理解，現在終於能有直接的印證與共鳴。

那位來信的讀者問道：「您是如何克服聽損障礙？」其實，像我這種聽損障礙是「無可醫治」的，也是「無法克服」的，所以也就「不用克服」了；現在我的態度就是「順其自然」，聽得到就聽得到，聽不到就聽不到，心理上已經不再罣礙了。生理上雖然「耳背」得很，然而，不論在待人接物處事上，還是在世局的觀照與理解上，倒是自覺得愈來愈「耳順」了。

別有天地非人間

前言

二〇一五年六、七月之際，有關高中教科書課綱的爭議，鬧得沸沸揚揚的，最後到了八月初因為當年「地表最強颱風」蘇迪勒要來了，抗議學生從教育部撤退而收場。

有人問我對此事件有什麼看法？我笑而不答，然後說這種爭議是沒有解答的，或者說根本找不到令所有人都滿意的答案。問者又質疑，你這樣講，不是有點鄉愿嗎？我說：「不然，因為大家都落入虛擬的意識形態對抗，又爭執不下，所以無解，而且還造成社會大眾身心不得安寧解脫。」

其實，真正令人擔心的，還不是浮上檯面、媒體所報導的那些意識形態爭議，而是在現行新課綱之中，有關公民品德、道德的項目僅僅是聊備一格，與更早十年前的課綱對照，道德教育的課綱內容差不多被刪光了，卻幾乎無人聞問，這才是臺灣教育最大的隱憂與危機，當時臺大孫效智教授正在努力爭取「一〇七新課綱」能恢復補強道德教育的內容，但是看來有點「螳臂當車」的無奈。

佛教談解脫與自在，有兩個層次與面向，一是解脫身心，二是解脫知見，如果只是解脫身心，而未解脫知見，仍然無法「生死自在」。其實我寫這篇文章，不是要討論課綱爭議的問題，而是想從一個「在臺灣土生土長、吃臺灣米、喝臺灣水，如今已年過六十」的「外省第二代」的普通小老百姓立場，來談談個人的一點生命經驗，如何從所謂的「省籍情結」與「統獨之爭」的窠臼泥淖當中自我解脫出來。

「瞎子摸象」的寓意

在談個人生命經驗之前，我先講一個《阿含經》與《大般涅槃經》中的小故事，從前有一位國王想知道，在盲人的心目中，大象到底長得像什麼樣子？於是就交代大臣牽一頭大象到宮廷，同時找來了一群盲人，叫他們用手去摸大象。然後國王召集盲人們問話：「大象長得像什麼樣子？」這時，摸到象牙的盲人說：「象的體型像蘿蔔的根。」摸到象耳朵的盲人說：「象像畚垃圾的器具（簸箕）。」摸到象腳的盲人說：「象像舂米的石臼。」摸到象背脊的盲人說：「象像一張床。」摸到象肚子的盲人說：「象像陶器（甕）。」摸到象尾巴的盲人說：「象像條麻繩。」盲人們就彼此爭執不下，旁邊的明眼人就哈哈大笑，這就是「瞎子摸象」成語的由來。

這個成語故事有很深刻的哲理寓意，真正的問題還不在於每一位盲人只摸到大象的一部分，而是在於每一位盲人都認為他摸到的就是大象的全貌，當然就爭執不休了。故事中的大象所象徵的就是這個世界，而盲人就代表著芸芸眾生，所以我們要有這樣的自覺：個人的所見、所聞、所知，都只是世界的一小部分，而且還很容易就會「看走眼」。

接下來我講的內容，各位讀者看了如果有共鳴，歡迎和親朋好友分享，如果看了不歡喜、不以為然，也不要罣礙，可以一笑置之。

童年經驗

我的父親（陳鶴袖居士，佛光山大眾都稱呼他為「開爸爸」）來自江西雩都，黃埔二十一期學生，經歷過對日抗戰與國共內戰。一九四九年從大陸來到臺灣，一九七六年陸軍上校退役，二〇一四年八月往生，享壽九十一歲。母親（林玉霞居士，佛光山大眾都稱呼她為「開媽媽」是臺灣臺中人，祖籍福建漳州，生於日據時代，幼年時經歷過空襲躲警報、三餐吃番薯簽的日子。二〇二一年十一月往生，享壽八十五歲。按照臺灣慣用的說法，我們兄弟是典型的「芋頭番薯」——外省第二代。

開爸爸在臺灣除了一位同村同宗的堂弟（已往生）外，沒有其他親人，因此我所有的親戚都是開媽媽娘家這一邊的。很幸運的，從外公、外婆、舅舅、舅媽、阿姨、姨丈，到表哥、表姊、表弟、表妹等，都相處融洽，沒有所謂的「省籍情結」與「統獨之爭」。

我出生在臺中市，幼年成長於東區旱溪旁育英路上的一個眷村，在日據時代原本是座工廠，臺灣光復後由國防部接收，後來改建為眷村，安置三軍官兵的眷屬。原本工廠裡的一棟大食堂，用竹籬笆糊紙當做牆壁隔成六戶，兩邊各三戶，中間留個通道，我們家是最裡面的一戶，面積只有七、八坪大，後來向外擴建一間房，也大約七、八坪。

眷村裡有百來戶人家，沒有自來水設施，村頭、村尾各有一口水井，水井旁各有一座打水機，日常生活中的用水全來自這兩口井和兩座打水機。既然沒有自來水設施，當然也就沒有衛浴設備，全村只有一間衛生條件很差的公共廁所，上廁所是滿恐怖的事情，所以平常就在家裡用痰盂解決，再拿到公廁清理。

那樣的生活條件，現在看來當然是非常落後的，可是當時我一點都沒有清苦的感覺，雖然在物質上是匱乏的，但是在心理上是很滿足，精神上是很自在的。當年開爸爸軍人的待遇並不高，但是很重視我的啟蒙教育，在我才三歲的時候，開爸爸就送我去幼稚園上學，四歲時開媽媽就教我寫毛筆字。

家裡有一本《芥子園畫譜》，從我會看書開始，就愛不釋手，經常拿著鉛筆在紙上依樣畫葫蘆，自得其樂。爸媽喜歡聽音樂，家中有一台真空管的收音機，還要架一根很高的天線，才能聽清楚廣播。後來開爸爸又添置了一部電唱機，但要用音源線和收音機相連才有聲音，這在當時算是很先進了。爸媽喜歡聽周璇、白光、李香蘭、姚莉、紫薇等人演唱一九二〇、一九三〇年代的歌曲，此外，因為開媽媽小時候接受過日本教育，所以也喜歡聽一些日本老歌，這些我都跟著耳濡目染。

六歲時就讀育英路上的成功國小，這是一所非常重視音樂、美術教育的學校，也是我最為懷念的學校。我因為喜歡畫畫，所以在課後餘暇參加畫畫班，經常在週末由老師帶著到校外寫生。

回憶小學三年級時，有一天週末假日，老師帶畫畫班到臺中公園寫生，發給我們每人一塊畫板、一張畫紙，教我們每人自己選個地方，就畫自己喜歡的風景。我就照著老師的話，選個地方畫自己看到的風景，畫完之後寫上學校班級姓名，老師就把畫收走了。當天我還發現，整個臺中公園都是國小學齡的小朋友，我當他們都是來寫生的。

過了一段時間，有一天升旗典禮時，突然唱名叫我上台領獎，獎項是「全臺中市國小寫生比賽」第一名，我才恍然大悟，可是當時老師沒有明說，我也不知道那是比賽，因而畫起來完全沒有壓力，只有樂趣。

同樣在三年級時，成功國小正籌備成立交響樂團，要從全校學生當中挑選四名種子團員學小提琴，由校內音樂老師免費指導，我是四名入選者之一。因為我的音感極佳，音樂老師在風琴鍵盤上隨便彈一個音，我就可以正確地說出它的C大調唱名，所以能夠從全校三千名同學中脫穎而出，獲選為交響樂團的小提琴培訓種子。但是上了四年級之後，因為開爸爸調職，舉家搬到臺北，就中斷了小提琴的學習。

這件事說起來頗為弔詭，其實我是個「耳不聰、目不明」的人，在一歲大的時候得了「白喉」（急性呼吸道傳染病），差點小命不保。在當時得了白喉，就像現在得了SARS、MERS、COVID-19一樣恐怖，左鄰右舍怕被傳染，全都「避難」去了，開媽媽帶著我等於是被「隔離」了。所幸當時剛好有新藥（治療白喉的抗生素）問世，我才保住一條小命，但是醫師在用藥劑量上無前例可援，我成了第一批白老鼠，很不幸聽覺傳導神經燒壞了，視力也連帶受損。

早年的生活環境非常單純，物質條件匱乏，沒有電話、電視、音響之類的電子產品，所以也就沒有機會察覺聽力異常，當時我完全不知道兩耳聽不見高頻率的聲音；所幸中低頻率的聲音可以聽得清楚，所以在日常生活以及學習上，並沒有出現什麼問題。

我在成功國小就學期間，根本就沒有什麼「升學」的概念，因此也沒有所謂的「升學壓力」，讀書、學習、畫畫的本身就很快樂，一切都是那麼自然。我喜歡高聲朗誦文章詩詞的閱讀習慣，就是在成功國小時養成的，非常感謝當時老師們的教導。

幼學啟蒙與閱讀經驗

在我才三歲的時候，爸爸就送我去成功國小幼稚園上學，當時因為年紀太小，也不記得學了什麼東西。四歲的時候，有一所私立幼稚園來村子裡招生，媽媽問想不想去上學，我說好啊，就每天坐娃娃車去上學，究竟學了什麼，也記不得了，只是覺得很快樂。五歲時，媽媽再送我去成功國小附設幼稚園上學，我對音樂和美術的愛好，就從那個時候開始萌芽。回憶起住在臺中的那段童年時光，不管是在生活上或是求學上，都是那麼地自然，沒有升學的概念，沒有要和同儕競爭的心理壓力，讀書學習本身就是一種樂趣。

當時的生活非常單純，沒有什麼物質上的欲望，平常也沒有零用錢，只有在每次月考後，成績很好，媽媽會獎賞一毛或兩毛錢，讓我到村子口的雜貨鋪（柑仔店）吃根冰棒，看一個下午的《諸葛四郎與真平》的漫畫書，就覺得非常滿足了。

因為開爸爸的書法很好，四歲時，開媽媽就教我開始寫毛筆字，不過並沒有嚴格地要求我一定要怎麼寫，我也寫得很高興，不覺得有什麼壓力。但是到了我上小學四年級時搬家到臺北之後，開媽媽發現臺北的校園氛圍和學習環境，大不同於臺中，競爭壓力不小，就開始嚴格地要求我練字。我每天要臨摹《柳公權玄秘塔》字帖，必須寫滿一百個大楷字，才能出去玩。不僅如此，媽媽要求我寫字時，不可鬆懈、敷衍、草率，她會冷不防從我身後抽我的毛筆，如果執筆鬆散沒有握牢被抽走，不但要加罰字數，而且當天就不准出去玩了。非常感謝媽媽的教誨和嚴格要求，我就這樣子整整練了一年的字，打下很好的書法基礎。

小學二年級的時候，因為在學校成績名列前茅，春山叔叔（開爸爸在臺灣唯一的大陸親人）特地買了一套東方出版社出的《西遊記》送給我做為獎勵，這套書是專為兒童改寫的注音版，共有十冊。在那個物力維艱的年代，這是個很大的獎賞，我如獲至寶，愛不釋手，反覆閱讀，讀得廢寢忘食。

讀完了注音版的《西遊記》之後，啟發了我極高的閱讀興趣，覺得只讀完一部《西遊記》實在不過癮，就開始尋找其他的故事書閱讀。結果在家裡找到足本（沒有注音）的《西遊記》，還有其他的足本章回小說，如《三國演義》、《水滸傳》等，就似懂非懂地反覆閱讀。

搬家到臺北之後，一方面因為識字比較多，另一方面買書或借書也比較方便，我開始大量地閱讀。從四年級到五年級這段時間，我已經讀完《東周列國誌》、《封神演義》、《三國演義》、《水滸傳》、《薛仁貴征東》、《薛丁山征西》、《羅通掃北》、《七俠五義》等足本的章回小說，而且都讀了三遍以上。但是有一本書沒有讀完，就是《紅樓夢》，因為實在是不對味口。

當時讀這些章回小說，不是為了什麼實用的目地，閱讀本身就是趣味，書中所描繪的世界、人物、情境等等，在那樣一個沒有電子多媒體和3C產品的年代，豐富了我的童心和想像空間。比如說，小說裡有講到很多的「陣法」，雖然頗為神怪，但是我覺得非常吸引人，像是《封神榜》裡的十絕陣（即天絕陣、地烈陣、化血陣、紅水陣、風吼陣、寒冰陣、烈火陣、金光陣、落魂陣及紅砂陣）、九曲黃河陣、誅仙陣、萬仙陣等；《薛仁貴征東》裡的兵書十陣：一字長蛇陣、二龍出水陣、天地人三才陣、四門都底陣、五虎攢羊陣、六子蓮房陣、七星陣、八面金鎖陣、九瑤星官陣、十面埋伏陣等，我一直到現在都還記得。

除了中國的古典章回小說之外，也讀西洋的翻譯小說，例如：《湯姆歷險記》、《頑童歷險記》、《金銀島》、《格列佛遊記》、《魯濱遜漂流記》、《老人與海》、《乞丐王子》、《孤雛淚》、《咆哮山莊》等等，印象最深刻的是法國大文豪大仲馬的經典小說《基督山恩仇記》，反覆讀了三遍。

開媽媽的家教與行事風格

由於開爸爸的軍旅生涯，長年在部隊，偶爾休假才能回家，早年開媽媽帶著我們兄弟在臺中市育英路的眷村生活了十年。眷村是個頗為特殊的社區，居民都是軍人眷屬，來自大江南北、五湖四海，我們的左鄰右舍就來自四川、湖南、湖北等省分，開媽媽能在眷村這樣複雜的文化環境中保有自己的行事風格而不受影響，其實是非常不簡單的。

從外表上來看，開媽媽是位非常平凡、樸實的家庭主婦，但是在我們兄弟的心目中，開媽媽是位偉大、不平凡的母親，她的一生為了家庭，相夫教子，犧牲奉獻，甘之如飴，無怨無悔。開媽媽有很多長處和特質，是我們四兄弟都自嘆不如的，她生性樂觀、開朗、不計較、富有正義感、不怕惡勢力、有話直說、行事果斷、阿莎力（臺語「乾脆」之意）、富有供養心、熱心公益。我們兄弟都深信，以開媽媽的個性和能力，如果晚生個十幾、二十年，肯定是位事業有成的女強人。

開媽媽極有語言天分，自幼接受日本教育，所以通曉日語，臺灣光復之後她自學國語，也非常流暢，聽、說、讀、寫都難不倒她，不但能夠看報章雜誌，還能閱讀長篇小說。

另外還有一點，也是我們兄弟所不及的，就是大江南北各省的口音（不管是湖南、湖北、山東、山西，還是江浙、川陝、雲貴），都難不倒開媽媽。此外，開媽媽的學習能力很強，從那些來自大陸各省的婆婆媽媽那裡，她學會了做饅頭、包子、窩窩頭、水餃、麵疙瘩、烙餅等等，而且還都做得非常道地。

開媽媽對我們兄弟的管教是很有原則，也很嚴格的，我們兄弟幼承庭訓，開媽媽教導我們：做人要有骨氣，不要沒有出息；要懂得感恩，不要不知好歹；不要好吃懶做，要懂得惜福，吃飯要吃乾淨，不可以浪費；做人要有格調，做事要有水準；做人要有道義，要講道理，寧可吃虧，不可佔人家的便宜，不要麻煩別人。這些都不只是媽媽的言教，也是她的身教。

當年眷村裡左鄰右舍有的媽媽們有事沒事就聚會打麻將，有一些媽媽輸了錢心情不好，回家就藉故打小孩。她們還三不五時就邀開媽媽去打牌，而開媽媽在這樣的環境中生活了十年，卻從來都沒有去看過一場牌局，開媽媽這種不受誘惑的自持風格，對我們兄弟的教化影響是十分深遠的。

在我們眷村裡大家的相處與互動，基本上是相當和諧融洽的，只是難免會遇到一些比較不講理的人，喜歡佔別人便宜，甚至於欺負老實人的人；開媽媽的做人原則是與人為善、不計較、不比較，寧可吃虧，絕不佔人家的便宜。但是如果對方實在太過分了，遠超過開媽媽容忍與不計較的限度，她就會挺身而出，以理服人，討回公道。開媽媽是國臺語雙聲道，交互運用的程度，不只是流利，而且是犀利，只要是出戰，絕對是凱旋而歸。

就是因為這樣的風格，開媽媽在眷村裡面逐漸贏得大家的尊敬，儼然成為意見領袖，大家都稱呼她為「大陳」，有排紛解難的需要時，就請她出面來主持公道。後來在一九六三年，因為開爸爸從臺南調職到臺北陸軍總部，我們要搬家到臺北的時候，眷村裡的左鄰右舍都非常捨不得。

搬到北部，我們先在三重埔住了一年，之後又再搬到中和鄉。在中和居住的這段時間，開媽媽和往常一樣熱心公益，後來被推舉為鄰長，為大家排紛解難，也是地方上很有影響力的「柱仔腳」（「樁腳」的臺語），每到選舉期間就成為各路候選人爭相拉攏的對象。開媽媽很有原則，表面上都不得罪人，但是心中堅持選賢與能，她所支持的候選人幾乎都當選。本來村里的居民還力挺開媽媽出來競選里長，但是開媽媽忙著要帶孫兒、孫女，就婉謝了大家的盛情。

開媽媽到了晚年雖然已經不參與公共事務，但是仍然關心社會動態，每天看時事新聞與政論節目，她對檯面上的那些政治人物，很有自己的看法與見解，反倒是開爸爸每天誦《金剛經》、勤寫書法與大眾結緣，不再過問世事。

補習與升學考試的歲月

一九六八年是九年國教開始實施的第一年，也就是國中第一屆，國小畢業生不必經過考試就可以升上國中，除了私立中學單獨招生外，公立國中入學係按戶籍學區入學。我是在一九六六年考上省立板橋中學初中部，屬於初中倒數第二屆的，所以還是必須通過入學考試才能上初中。

考試對我來說並不是問題，但是父母和師長對我的期望很高，希望我能夠考上前三志願的學校，無形中有股升學考試的競爭壓力。

原本在臺中成功國小的時候，讀書是很自然而快樂的事，但是在四年級時因為搬家而轉學到臺北縣三重埔的三光國小，整個校園氣氛就變了。學校放學之後，級任老師在自己家裡「開班授徒」，進行課後補習，俗稱「養鴨子」。在我轉學進入三光國小之後沒多久，級任老師就向媽媽遊說，希望我在課後去她家補習。一開始媽媽和我都覺得沒有必要而婉拒，但是導師不斷地向媽媽遊說，媽媽就擔心我初來乍到，如果不融入新環境，恐怕會受到老師和同學的排擠，就勉強參加。

結果到了老師家裡才發現，她家裡有電視，可以看到「大力水手、太空飛鼠、唐老鴨、米老鼠」的卡通片，這在當時是頗稀罕的，我才恍然大悟，為什麼有不少同學來老師家補習。有一天，課後到老師家「補習」時，有位同學欺負我是新來的，我也不甘示弱而反擊，就打起架來。如今回想起來，這種「補習」實在是名不正、言不順，有藉機斂財之嫌，不過當時心思很單純沒有這麼想。

五年級時（一九六四年），我們又從三重埔搬家到中和鄉，我們兄弟就轉學到中和國小就讀。我又遇到和三光國小四年級時同類型的級任老師，也是不斷要我參加她的課後補習，我認為沒有必要，又因為之前不愉快的補習經驗，所以一直不參加。結果級任導師就對我「另眼相待」，上課發作業簿時，居然用丟的給我，連班長都看不下去，還特地私下來安慰我。後來級任老師請產假生產去了，我就沒有再被她精神霸凌，而代課老師對我很好，不但沒有強迫我補習，還將補習用的習題和試卷，特別留一份給我練習。

其實，在當年國小畢業生能升學初中或初職的比例（錄取率），還不到百分之二十，遠比現在低很多，所以並非全部的同學都參加補習，有不少同學因為家庭因素，國小畢業後就要去工作謀生，根本就沒有升學意願或規劃，他們就不參加補習。雖然如此，但是因為初中的錄取率很低，升學考試的競爭壓力其實是滿大的。

上了六年級，面對強大的升學競爭壓力，我還是參加了補習，當然不是看「大力水手、太空飛鼠」卡通片，虛晃一招的補習，而是幾近「三更燈火、五更雞」的科舉式應考準備。一本《武明算術》，厚厚的有五百多頁，裡面有植樹問題、流水問題、時鐘問題、行程問題、雞兔同籠問題、和差問題、年齡問題、比例問題等等，每天一早五點醒來就趴著窩在被窩裡解題。

其實我從小算術能力就很強，五、六年級時，有時候在課堂上老師也會遇到一時解不出來的題目，我就自告奮勇舉手，上講台幫老師解題，所以算術解題對我來說不是問題，但是一落入升學考試的八股形式，就變得很無趣了。

回憶當年，每天下午五點鐘放學後，先回家略事休息，用過晚餐後，再步行回到學校上補習課（從七點到九點），我感覺生平背得最重的書包就是在小學六年級上補習課的時候。有一天晚上，背著沉重的書包，在步行去學校補習的路上，我不禁懷疑起「生命的意義究竟何在」？接著我又仰望星空，幻想著自己原本是來自遙遠的星球，落入地球這個人間世接受磨練考驗。

中和國小畢業後，我考上省立板橋中學（一九六六年初中部），有一個值得慶幸的初中生活。當時學校已經面臨改制，兩年後將停招初中部，專辦高中，所以對於初中部有一點放牛吃草的意味，但對我而言有個好處——教學正常化，該上的課都上，除國文、英文、數學、理化、歷史、地理之外，公民、美術、音樂、體育、工藝、童軍等等課程統統都按照課表正常上課。

思想萌芽時期

當年我會去讀省立板中，是中和國小六年級級任導師王昭一老師的建議。那時候臺北市初中聯考第一志願的學校是大同中學，王老師分析我歷次模擬考的成績，如果參加臺北市初中聯考，上榜沒有問題，但要進第一志願，並無十足把握，因此建議我報考省立板橋中學初中部，但是板中初中部未在臺北市初中聯考之列，是單獨招生。當年的考試科目就是國語、算術二科，那一年板中的考題出奇地難，其中有一道求半月型面積的算術題，我到現在都還記得，我的成績超過錄取標準二十九點五分。

如今回想起來，要感謝當年王昭一老師的建議，讓我有一個正常而充實的初中生活，沒有受到升學惡性補習的荼毒。如前文所述，因為二年後（一九六八年）政府將實施九年國民義務教育政策，省立板中將停招初中部，專辦高中，所以重點放在高中部，對於初中部似乎有些放牛吃草的意味，不過也有其好處，沒有因為獨重升學考試而影響正常教學，頗有五育並重的氛圍。

學習態度與習慣的養成

我在初中一年級上學期時，有一件事對我的學習態度養成，有極大的助益。剛上地理課時，任課老師有把年紀了，講話又帶有很濃的家鄉口音，一開始我不是很專心，第一次無預警隨堂抽考，全班有三個人不及格，我是其中之一，結果被叫上講台打手心，還罰抄寫課文三遍。經過這一次教訓，以後上課時聚精會神，一堂課下來，老師教的差不多都記在心裡，隨堂抽考也幾乎達滿分，月考前不用開夜車準備，稍加複習就可以考得很好。不單是地理課如此，其他科目也一樣，每一堂課都上得很實在，課後只需複習，不需要再追補學習，所以課餘可以盡情看我喜歡看的書。

牯嶺街舊書攤之緣

上了初中之後，媽媽開始固定給我零用錢，一個星期大約五塊錢，我沒有吃零食的習慣，所以很少上福利社買東西，零用錢都省下來買書用。那時每個班級都有用班費訂閱報紙，我們班訂的是《中央日報》，我除了喜歡閱讀副刊文章外，還特別留意新書出版的消息和廣告，看到喜歡的好書，就先存錢然後到郵局劃撥訂購。

無意之間我聽到班上同學說，板橋有家專門賣舊書的書店，就特地跑去逛，找到不少喜歡的好書。後來又聽說，臺北市南海路建國中學附近有一條牯嶺街舊書攤，就利用假日懷著尋幽訪勝的心情，從中和搭公車去找。哇！真不是蓋的！整條街都是舊書攤，有上百家之多，來逛的文人雅士也不少。牯嶺街舊書攤就成了我假日流連忘返的地方，上了建中之後，更因為地利之便，成為校園學習生活的延伸，很可惜後來因為都市更新計畫，使得它逐漸凋零而走入歷史。

我在牯嶺街尋寶蒐集到的舊書不限領域，範圍內容包羅萬象，古今中外都有，上至天文，下至地理，中通人事，還包括辭典、字帖、樂譜、地圖等等。記得初中二年級時，有一次去牯嶺街逛書攤，看到幾本好書，身上帶的錢，剛好夠買書。如果全部用來買書，就沒有車錢了，如果要留下車錢，就不夠買書，如果這次沒買下來，下次再來，恐怕書早被別人買走了。最後決定買書重要，大不了不坐車走路回家，就歡歡喜喜地捱著書，花了將近二個小時，從牯嶺街走路回中和。

求學大方向的確立

當時有個「今日世界出版社」，出了許多有關地球科學、古今天文的科普類書籍，引起我高度的興致，我從牯嶺街蒐集到不少他們出的書。從這些書中，我讀到古希臘及西歐數學家與物理學家諸如畢達哥拉斯、哥白尼、伽利略、克卜勒、牛頓、愛因斯坦等人的宇宙觀思想，他們都認為整個宇宙就是數學的結構，想要探索了解宇宙的奧秘，就要先懂得運用數學的語言；因此，數學對我而言，充滿著解讀宇宙奧秘的美感，有著非常強烈的吸引力。

原本我在小學的時候就喜歡數學演算，而後在初中這段時間，又讀了不少有關數理科學的書，在初二的時候就已經確定將來會以數學、物理做為學習的方向，後來在考大學時，真的就以臺大數學系及清大物理系做為第一及第二志願。

開爸爸對我的愛國啟蒙教育

開爸爸出生於江西省雩都縣梓山鄉山塘村機木嶺一個客家村落的農家，自幼耕讀習字，因為共產黨盤據江西南部，地方動亂不靖，所以遲至九歲才入小學，然後連續跳級，三年就讀完小學。高中畢業後原本考上贛州高等師範，而後投筆從戎，獻身軍旅，為黃埔軍校二十一期學生。

開爸爸的兵種是裝甲兵，一九四九年來臺，在臺中清泉崗戰車部隊擔任排長、連長，曾經是蔣緯國將軍的麾下。剛來臺時最早駐紮在臺中市寶覺寺附近，寶覺寺前的馬路就是他帶著部隊弟兄拓寬的，或以此廣結善緣故，得以和開媽媽結識，在臺中安家。

後來擔任連長、營長，之後調任於幕僚單位擔任參謀官，就未再回部隊帶兵。最後任職於陸軍總部情報署，擔任情報參謀官，出於職務和工作需要，為了蒐集臺灣各地的地形、地物、山川、水文、氣候、交通等軍事所需的情報資料，多年來走遍了臺灣、澎湖、金門、馬祖。

開爸爸是非常傳統、儒家本位、忠黨愛國的革命軍人，當我還在牙牙學語之時，他就開始我的愛國啟蒙教育。我最早所學的二首「兒歌」，就是開爸爸教唱的「打倒俄寇，反共產，消滅朱毛，殺漢奸……」和「反攻、反攻、反攻大陸去……大陸是我們的國土，大陸是我們的疆域，我們的國土，我們的疆域……」這二首軍歌。

但什麼是「反攻」？什麼是「大陸」？什麼是「國土」？什麼是「疆域」？對一個剛牙牙學語的幼兒來說，這些都是非常抽象的概念，根本無法理解。所以我就以我所能夠理解的語彙把它們唱成「大陸是我們的『豆腐』，大陸是我們的『醬油』，我們的『豆腐』，我們的『醬油』……」，而且唱得非常高興，引得大人們哈哈大笑。

開爸爸深受儒家思想的影響，也以儒家的倫常觀念教育我們兄弟，自幼我們就養成「長幼有序、兄友弟恭」的家庭倫常，一直到現在，我們四兄弟間的感情仍然非常和睦融洽。

從我有記憶開始，開爸爸就不斷灌輸我「反共抗俄」和「反攻大陸」的思想，所以我自幼就「憂國憂民」，特別是在讀高中的時候。從進小學開始到初中畢業以前，我幾乎一直相信將來有「反攻大陸」的一天，我也經常問爸爸：什麼時候「反攻大陸」？他都跟我說再過二、三年。曾經有幾次陸軍總部緊急集合，似乎像是「反攻大陸」的前兆，但都不了了之。

從初中到進高中前後，我讀了柏楊化名「鄧克保」所寫的《異域》一書，後來又讀了柏楊其他的著作，我逐漸開始懷疑「反攻大陸」的可能性。我對爸爸提出心中的疑惑：如果共產黨真的如國民黨所描述的那麼不堪，那為什麼國軍會被「土八路」打敗呢？還是國民黨並沒有真正認清、了解他的敵人？我的疑問讓開爸爸非常緊張，擔心我的「思想」有問題。

開爸爸為人非常忠厚，他一直都非常忠誠於黃埔革命軍人的五大信念「主義、領袖、國家、責任、榮譽」，而且對大陸故土有著難以化解的懷念鄉愁，他的處境反映了大變動時代的美麗與哀愁。我認為我能夠了解爸爸的心情與憂慮，但是他很難了解在臺灣土生土長的親生兒子，該如何去承擔消化大時代留給我們的包袱與挑戰。

就是因為開爸爸對我的反共愛國啟蒙教育發揮了功效，很早就啟發了我「憂國憂民」的少年情懷與深刻思惟，透過廣泛地閱讀與批判性地思考，我在高二的時候就已經很清楚地認知到，將來能夠主導中國未來局勢的人物，必然出現在中國大陸，而絕對不會在臺灣，因為臺灣的格局太小，孕育不出真正氣度恢宏、高瞻遠矚的人物。我這樣想，決不是妄自菲薄，而是坦誠面對現實。從這個思惟角度來看，反不反攻大陸？能不能反攻得成？已經無關宏旨。

進了臺大之後，大一上學期上逯耀東教授的「中國通史」課時，講到「五胡亂華」，由於晉朝的虛弱腐敗，以及胡漢民族之間的衝突，五胡在「八王之亂」後紛紛舉兵中原，史稱「五胡亂華」。

在西晉滅亡之後，中原鼎沸，戰火紛飛，民不聊生，士大夫及百姓大多逃難到涼州、遼東以及江南等地區避難，使得這些地區的經濟文化逐漸繁榮，同時也保存了中原的文化得以延續不墜。等到隋唐之際，天下底定，那些避難到涼州、遼東以及江南地區的士大夫與百姓，再將保存的中華文化帶回中原。

我印象很深刻的是，逯耀東教授在課堂上，特別提到「五胡亂華」時期「涼州」，因為遠離戰火，而讓前往避難的士大夫與百姓完整地保存了中原的文化，接著他話鋒一轉，臺灣的歷史地位就相當於五胡亂華時期的涼州。

一九七二年當時還是戒嚴時期，在課堂上這樣的公開言論，算是相當大膽的，因為將臺灣比喻為涼州，表面的意思是大陸淪陷，國民政府播遷來臺，得以讓中華文化延續不墜，深一層的意思等於是說，在軍事及政治上要反攻大陸，根本就不是臺灣所能夠扮演的角色。不過我認為，臺灣能夠扮演保存及復興中華文化的角色，就很有意義與價值了。

上一代的苦難經驗與這一代的包袱及挑戰

小時候聽開爸爸講述他當年，從大陸撤退來臺灣的故事，一九四八年底共軍包圍了北平城，一九四九年元月，國軍將領傅作義與共軍談判，達成「和平解放北平」的協議，而後宣布北平城內國民黨守軍接受和平改編。開爸爸當時就是北平城的守軍，因為不願接受共軍的收編，就從北平徒步走到青島，沿途都已經淪陷了，一路上風聲鶴唳、草行露宿，吃盡了苦頭。到了青島與國軍會合，不幸生了一場大病，奄奄一息，兵荒馬亂之際也無法就醫，有位同袍問他，有沒有想吃點什麼東西？開爸爸回應說：「很想喝點酸的東西。」這位同袍就想辦法去買了瓶醋來，開爸爸就將整瓶醋喝下去，很奇妙地，出了一身汗之後，病就好了大半，然後就乘船到了臺灣基隆港。

開媽媽出生於日據時代，她的少女時代正值太平洋戰爭美軍空襲臺灣的工廠、鐵路及日軍設施等等，所以度過跑防空洞躲警報的日子，甚至於經歷過美軍戰鬥機掃射的子彈從頭頂耳邊呼嘯而過的恐怖經驗。另外，臺灣生產的糧食，幾乎都被日本人運到日本或用在軍隊補給上，臺灣多數老百姓，都過著吃番薯簽稀飯的日子。我曾經聽媽媽回憶說：當年小舅舅每天放學回家，一看到鍋子裡是番薯簽稀飯，就難過得留下淚來，因為吃怕了。

從上小學開始，父母和師長都不斷跟我們說，我們是非常幸福的一代，沒有遭遇到戰亂，沒有躲過空襲警報，沒有逃過難、吃過苦、餓過肚子等等。的確，比起上一代，我們沒有遇到他們所經歷過的艱難困頓，顛沛流離，確實幸福多了。

但是從另一方面來看，我們這一代要面對一種無形而巨大的思想包袱及心理挑戰，從這個角度來看，我們並沒有比上一代更為幸福，因為我們正面臨一個詭譎而不確定的未來，我不能怪說這是「上一代」留給我們的，我只能說是「大時代」留給我們的。

以開媽媽、開爸爸的人生而言，不以成敗論來英雄，美好的仗他們已經打過，年輕時的苦難已經度過，壯年時的病痛也已熬過，最後得以安享晚年，並且在兒孫的陪伴及佛號聲中，意識清晰地安然往生，他們的人生最後超越了意識形態的束縛，回歸靈性生命的安住，是非常幸福的。

面對大時代的思想轉化——臺灣本土意識的自覺與大中華思想的融合

身為外省第二代，又是「芋頭‧番薯」，在成長的過程中，我自覺得是非常幸運的，也是非常幸福的。我在前文中提過，開爸爸在臺灣除了一位同宗的堂弟沒有其他親人，我所有的親戚都是開媽媽娘家這一邊的。我們四兄弟和外公、外婆、所有的舅舅、舅媽、阿姨、姨丈及表兄弟姐妹們都相處融洽，從來沒有所謂的「省籍情結」問題。

我在臺中市出生，小時候住在臺中市東區育英路的眷村（現已拆除），在旱溪旁邊，離成功國小不遠。外公、外婆和小舅住在寶覺寺附近的郵政新村，大舅一家住在附近邱厝里的故居，大阿姨住在北屯，二阿姨住在西屯大魚池（逢甲大學附近）。住在臺中那十年間，我們經常往來，不是開媽媽帶著我們兄弟去外公、外婆、舅舅、阿姨家玩，就是表兄弟姐妹們來我們家作客。

我特別懷念在二阿姨家作客的農村生活，他們家是傳統的農村三合院，三面是房舍，供奉祖先牌位的祠堂居中，一面是圍牆和大門，中央空地是晒穀場。因為二姨丈是大房，所以他們家就在祠堂的旁邊，屋子裡有傳統的「紅眠床」和大馬桶，再過去就是傳統的「灶腳」，也就是大廚房，裡面有磚砌的大灶，上面擺著兩口大鍋，旁邊還有大蒸籠等等，大灶是燒柴火的，每次去作客的時候，我很喜歡到廚房裡幫忙添柴火。

走出圍牆大門就是一片大魚池，故以「大魚池」為地名，公路局還在此設了一個「大魚池」站，旁邊有間「柑仔店」兼郵政代辦所，有公車往返臺中火車站。小時候的印象，從臺中火車站搭公車到「大魚池」還滿遠的，有一種「很鄉下」的感覺，同時也有一種農村鄉土的親切感。

每一次去作客，表哥、表弟都會帶著我們兄弟出去玩，特別是在農忙收割之後，稻田裡有很多好玩的事。有一次去二阿姨家玩，剛好遇到村裡面有人家「娶新娘」辦婚宴喜事，「辦桌」請客，表哥、表弟帶著我們兄弟一起去「吃喜酒」，主人特別開了一桌給我們這一群「囝仔頭」，除了我們表兄弟外，還有村子裡的其他小朋友坐滿一桌。每一道菜，一上桌就一掃而空，狼吞虎嚥，旁若無人，周遭各桌的婆婆媽媽們，都停下來看我們吃，有人還掩嘴偷笑。

住在臺中的那十年，在我的生命中留下非常美好溫馨的回憶，後來搬家到了臺北之後，那時交通沒有現在那麼便利，我們兄弟就比較少有機會到二阿姨家玩了。不過外公、外婆還是不定期來臺北作客，開爸爸都盛情接待，大表哥初來臺北工作時，也一度借住在我家，彼此的往來互動還是很密切的。我的整個成長過程和這些生活中的點點滴滴，無形中成為我生命裡臺灣本土意識的種子。

然而在另一方面，從我有記憶以來，開爸爸就不斷灌輸我們兄弟，我們是「江西省雩都縣」人，小時候也不疑有他。從成功小學（臺中）、三光國小（三重）、中和國小、省立板中到建國中學，所遇到的老師大多數是從大陸到臺灣的外省籍人士，而且是來自大江南北不同的省分。特別是在上建中時遇到的老師，有不少當年在大陸時就是優秀的知識分子，但因生逢亂世，因緣際會而到中學裡教書了，這些老師都懷抱著故國山河、文化傳承與作育英才的情懷。

高三時的英文老師魯寶霖，英文教得一級棒，一句英文成語一定找一句貼切的中文成語來翻譯，對我學英文有很深的啟發。我記得他曾說過，臺灣匯集了全中國三十五省的精英分子，以及大江南北的各路英雄好漢，這是在歷史上絕無僅有的時代。

高三的國文老師也是導師姚平，學問很好，我曾經讀過他出版的詩集，其中有一首印象特別深刻——「此間山水鍾靈秀，一代中興有俊材」，可以看出姚老師對學生的殷切期許。身為外省第二代，又在這樣的學習環境中成長，我也就很自然地懷抱著大中華思想。

如今回想起來，其實對我而言，不論是臺灣本土意識，或是大中華思想，都不是什麼思想理論問題，而是一種切身的生命情感。從我小時候開始，二者就都在我的生命中萌芽而且並存，然而當時我並沒有自覺。在我生命的前二十年，懷抱大中華思想明顯大於臺灣本土意識，主要是因為受到開爸爸的影響，爸爸雖然是軍人，但本質上更像是一位儒者，所以我從他身上承襲了大中華思想，但是非關政治意識形態，主要還是文化意涵上的。一直到我從臺大數學系畢業後，南下高雄去佛光山普門中學任教，我原本生命中的臺灣本土意識才逐漸甦醒。

現在回想起來，其實開爸爸對於臺灣這片土地，還有另一層深厚的關係。在我讀國小四年級時，因為開爸爸調職到臺北陸軍總部，我們從臺中搬家到臺北縣三重埔，一年後又搬到中和鄉南勢角。因為離著名的中和圓通寺不是很遠，開爸爸經常利用星期假日帶我們兄弟到圓通寺附近爬山、踏青。我發現爸爸對沿途的植物、樹木、花草的名稱、用途、有無毒性、可否食用等等，幾乎瞭若指掌、如數家珍，讓我非常驚訝佩服，就問爸爸為什麼那麼「厲害」？爸爸說出於職務和工作的需要，他為了蒐集臺灣各地區的地形、地物、交通、水文、氣候等軍事所需的情報資料，多年來已經走遍了臺灣、澎湖、金門、馬祖。我才知道爸爸除了書法寫得好之外，還那麼「見聞廣博」，對我來說也是一種生命的啟發。

後來我在普門中學任教的十年（一九七七－一九八七），也是我的臺灣本土意識開始自覺與復甦的時期。在那教書的十年間，我以校為家，和學生一起生活，師生之間的互動是很密切的。雖然普中的學生來自世界各地，但大部分還是來自臺灣南部，不少是從鄉村來的孩子，帶有濃厚的鄉村純樸氣息。那十年的教學生涯，讓我的生命和臺灣的土地重新產生一種內在的連結。

在普中的第二年，記得有一次週末假日，家住屏東里港的鄭國榮老師和幾位愛好園藝的朋友，還有幾位普中的學生，他們相約要去六龜、甲仙的山上採集，邀我一起去。我對於園藝是外行，但是很樂意去爬山健行，就應邀跟隨他們一起上山。當天還下著毛毛細雨，他們在山上沿途採集到不少樹苗，也尋覓蒐集到一些石材，興高采烈地帶回山下。

回到山下，他們將採集到的樹苗和石材攤開在地上，然後開始討論這一些樹苗和石材要如何配置建構成美麗的盆栽。我對於園藝是十足的外行，但是在旁邊看著、聽著他們認真而熱烈的討論，內心有一種深深的感動，這就是臺灣社會本土生命力之所在。

後來我擔任普門中學校長時，在高雄的一場文藝座談會上，分享了上述這一段生命經驗，當時高雄師大黃正鵠教授（後來擔任高雄師大校長）也是座談會的來賓，聽了以後也很感動，還特別徵求我的同意，讓他可以在文章中引述。

一九八七年，我去美國賓州費城天普大學宗教研究所進修博士學位時，已經三十三歲了，進入人生第四個十年期，這一段人生也是我的臺灣本土意識與大中華思想融合與超越的時期，除了國際視野帶來的刺激與衝擊外，主要還是因為研讀及參究《金剛經》義理所產生的思想啟發。

以前在大學時期，讀很多佛教經典，其中有些義理，百思不得其解，例如《金剛經》云：「如來說一合相，即非一合相，是名一合相。須菩提，一合相者，則是不可說。但凡夫之人，貪著其事。」這一段經文，四十多年前就讀過了，「一合相」究竟是什麼意涵？實在不懂；很認真地讀了各家各派的很多註解，仍然不懂。後來我在美國，因為要籌建紐約道場，有一段時間經常在費城、紐約之間往返，無意間有個機緣，終於懂了《金剛經》中的這段話及「一合相」的意涵。

「一合相」的啟悟：Where is New York?

我最早接觸到《金剛經》，是在當年加入臺大晨曦學社之後，直接閱讀經文當然看不懂，需要讀一些祖師大德們的註解，除了參考歷代各家的注釋之外，我還很認真讀了江味農居士講述的《金剛經講義》。讀完之後，感覺講解得還是太抽象玄奧了點，沒有比較具體的事證或事例輔助理解，所以很多關鍵經文仍然似懂非懂。雖然如此，我又感覺到這當中一定有很精髓深刻的道理，就將那些我特別想參究的經文記誦下來，放在腦子裡不斷地反芻及咀嚼。

其中關於「一合相」的這段經文，咀嚼了近二十年，才終於心領神會，而那個機緣很有趣。在費城天普大學撰寫博士論文期間，同時要協助佛光山在美國東岸物色地點與建道場，有一段時間經常需要往返學校與紐約道場之間，有一天從費城開車要去到紐約市的法拉盛（Flushing）區，通過林肯隧道，路經曼哈頓的時報廣場（Time Square）附近，一邊開車，一邊突然思惟起《金剛經》中「一合相」這段經文。當時我身處在紐約市中心最精華的地段，卻像是在「參話頭」般地問自己：「Where is New York? Where is New York City?」頓然之間，終於懂了「一合相」這段經文。

面對著紐約市的地標建築——世貿中心（雙子星大廈，九一一事件遭恐怖攻擊炸毀）、帝國大廈以及時報廣場等等，單獨的一棟帝國大廈不能代表紐約，單獨的雙子星大廈不能代表紐約、單獨的時報廣場也不能代表紐約……任何單獨的建築都不能代表紐約市。紐約這座城市不是幾個知名的地標就能涵蓋，但是把所有在紐約市的地理、建築、人文、風景等等，統統加在一起，就在我們的主客觀認知當中形成了「紐約」的整體心象（imagery）與概念（concepts），其實這些都是因緣所生法，以現代的資訊科技術語來講，可說是一種「虛擬實境（Virtual Reality）」，虛中有實，實中有虛，虛虛實實互相滲透，這就是《金剛經》中佛說「一合相」所要開示的諦理。

在這個世界，所有的事物現象都不停地在變化，紐約不停地變化，臺北如此，上海也如此。尤其是上海，變化速率驚人，去過上海的人都有一種感受，就是每次隔一段時間去都會強烈感受到她不一樣了，一年起碼就翻個兩三番。因此，我們可以說，並沒有一個固定實體的上海，也沒有一個固定實體的臺北、紐約等等，但是我們會在自我的認知當中，不自覺地投射、執著有一個具體實在的臺北、上海、紐約等等。

因為《金剛經》中「一合相」這段經文的啟發，我給自己注入一股觀照世間的洞見內力，可以更加認清事物的本然實相，免於掉入瞎子摸象的思惟陷阱。有了這一層領悟以後，再回過頭來看待宇宙人生的種種現象，就可以從比較寬廣的角度來理解消化。

容許各自表述，涵容主觀、客觀與超越

除了以「虛擬實境」來理解「一合相」之外，在現實世界的兩岸關係與全球化大環境中，有一種觀點與說法我還滿欣賞的，就是所謂的「一個現況，各自表述」。以佛教為

例，佛教雖然發源於印度，但是流傳到世界各國而發揚光大，諸如斯里蘭卡、泰國、緬甸、中國、臺灣、韓國、日本、越南乃至歐美各國，每個國家因其文化背景等主客觀條件的不同而形成了不同的佛教面貌與觀點，除了「印度佛教」之外，還有「南傳佛教」、「漢傳佛教」、「藏傳佛教」，將來還會有「歐傳佛教」和「美傳佛教」等等。同理，就西方宗教文化傳統而言，將猶太教、基督宗教、伊斯蘭教擺在一起，其實也是「一個上帝，各自表述」，所以，容許各自表述，涵容主觀、客觀與超越。

《三國演義》第一回：「話說天下大勢，分久必合，合久必分。」從歷史上來看，春秋五霸、戰國七雄、三國鼎立、魏晉南北朝、五胡十六國、五代十國等等，到底哪一個代表「中國」呢？這些都是因緣所生法，也是《金剛經》中所說的「一合相」。試想，五百年以後的世人將如何來看現在的海峽兩岸？或許他們會有另外非常不同於現在的看法，就像我們現在回頭看當年的三國鼎立一般；五百年後的世人在回顧當今的兩岸風雲時，一定也會有「秦時明月漢時關」、「青山依舊在，幾度夕陽紅」、「古今多少事，都付笑談中」的情懷與感受。有了這一層次的領悟，身心有一種如釋重負的輕鬆感。

現實人生的寫照

世人終其一生，尋尋覓覓、勞勞碌碌、汲汲營營、辛辛苦苦，到頭來回顧一生，卻豁然發現是白忙一場，但是為時晚矣，只好下輩子重新再來一次，這就是絕大多數人的生命形態與寫照。

明朝嘉靖年間的狀元羅洪先（一五〇四－一五六四），他的〈醒世歌〉說得很貼切：「急急忙忙苦追求，寒寒暖暖度春秋，朝朝暮暮營家計，昧昧昏昏白了頭，是是非非何日了，煩煩惱惱幾時休，明明白白一條路，萬萬千千不肯修。」或許有人會說，羅狀元講得太悲觀消極，但是我認為他確實點出了現實人生的一種困境，最後也指出，有一條修行的道路可以超越這種困境。從五百年後的今天來看，這首〈醒世歌〉可說是歷久彌新，仍然非常寫實貼切，值得我們好好深思。

對於事物的真相與實情，我們所知甚少

記得在美國留學的時候，有一次無意間，看到一段電視新聞專題分析的特別節目，主播先播放一小段新聞事件影片剪輯，螢幕畫面中出現一些世界各地動亂的場景，然後講了一句非常發人深省的話：「On the TV screen we see a lot of events happening, but we know very little about the fact or truth.」（我們從電視銀幕上看到了許多事件的發生，但是我們

對於事件的真相與實情，其實所知仍甚少。）哇，講得真好！當時我聽了之後，直覺得是「發聾振聵，如雷貫耳！」以後不斷提醒自己，不要被事物（包括所有新聞媒體、報章雜誌、網路資訊等等）的表象所迷惑、蒙蔽及誤導。

即使是正式的新聞媒體節目，或報章雜誌的言論，也很可能是一種經過刻意包裝的消費型產品，或者是置入性行銷而已，這在全世界都是如此，就像美國那樣言論自由開放的國家，電視臺和報章雜誌老闆也都有其特定的政治立場、意識形態與新聞觀點。

臺灣當今新聞媒體爆增，再加上網路資訊氾濫成災，表面上看，似乎隨時隨地都有新的資訊與新聞事件湧現，但是國際觀淺薄狹隘，實際上我們從媒體所獲知的仍然十分有限，而且夾雜著許多似是而非的錯誤資訊。最糟糕的就是，誰講話大聲、聳動，誰就搏得媒體畫面及新聞版面。這代表著資訊爆炸時代的一種弔詭現象，表面上看起來新聞自由開放，實際上是意義混淆、價值錯亂，事物的真相以及來龍去脈其實大多被扭曲或掩蓋了，我們看到的只是浮光掠影或冰山一角而已。

孔子說自己四十而不惑，我自己大約在四十三、四歲的時候，感覺對事情的看法比較不會被表象所迷惑。記得那一年的新年新希望是「不要被人騙了」。這個年頭要不被人家騙，還實在不容易，因為要騙你的人實在太多了。不是只有金光黨、詐騙集團才騙人，包括政客、媒體、神棍、黑心廠商等等，坊間一些報章雜誌所寫的很多都是近於八卦、不實的事物。也許他們不是一開始存心要騙人，但會為了達成某種目的而不擇手段。此時我們需要的是，想要看清事情真相的一種醒覺，才不會一直被表象所迷惑，這就要回歸到人生究竟意義的不斷探索。

人生究竟意義的不斷探索

這是每個人終其一生遲早都要問的人生課題：「人生的意義（真諦）究竟何在？」我的回答是：「人生的意義在不斷地、深入地探索人生的意義。」也許有人聽了會說：「這算是哪門子的回答，不是在唬弄我吧！」當然不是！究實而論，「人生的意義」是沒有現成答案的，因此必須不斷地、深入地探索。

絕大多數人都會期待有一個「現成的標準答案」，其實重點不在於答案本身，而在於問問題的態度。為什麼沒有現成的答案？因為，每個人在其人生的不同階段，都會有不同的視野，有不同的理解層次與面向，對於自己之前的理解也會不斷地省思、批判與再詮釋。所以，今天也許覺得這個答案完美，但是過了一段時間重新思考檢視，就會發覺它有缺陷與破綻了。

以孔子的學思歷程為例言之，孔子曰：「吾十有五而志於學，三十而立，四十而不惑，五十而知天命，六十而耳順，七十而從心所欲，不踰矩。」顯示孔子的一生從三十到七十歲對人生的看法，深淺程度各有不同，如果有學生問孔子一個有關人生意義的問題，孔子到底要給他幾歲時的答案呢？

因此，客觀地說，我們每一個人自己的生命終極意義，其實是無法從別人身上直接擷取現成的答案，而必須自己去尋找，就如《六祖壇經》所云「如人飲水，冷暖自知」，而且要隨著自己人生閱歷的增長而不斷地、深入地探索。別人的生命經驗，我們當然可以參考，可以借鏡、學習，也可做為榜樣、模範，但是不可能直接套用或移植，而必須透過個人生命的自我歷練與親身體會才能領悟。我們除了不斷深入探索之外，同時還要努力「活出」自我生命的意義與價值；換言之，自我生命的終極意義，不僅是生命哲理的思惟課題，也是生命價值的實踐課題。

「解脫道」與「菩薩道」的考驗

學佛與出家數十年，我深切地認為，不論出家、在家，人生的究竟「出路」或終極目標主要有兩項：一是「解脫道」，二是「菩薩道」，前者是自利、自覺，後者是利他、覺他。

「解脫道」的真正關鍵與關卡，其實還不在於那些大家都耳熟能詳的大道理，最大的考驗是在於有情眾生無始以來的「貪、瞋、癡、慢、疑」等無明習氣，絕大部分都是很細微的，不經意、不自覺地就在日常生活當中透過自己的身、口、意三業表現出來。佛法修行的關鍵，就在於日常生活中三業、六根的細微現行，就如西洋諺語所云：「魔鬼藏在細節裡。」（The devil is in the details.）

當年白居易官居太守時，問鳥巢禪師「佛法大意」，禪師答云：「諸惡莫作，眾善奉行。」白居易聽了之後，輕蔑地回應：「三歲的小孩都知道。」禪師接著說：「八十老翁做不到。」白居易頓時語塞。

美國有位知名作家Robert Fulghum寫了一本暢銷書：*All I Really Need to Know I Learned in Kindergarten*（《所有我真正需要知道的事，我在幼稚園裡就學過了》），譬如：接受了人家的善意、饋贈、協助等，要說聲「謝謝！」，不小心撞到、踩到別人，要說聲「對不起！」。一個人的教養要從大處著眼，小處著手，但往往都被我們忽略了，以至於「知道卻做不到」或者「知之而不為」。

「菩薩道」的真正關鍵與關卡，其實不在於發心、發願，最大考驗是在面對不同的眾生時，我們是否能一致用慈悲、平等與包容的心對待。真正的慈悲、平等與包容是超越宗教及政治意識形態的，不因為其宗教信仰或政黨傾向不同而有歧見。

然而在臺灣，一遇到選舉，眾生的無明就不自覺地生起現行，連很多學佛多年的人也未能倖免，甚至將細微的煩惱都表現在語言、文字及態度上，原本發心奉行的慈悲、平等與包容也幾乎全都「破功」。例如在網路和群組上流傳著，用標籤式的語言影射不同的候選人，如果是一般人也就罷了，沒想到連一些學佛多年的人也是如此，我看了之後深感遺憾與難過。

我從來不反對任何人公開表達其個人的政治立場與意見，這本來就是現代公民社會的常態，但是我認為任何人在表達其政治立場與意見的時候，都沒有必要使用近於人身攻擊的影射性標籤式語言。《金剛經》云：「無我相、無人相、無眾生相。」這句經文中的道理，運用在現今的臺灣社會，就是不要製造人我對立，不要製造族群對立，不要給不同的眾生和族群貼上標籤，好像「非我族類，其心必異」似的。

雖說選舉是民主政治的常態過程，但是在臺灣已經走偏了而變成「民粹」，如今更成為社會大眾每隔一段時間就要經歷的生死輪迴，大家應該心平氣和地共同思考臺灣未來應如何面對世界局勢演變而發展的課題，而不該像現在這樣子繼續輪迴下去。

別有天地非人間

讀者也許會好奇，這一系列的文章為什麼會用〈別有天地非人間〉做為標題？這個標題語出李白的詩作〈山中問答〉：「問余何意棲碧山，笑而不答心自閑；桃花流水窅然去，別有天地非人間。」

臺灣處在一個特殊的歷史時空背景，一直到現在，這個歷史時空背景的特殊性，不但沒有消失，而且在持續演變中。做為在臺灣土生土長的外省第二代，在成長的過程中，我一直在思惟及探索如何安身立命的課題，如今年過一甲子有餘，回首看人生，借用李白的詩作來表達自己的心歷路程與讀者們分享。

我對放生問題的一點淺見

二〇一六年元月間，我收到一位讀者寄來的電子郵件，他談到有關佛教徒「放生」這件事，特別提出下列三個問題，希望我能針對這些問題談談我的看法，問題如下：

一、關於放生有什麼講究，如何科學地放生，在放生的時候須注意什麼問題？

二、對於錯誤的放生，最終導致「放生」變「殺生」，針對這類事情您有什麼看法？

三、當代很多人並沒有理解放生的真正含意，只是把放生當成一種做戲、作秀的行為，對於這種社會現象，您有什麼看法？或者有什麼想要告誡這些人的忠言？

從以上的問題可以看出這位讀者對於佛教徒「放生」這件事，相當關心但也頗為憂慮，所以希望我能針對「佛教徒放生」的認知與行為，提出一些看法與建言。其實有關臺灣一些佛教團體因為不當的放生行為而衍生的問題，甚至於引起環保團體的抗議，社會上已經有不少討論了，在報章雜誌或網路上都可以找到很多相關的資料，所以我就不針對這三個問題個別回答，而是做一個綜合性的回應。

首先，我們必須了解，要討論或理解「放生」的原初意義，必須從它的文化背景、社會脈絡與時空條件切入，才能正確地掌握其內涵。在古代中國，佛教徒（不論出家僧團或在家居士）的「放生」行為，不單是基於宗教信仰，還有其社會背景與脈絡。佛教主張慈悲「不殺生」，古代佛教徒的放生行為，主要是針對在菜市場或市集上販售的水、陸、空動物，善心人士把牠們買下來放生，讓牠們回歸山林、水域、河流等大自然棲地，不致淪為人類滿足口腹之欲的祭品。

這一種放生的行為模式，在古代的傳統社會與自然環境裡，不至於造成什麼生態或環保方面的問題，因為在古代並沒有大量養殖動物的產業模式，也沒有大規模及遠距離運送動物的交通工具與貿易行為。

古代農村的家禽、家畜幾乎都是居家圈養或在地放養的，山珍野味則是多半在當地打獵捕捉來的，水產也都是從當地的水域、河流漁撈捕獲而來的，從產地到市場或市集販售，距離不會很遠，即使佛教徒買下來再送到野地放生，也不至於造成牠們的生存危機，或是會影響（乃至於破壞）自然生態的問題。

但是到了現代社會，從二十世紀以來，食物生產的模式與消費的型態和古代完全不一樣了，除了極少數的農村家庭還自己養雞、養鴨、養豬外，我們幾乎已經很難得看到放養的家禽、家畜了。一般大眾不論是居家自行料理三餐，或者因工作、求學而外食，乃至旅遊、出差等等，所食用的雞、鴨、豬、牛等肉類食品，其來源幾乎都是人工飼養、大量繁殖、集中管理、集中屠宰、後製加工等等。至於海鮮、魚類等水產，也是用魚塭大量養殖，或是用漁船遠洋大量捕獲，這在人類歷史上是過去千百年來從未有的現象。

在現代這樣的社會環境與時空條件之下，如果將市場上那些活著的水、陸、空動物買來放生，至少會有二個大問題。一者，牠們大多已經喪生了在野外獨立求生的能力；二者，牠們大多也已經沒有自然生存的空間。至於有能力生存者，則很可能因為環境的轉換無法回歸原棲息地，而造成「外來物種入侵」這一類嚴重的生態問題，所以古代原本放生的意義到了現代社會已經不存在或是完全變質了。

此外，也因為現代交通運輸的方便，能夠大規模以及遠距離運送，乃至於跨國，甚至於洲際進出口，而產生了非屬一般家禽、家畜的水陸空動物的國際貿易，這也是過去從未有的現象。這一類經由國際貿易進出口的動物，不完全是做為料理食材，也有的是做為休閒娛樂用的特殊寵物（如變色龍等），或者是收藏、觀賞用的稀有物種（如食人魚等），如果冒然將這一類的動物放生，就會產生外來物種入侵的嚴重生態危機，已經有很多國家（包括臺灣）有過慘痛的經驗。

另外，還有一種情況，不是「放生」而是「棄置」，一九七〇年代末期，臺灣養殖業曾經從國外引進原產於南美洲亞馬遜河流域的福壽螺養殖，本來想做為食材而推廣，後來因為發現螺肉內有寄生蟲，而且味道不鮮美，不但放棄養殖，還被大量棄置「放生」於水道。由於福壽螺繁殖速率極快，並且喜歡啃食植物的嫩莖與幼葉，嚴重影響農作物的收成，結果造成大約新臺幣五十一億元的損失，其他亞洲國家像日本、中國大陸等地也都曾發生福壽螺過度繁殖的破壞生態事件。

菩薩道有「六度」，就是「布施、持戒、忍辱、精進、禪定、般若（即智慧）」，但是佛經有云：「五度如盲，般若為導。」也就是說：「六度」中的前五項，有如盲人一般，須有般若（亦即智慧）來做為導航，才不至於盲目前進、方向偏差。「放生」是屬於「布施」的領域，「布施」雖然是行好事，但也很有可能會因為布施者本身的無明而導致盲目、偏差的布施行為，所以必須要有般若（智慧）來引導，才能正當、正確地行布施，所以想要奉行放生的佛教徒須研究如何正當、正確地放生，才不至於會「亂放生」或「錯誤地放生」。

我不反對放生，但是我認為「放生」根本就不能解決，或者對治現代社會屠宰動物的「殺生」問題，其實問題的真正核心與關鍵，是在於現代人的飲食習慣與型態——或者更精確一點地講——是在於現代人的「肉食」習慣與型態已經和古代人大不一樣了。問題的嚴重性遠超過我們的想像，大家只要去看看麥當勞、肯德基等速食餐飲店就可以了解，現代社會大眾已經習慣了這樣的肉食消費模式與型態，而要維繫這種已經全球化大規模的速食餐飲產業，其食材來源就必然是「雞、鴨、豬、牛等」的人工飼養、大量繁殖、集中管理、集體屠宰，然後加工處理，這就是整個肉食產業不可或缺的一環。

以美國為例，很荒謬的是，其所生產的玉米，只有一小部分是供應給人類食用，而絕大部分是給養殖的雞和牛作飼料，因為現代社會大眾要消費大量的雞排、雞腿、牛排、漢堡等等。且不論將雞和牛集中大量屠宰所產生的「殺業」問題，在人工飼養雞和牛的過程中，其所產生的空氣、水源及生態的嚴重環境汙染問題，統統都被掩蓋了，將來必然會「禍延後代，債留子孫」。

這些動物都是經由人工飼養、大量繁殖、集中管理，為了要降低養殖的成本，牠們的單位生存空間極為狹小、擁擠，從出生到被屠宰都是處於一種極不人道、極不自然與極不健康的環境。因為無法活動，所以身體的抵抗力與免疫力極差，必須注射超量的抗生素以維持並加速其生長。那些注射入動物體內的抗生素，當然也無法排出體外，最後都進了消費者的肚腸裡面，長此以往，那些經常到速食商店消費的饕客，其健康狀況怎麼會不亮起紅燈？

另外還有一個情況，是佛教放生團體可能原先料想不到，而且也根本無法預防的，就是他們的慈悲與善心善行，卻被存心不良的黑心人士所利用：就是因為你要購買大量的動物去放生，那麼我就想盡辦法來供應那些動物，好讓你買了去放生。所以你這一邊要慈悲「放生」，卻促使他那一邊去惡意「捕捉」，以滿足你這一邊的善心「需求」，這是極為荒謬的事，充分顯現出眾生的「無明」，可悲、可嘆！

行文至此，我要穿插一段印度之旅的經驗，與臺灣佛教徒的「盲目放生」有關。二〇一八年元月間，我應邀到印度王舍城出席會議，在會議之前先到菩提伽耶的佛光山印度佛學院講課，同時也走訪幾處佛陀時代的聖蹟，包括龍洞、牧羊女村、苦行林等處。因為是佛教的聖地，所以會有不少佛教徒或觀光客去朝聖或參訪，當然也就吸引了很多乞丐聚集。

我第一次去印度，是在一九八八年，由師父星雲大師帶領到菩提伽耶舉辦國際三壇大戒戒會，將已經中斷一千年的比丘尼戒法傳回印度。戒會結束後有朝聖之旅，我們參訪了竹林精舍、靈鷲山、那爛陀寺等聖蹟，從菩提伽耶到各地聖蹟，都會遇到群聚的乞丐和兜售紀念品的小販，印象深刻。

二〇一八年第二次去印度，到各個聖地參訪，乞丐、小販依舊，但是多了一個現象是二十年前沒見過的，就是會有小販用鐵籠子裝著小鳥或小動物來兜售，要你買了去「放生」。陪同參訪的法師跟我說，這種情況以前是沒有的，但自從臺灣的某位知名法師屢次帶團到印度舉辦「放生」之後，讓印度的小販看到了「商機」，因此就多了這一門「生意」，而且「顧客」主要鎖定臺灣人，無論僧俗，聞之令人不勝感慨。

面對這樣的大環境，我認為我們最應該努力呼籲和推動的，其實不是「放生」，而是「不吃肉」，最起碼多吃健康蔬食，「少吃一點肉」。要社會大眾都不吃肉，在現實大環境裡當然很困難，每到逢年過節期間，社會上家家戶戶團聚慶祝，實在難免大魚大肉的，但是大家如果能夠「少吃一點肉」，屠殺動物的量就會少一點。

從「少吃一點肉」到「儘量不吃肉」，最後能夠「都不要吃肉」，那就沒有「放生」或「不放生」的問題了，所以從「少吃肉」到「儘量不吃肉」，這才是我們應該努力推動的方向。

生死輪迴觀的現代探索與解讀

前言

談到「生死輪迴」這個語詞及概念，對全球的華人世界而言，已經成了根深柢固的文化基底，任何人不管他相信還是不相信，也不管他相信的程度多深多淺，「生死輪迴」的概念已經成為華人文化基因的一部分。雖然如此，但是很弔詭的，絕大多數人對於「生死輪迴」的真正內容與意涵，其實理解並不充分完整，甚至於認為是一種宗教迷信，還存在很多誤解或穿鑿附會的說法。

我曾經在《生命是一種連續函數》這本書中有一些討論，但覺得還不夠深入，所以想再做一些現代的探索與解讀，提供給各位讀者參考。

肉體生命的有限VS.心性生命的永續

在分析討論「生死輪迴觀」之前，我先引述一段《唯識三十頌》的經文如下：

由假說我法，有種種相轉，彼依識所變；此能變唯三：謂異熟思量，及了別境識。初阿賴耶識，異熟一切種，不可知執受，處了常與觸，作意受想思，相應唯捨受，是無覆無記，觸等亦如是，恆轉如瀑流，阿羅漢位捨。

《唯識三十頌》是由印度佛教瑜伽行（Yogcra）派祖師世親菩薩於公元四世紀所造，後由玄奘大師西行取經帶回大唐，然後翻譯通行於世，成為漢傳佛教唯識學的根本論典之一。我引述上面這段經文的用意，旨在說明「肉體生命的有限VS.心性生命的永續」，有情眾生的肉體生命是有其相應的使用年限，但是內在心性的生命是永續不斷的。

如果要用現代的學術概念來理解「佛教唯識學」的話，比較接近的學術領域是「心理學」，但是兩者之間還不能直接畫上等號，一者，佛教的唯識學有一千六百餘年的歷史，而西方的科學心理學從德國心理學家威廉•馮特（Wilhelm Wundt，一八三二——一九二〇）

於一八七九年創建世界第一個心理學實驗室算起，還不到一百五十年；二者，心理學只談到「意識（consciousness）」，相當於唯識學的「第六意識」，而佛教唯識學分析到第七意識（末那識）與第八意識（阿賴耶識），所以佛教唯識學比西方心理學更為深廣。

上面引述的這段經文，其詳細內容所涉及的佛學義理層面頗廣，在此不做討論，（讀者若有興趣想進一步理解，可上網或到圖書館搜尋相關參考資料），但是我要點出其中的很關鍵的三句經文——「初阿賴耶識……恆轉如瀑流，阿羅漢位捨」，以解說「心性生命的永續」。

根據佛教唯識學的分析，有情眾生的心識結構有八：眼識、耳識、鼻識、舌識、身識、意識、末那識、阿賴耶識。第八阿賴耶識，又名「藏識」，保存著有情個體的「身、口、意」三業的所有紀錄，用白話講，就是我們每個人的行為、語言及思想的活動，都會紀錄保存在個人的「阿賴耶識」當中，就如俗話所說的「凡走過必留下痕跡」。用現代資訊科技的概念來理解，「阿賴耶識」相當於個人的大數據資料庫，不僅如此，「阿賴耶識」還像瀑布一樣地永恆流轉，即使在肉體死亡的時候也不會停止，要一直到有情個體證得阿羅漢果位的時候，才能夠因為「轉識成智」而停止「心識之流」。

就凡夫眾生而言，不僅是第八阿賴耶識，包括第七末那識，其實都屬於「虛妄分別」

的「妄念」，也都一樣「恆轉如瀑流」，即使在肉體死亡的時候，也依然像瀑布一般地波濤洶湧。因此，從這個角度來看，我們內在的「心性生命」是「永恆不滅」的。換言之，絕大多數人所誤以為會「一了百了」的「死亡」，根本就不存在。只是因為我們的前六識「眼、耳、鼻、舌、身、意」會隨著這一期生命肉體的衰老死亡而停止，然後到了下一期生命，又再重新另起爐灶而無法與前一期生命接續，讓我們誤以為「肉體的死亡就是生命的結束」。

凡夫層次的有情眾生，其「心識之流」永恆不斷，然而其色身肉體又有相應的使用年限，於是就構成了一期接著一期，生生世世、生死交替的生命流轉歷程，梵語稱之為「samsara」，漢語作「生死流轉」或「生死輪迴」。

「生死輪迴」並不是佛教憑空所「創造」、「發明」或「想像」出來的「教義」，而是佛陀「深觀」、「覺悟」與「發現」的宇宙人生「客觀現象」，就像是「萬有引力」並不是牛頓「創造」或「發明」的抽象「定理」，而是他經過觀察、驗證所發現的客觀物理事實。

生死輪迴觀原本是通於古今中外的文化基底

「生死輪迴觀」或「三世生命觀」，是以「生死流轉」的歷程來解說有情生命的流轉現象與生死的奧秘，這種思想觀點的起源不但很早而且很普遍，可以上溯至東、西方的古代文明。長久以來，一般大眾都以為生死輪迴的觀點，只是專屬於印度宗教文化系統的印度教、佛教、耆那教與錫克教的教義內容，事實並非如此。

雖然同屬亞伯拉罕宗教系統的猶太教、基督宗教與伊斯蘭教當中的大多數教派不相信個人的輪迴轉世，但是其中仍然有不少特定主流教派團體確實在其經典和教義當中相信或主張輪迴轉世（reincarnation）的觀點，這些教派團體有歷史上的遺跡以及當代的追隨者，包括有猶太教的「卡巴拉派」（Kabbalah）、基督教的「卡特里派」（Catharism）——又稱「純潔派」（Cathars）、伊斯蘭教的「安拉維派」（Alawites）——屬於什葉派分支、「德魯茲派」（Druze）——源自於伊斯蘭教什葉派的獨立教派，以及偏基督教的神秘團體——「玫瑰十字會」（Rosicrucians）。

上述這些教派團體與輪迴轉世的相關思想或信仰之間，存在著很深厚的歷史淵源與關聯，而這些歷史關係又反映了不少古代西方哲學的思想特徵以及其對西方宗教的深遠影響，包括「新柏拉圖主義」（Neo-Platonism）、源於古希臘思想的「奧菲斯教」（Orphism）、源於希臘神話的「赫耳墨斯主義」（Hermeticism）、源於波斯的「摩尼教」（Manicheanism）、羅馬時代的「諾斯底主義」（Gnosticism）又稱「靈知派」或

「靈智派」。古代西方宗教與哲學裡面所蘊含的輪迴思想，以及其與印度宗教思想的關聯與歷史淵源，一直是近年來學術研究的主題。

古希臘文化中早已存在輪迴思想的例證

如上所述，生死輪迴觀原本是共通於古今中外各個文明的文化基底，而不只是東方思想所獨有，在古代西方哲學與宗教思想中，很早就有輪迴的概念與說法，然而為什麼輪迴的思想在西方文化中卻長時間銷聲匿跡？直到二十世紀以來才逐漸恢復，前後有將近一千五百餘年的空白，其實在這當中有重大的人為干預及操控的因素，以及歷史真相的蓄意掩蓋，我會在下文中為各位讀者解析。

在古希臘時代，有關輪迴概念的討論，可以上溯至公元前六世紀。已知最早開始思考輪迴轉世（rebirth）的古希臘思想家是來自錫羅斯島的費瑞瑟諦斯（Pherecydes of Syros, fl. 五四〇 BCE），但是可惜對於後世沒有太大的影響。與他同時代的年輕後輩哲學暨數學家畢達哥拉斯（Pythagoras，約五七〇—四九五 BCE）成為輪迴說的第一位著名提倡與擁護者，此外，畢氏還是古代西方第一位提倡素食的思想家。

有一說，畢達哥拉斯乃是費瑞瑟諦斯的學生，其所倡導的輪迴說是因為直接受到老師的啟發；另有一說，畢氏的輪迴說是源自於「奧菲斯教」（Orphism）的教義，這個發源於色雷斯（Thrac）（註1）這個地區的教派，對於輪迴說的傳播扮演了很重要的角色；或者有說是從印度傳入歐洲的教義。不管是哪一種說法較接近事實，總而言之，畢氏認為靈魂是不朽的，而且還可以轉變成別種生物；再者，凡是存在的生物，都會在某種輪迴圈裡再生，沒有什麼東西是絕對新生的；因此，世界上一切生來具有生命的東西都應該被視為是親屬。

畢達哥拉斯不只是空言理論，還付諸實踐，他創立了「畢達哥拉斯學派」以具體推廣他的輪迴理念與素食主張。他帶領其學派成員過著一種宗教形式的團體生活，禁欲齋戒，修心養性，並且相信有前世與來生，而今生的善惡都將成為來世的因緣，唯一能解脫此輪迴的方法，只有脫離塵世入山修道，與印度思想有高度類似之處。

畢達哥拉斯的輪迴說還直接影響了一位鼎鼎大名的後生晚輩——大哲柏拉圖（Plato，四二八／四二七—三四八／三四七 BCE），柏拉圖在他的多篇作品中都提到了輪迴的說法及論述，特別是〈爾的箴言〉（The Myth of Er）（註2）這篇作品。

古希臘文化中早已存在輪迴思想的經典證據

柏拉圖是蘇格拉底（Socrates，四七〇－三九九BCE）的學生，也是亞里士多德（Aristotle，三八四－三二二BCE）的老師，他們師徒祖孫三代被廣泛認為是西方哲學的奠基者，史稱「希臘三哲」。柏拉圖還創辦了著名的學院（Academy，又稱柏拉圖學院），他的著作大多以對話錄的紀錄形式呈現，其中《理想國》（*The Republic*，又譯為《共和國》）是柏拉圖在大約公元前三八〇年前後所寫成的作品，共分十卷，其篇幅之長僅次於《法律篇》（*Laws*）。

柏拉圖在《理想國》一書中以老師蘇格拉底扮演對話的主角，與不同的雅典人與外邦

註1：位於古代歐洲東南部，以現今保加利亞、希臘、土耳其三國的邊界為其中心。

註2：〈爾的箴言〉（The Myth of Er）出現在柏拉圖的名著《理想國》（*The Republic*）一書最後一卷（第十卷）的結論。「Er」是人名，雖然英文「The Myth of Er」字面的意思是〈爾的神話〉，但是此處「Myth」一字的希臘文原意為「話語」（word）、「言詞」（speech）、「述說」（account），而不是現代語意的「神話」。在這篇作品的結尾，蘇格拉底用了這個字「myth」來解釋，因為爾「Er」沒有喝下「忘川（Lethe）」的水，所以才能將生死歷程奧秘的「述說」（古希臘文中的「mythos」）保留下來給我們。因此，我特別將「The Myth of Er」翻譯為〈爾的箴言〉。

人進行對話，主要是在探討政治科學，對後世的學者有鉅大的影響，成為政治學領域的基本經典。對話的內容關心究竟什麼是「世事的道理」？探討的領域包括了經濟學、政治社會學、政治哲學、倫理學、正義及知識。上述這些領域都是從研究正義之性質的角度而做思考，換言之，對話的中心問題就是：「什麼是正義？」從這個基準點出發，柏拉圖希望能（通過蘇格拉底）建造一座理想的城邦，這個城邦的司法理論是完美的。

極有趣的是，柏拉圖居然以〈爾的箴言〉（The Myth of Er）這個傳奇故事做為《理想國》一書的結尾和結論，這個故事描述了宇宙和來世，極大地影響了西方宗教、哲學和科學思想的許多世紀。

故事的開始，是一位名為「爾（Er）」者（「潘菲利亞」這個地方的Armenios的兒子）戰死沙場。在他死後十天，當有人來清理戰場及收屍時，爾的屍體仍然未腐化。兩天後，爾居然從準備火化屍體的柴堆上復活了，並且告訴世人他的死後生命之旅，包括輪迴轉世以及星界天體的敘述。這個故事所蘊含的理念是，在人死亡之後，有道德者將受到獎勵，而不道德者將得到懲罰。

在對話中，蘇格拉底介紹爾的故事之目的，是為了向他的提問者——格勞孔（Glaucon，柏拉圖的姪子）解釋，靈魂一定是不朽的，不可能被摧毀。蘇格拉底為格勞孔講述〈爾的箴言〉這個故事，是為了解釋，我們所做出的選擇，以及我們所開展的人格特質，將會影響死後的後果。

在《理想國》卷二中，蘇格拉底指出，即使是神明也可能被聰明的騙子給唬弄，這些騙子表現得很正直，但其實他們的靈氣（psyche）是歪曲不正的。以至於眾神會歡迎表面虔誠而內心虛假的「人民的人」，卻拒絕而且還懲罰真正剛直卻被誣告的人。

因此，在〈爾的箴言〉中，眾神將那些虛假的虔誠者，以及那些在道德上都違反常規的人，都送去選擇下一世的生命。可是當他們後來選擇了當暴君的人生時，這些人的真實性格才暴露出來。那些人在選擇他們的來世生命時，所欠缺的正是唯有哲學家才能夠給他們的：智慧、正義、勇敢和節制——絕不是這些美德的外表幌子，而是這些人格特質的真正內涵。

無論生命如何對待一個人，或是一個人用各種方式變得多麼成功、有名或有權，或者如〈爾的箴言〉中所說，無論一個人經歷了多少暫時的天堂果報或地獄懲罰，這些美德將始終會成為一個人的優勢。真正賢德的人是具有偉大心靈的人，這個人擁有「eudaimonia」——也就是「完全的真性流露」。在〈爾的箴言〉裡，我們得到的啟發是，哲學理念可以開啟智慧，以破除一般大眾對於獎勵和懲罰的迷思與惡性循環。

在柏拉圖的另一篇著作《斐多篇》（*Phaedo*）中，柏拉圖讓他的老師蘇格拉底——在死亡之前——說道：「我堅定地相信，確實有『來生』這樣的事情，而且那樣的生命是從死亡裡綻放出來」。然而，同為蘇格拉底的學生，色諾芬（Xenophon，四三〇—三五四BCE）沒有提到蘇格拉底相信輪迴，一般認為柏拉圖可能已經直接採取了畢達哥拉斯或「奧菲斯教」（Orphism）的概念，而系統化了蘇格拉底的思想。

畢達哥拉斯的哲學思想與輪迴轉世之間的關聯，在古代西方的經典中是普遍被接受的，我們可以在柏拉圖的其他對話錄中，看到這樣的影響，例如在《費德魯斯的戰車寓言》（*the Chariot allegory of the Phaedrus*），以及在《美諾篇》（*Meno*），《蒂邁歐篇》（*Timaeus*）和《法律篇》（*Laws*）中，都有不少相關的神話和理論。靈魂，一旦脫離了身體，將花費一段不確定的時間在「理型國度」（Form Land，參見《理想國》的「地穴寓言Allegory of the Cave）裡，然後再攝取另一個身體進入來生。

德國哲學家卡爾・雅士培（Karl Jaspers，一八八三—一九六九）於一九四九年出版了《歷史的起源與目標》（*The Origin and Goal of History*）一書，他在書中提出了「軸心時代（Axial Age）」的哲學發展理論，認為當時世界上主要宗教背後的哲學都在公元前一千年當中的六百年間發展起來，大約從公元前八世紀到前二世紀之間。在那段期間，不論是西方、印度及中國，都有革命性的思潮湧現，而且促成古代文化的蓬勃發展。在那個「軸心時代」，西方文化的代表人物是「希臘三哲」：蘇格拉底、柏拉圖與亞里士多德；印度文明則對應的是釋迦牟尼佛；而中國的聖哲是孔子、孟子、老子、莊子等人。

從這樣的跨地域、跨文化的宏觀視野來看，古希臘文化與古中國文化都是非常著重人文關懷精神，並不以神道設教。雖然古希臘文化中有奧林匹克神話系統，但考察其內涵，並不是像後來才興起的基督宗教信仰系統；就像古代中國文化中也有神話系統，但也並未成為教會式的宗教信仰機制。

因此，我們從古希臘的經典文獻中所讀到的柏拉圖有關輪迴轉世的解說與論述，並非機構化的宗教信仰教條，而是一種哲學思考與生命靈性探索的延伸。其實，這些都是非常寶貴的人類精神文明遺產，也很遺憾的，卻都被後代漠視、遺忘，甚至被丟置、拋棄而掩埋於歷史的角落。我深深覺得可惜與不忍，心中一直為古哲與古文化叫屈，所以盡力將這些文化遺產重新挖掘出來，與各位讀者分享。

早期基督教會刪除了《聖經》中有關輪迴的文獻記載

在簡要說明古希臘文化中早已存在輪迴轉世的思想之後，接著我們要談談早期的基督教與有關輪迴轉世說法之間交涉的情況。行文至此，先花一點篇幅做「名詞解釋」：

現代英文「Christianity」一字有廣、狹二義，廣義的「Christianity」翻譯成中文作「基督宗教」，其內涵包括（一）羅馬天主教（Roman Catholicism，西歐、南美洲拉丁語系國家為主）、（二）希臘東正教（Greek Orthodoxy，東歐、俄羅斯、希臘語系、斯拉夫語系國家為主）、（三）基督新教（Protestantism，北美洲為主）；狹義的「Christianity」翻譯成中文作「基督教」，意指「基督新教」；但是實際所指為何，則要看語詞出現時的上下文脈絡才能確定。本文在此主要是討論早期的基督教，所以文中的「基督教」意即「羅馬天主教」。

早期的基督教並未排斥輪迴轉世的說法，在早期的《舊約》聖經與《新約》福音書之中皆有輪迴的文獻記載，然而十分遺憾的是，《新約》福音書之中有關輪迴的文獻，卻被羅馬帝國第一位將基督教合法化的君士坦丁大帝（Constantine the Great，二七二—三三七）與其母后海倫（Helen）合謀，於公元三二五年所下令刪除，但未完全禁絕。

之後，在羅馬帝國護持下已經發展了二百多年的天主教會，深恐輪迴轉世的思想與信仰，會帶給一般大眾太多的生命與時間以追求自我的救贖，如此將嚴重影響、威脅乃至破壞基督教的信仰，從而削弱正在壯大中的天主教會力量，是故於公元五五三年召開的「第二次基督教君士坦丁堡大公會議」（Second Council of Constantinople）上，將輪迴轉世的思想與說法判為異端邪說而徹底禁絕。

在此，我提出一個觀察的角度，供各位讀者仔細思考，究竟是什麼樣的重大議題，必須提到「第二次君士坦丁堡大公會議」上來討論，是大事？還是小事？

如果在古代歐洲根本就沒有幾個人相信輪迴轉世，有必要提到「大公會議」上來正式討論嗎？如此勞師動眾、大張旗鼓地將「輪迴轉世」做為重大議題，端到「大公會議」的檯面上來正式討論，可見天主教會認為問題十分嚴重，顯示當時的西方社會，相信輪迴轉世的人，絕非只有少數幾個人而已，而是相當龐大的多數，才讓天主教會感到如芒刺在背，深以為患，必欲去之而後快。果不其然，在天主教會的極力封殺、禁絕之下，在後來西方文化發展過程中，輪迴轉世之說銷聲匿跡了將近一千五百年，幾乎成為絕響。

到了現代，雖然天主教會與主流的基督教教派拒絕輪迴轉世的概念，但是仍然有相當多數的基督徒坦承有輪迴的信念。二〇〇九年，由美國芝加哥大學皮尤論壇（Pew Forum）所做的一項調查，美國基督徒有百分之二十四表示相信輪迴轉世。於一九八一年在歐洲所做的一項調查，固定上教堂的天主教徒之中，有百分之三十一表示相信輪迴轉世。

早期教會的神父也接受轉世的信念而且有相關著作傳世

自從公元五五三年「第二次基督教君士坦丁堡大公會議」之後，輪迴轉世不但被判定為異端邪說，而且在羅馬天主教會持續不斷地強力查禁之下，其思想與學說從歐洲的歷史文化中被蓄意抹煞與掩蓋，以至於將近一千五百年來，表面上幾乎銷聲匿跡。

其實，歐洲的輪迴轉世之說源自古希臘哲學，在君士坦丁堡大公會議之前，已經在歐洲流傳了一千多年。連早期教會的神父也接受轉世的說法，不少聖徒更相信他們有前世與來生，例如早期的「諾斯底主義派教徒」（Gnostics，又稱「靈知派教徒」或「靈智派教徒」）——包括亞歷山大城的革利免（Clement of Alexandria，約一五〇—二一五）、俄利根（Origen，或譯作奧利金、奧利振，一八五—二五四）與聖傑羅姆（Saint Jerome，約三四〇—四二〇）等人。

以神學家暨哲學家俄利根（Origen）為例，他是早期基督教會中希臘教父的代表人物之一，更是亞歷山大學派（Alexandrian school）的重要代表人物之一。在神學上，他採用希臘哲學的概念，提出「永恆受生（eternally generated）」的概念，來解說聖父與聖子的關係，對基督教影響至今。他的著作對基督教神學的發展有很大的影響力，然而他的數項神學主張在第一次及第二次「君士坦丁堡大公會議」中都被判定為異端，而遭到教會的嚴厲譴責，因此包括天主教會與東正教會皆未將他列為聖人。

美國南加州大學名譽特聘哲學教授格迪斯•麥格雷戈（Geddes MacGregor）——同時也是聖公會（Episcopalian）的牧師，以實例來說明基督教教義和輪迴轉世的會通相容情況。

有證據顯示，俄利根的著作被錯誤地翻譯成拉丁文，原因有二，一是由於教會的宗教偏見，二是他在生前教導輪迴轉世之說，但是不被認同，而且遭致批判。在聖傑羅姆（Saint Jerome）所寫的一封書信〈致阿維圖斯〉（Avitus）裡面，聲稱俄利根的著作《論第一原理》（*On First Principles*），從希臘文誤譯成拉丁文。他在信中如此說道：

> 大約十年前，聖人潘馬丘斯（Pammachius）（註1）送給我一份俄利根的著作《論第一原理》的翻譯本，或者說是誤譯本。他同時要求在拉丁文版本裡，我應該提供

註1：潘馬丘斯（Pammachius），是被羅馬天主教會和東正教尊崇為聖徒的羅馬參議員，卒於公元四〇九年左右。

希臘文原版的真正意涵，應該確認原作者的語詞——不論好壞——而沒有任何一方偏差。當我如他所願，送了原版書給他，他閱讀了之後很震驚，並把它鎖在自己的書桌裡面，以免讓它流傳而可能會傷害到很多人的靈魂。

在受到「俄利根就像是阿利烏（Arius，二五〇—三三六）一樣的異端分子」這樣的印象下，聖傑羅姆批評了在《論第一原理》中所敘述的一些想法。此外，在〈致阿維圖斯〉的這封書信中，聖傑羅姆寫下「令人信服的證據」，證明俄利根在該書的希臘文原初版本中有教導輪迴轉世的內容：

下面這一段話即是一項有說服力的證據，說明他（俄利根）主張靈魂的輪迴轉世和肉體的毀滅。「如果可以證明，一個無形的、合理的存在，有獨立於肉體之外的生命本身，而且它在肉體裡面比在肉體外面更糟；那麼毫無疑問的，肉體只是次要的，而且不時地生起，以滿足理性的人類的不同條件。這些需要肉體的人就披著肉體為服飾，反之，當墮落的靈魂已經提升自己上達到更好的事物，他們的肉體再一次毀壞。他們就如此這般地不斷消失和再出現。」

俄利根地《論第一原理》的希臘文原本已經幾乎完全佚失了，它現存的殘卷「De Principiis」是由聖傑羅姆忠實地翻譯成拉丁文版本的碎片，以及茹非訥斯（Rufinus）（註2）的不是很可靠的拉丁文譯本。

西方宗教一神信仰發展與演變的一些脈絡

千百年來，輪迴轉世的思想在西方遭到極不公平的對待與非常坎坷的際遇，行文至此，我先稍微岔開一下話題，概略談一下西方宗教一神信仰發展與演變的一些脈絡，有助於我們深入了解東、西方宗教宇宙人生觀的古今面貌與異同之處。

宋明理學陸王心學的代表人物——南宋的心學大家陸象山，有一段名言：「東海有聖

註2：茹非訥斯的全名為Tyrannius Rufinus，也被稱為Rufinus Aquileiensis，三四〇／三四五—四一〇年，是修道士、歷史學家暨神學家。他最著名的身分角色是一名翻譯家，將希臘教父的文獻資料翻譯成拉丁文——尤其是俄利根的著作。

人出焉，此心同也，此理同也。西海有聖人出焉，此心同也，此理同也。千百世之上至千百世之下，有聖人出焉，此心此理，亦莫不同也。」這段話的核心概念就是，有一些「普世」的道理，是不分東方還是西方的，包括對於「生命」與「死亡」的認知與見解。

我想借用陸象山的這一段話，來說明「生命不死，靈性不滅」是共通於東、西方古聖先賢的哲思與見解，也是關於生命本質的終極道理與共識。從東、西方思想史的發展脈絡上來考察，「三世生命、輪迴轉世」本來就是共通於東、西方的哲學思惟與宗教信念，前文所述的內容，主要也是在說明這一點。

但是很不幸的，西方宗教信仰的發展，其實是遭受到人為的政治因素強力操作及干預，才形成後來以及當今的面貌。考古代西方宗教信仰的最初源流，不論是希臘人、羅馬人、埃及人、猶太人還是阿拉伯人，原本全部都是多神信仰。

一神信仰最早是從摩西開始，然而摩西本人其實原本也是多神崇拜的，他不但崇拜月神，還崇拜蛇神。後來為了帶領烏合之眾的猶太人逃亡離開埃及，必須有統一的旗幟與號令，才奉耶和華為唯一的真神，形成後來的猶太教，開創了西方一神教信仰的先河。在此之後，源自於猶太教的基督教與伊斯蘭教，就循著一神信仰的脈絡發展。（註1）

表面上看起來，一神信仰似乎比較進步，而且徹底打倒了多神信仰，其實不然，一神信仰與多神信仰二者之間，究竟孰優孰劣，無論從宗教哲學、宗教心理學、宗教社會學或者宗教人類學的立場與觀點來看，都沒有放諸四海皆準的定論。一神信仰容易衍生強烈的排他性與衝突對立，其實不如多神信仰的兼容並蓄。即使同樣是屬於一神信仰的系統，其排他性的強弱亦有不同，愈是堅持一神信仰，其排他性也就愈強烈，譬如依斯蘭教就批評基督宗教的「聖父、聖子、聖靈三位一體」的神學主張已經不是純粹的一神信仰了，而是有多神信仰的傾向與嫌疑。

佛教否認有「上帝」那樣的宇宙創造主，但不否認有龍天護法、八部鬼神等「神祇」的存在，他們有種種不同的福報與能力，但也都是三界六道的眾生一類。至於三世諸佛，既不是創造主，也不是各路神明，而是覺者——徹底覺悟的眾生。因此，佛教既非「一神論」（monotheism），也非「多神論」（polytheism），當然也不是「無神論」（atheism），可以說是「非神論」（non-theism）。

從佛教的觀點來看，《金剛經》云：「一切賢聖，皆以無為法而有差別。」這個「差別」就是一切賢聖之間在「見地」上與「悟境」上的差別，所以「不可能」也「無須」統

註1：讀者若有興趣進一步了解，可以參閱聖嚴法師的著作《基督教之研究》。

一。再者，不要說「無為法」是不可能用世間的「有為法」來統一的，就是世間的「有為法」也不可能用彼此各自所堅持的「唯一的有為法」來統一。因此，西方三大宗教彼此之間（猶太教與基督宗教、猶太教與伊斯蘭教、基督宗教與伊斯蘭教）以及其自身內部（例如伊斯蘭教的什葉派與遜尼派）皆是紛爭不斷，造成全世界的恐慌與不安。遠不如東、西方古聖先賢所主張與奉行的彼此尊重與包容，道並行而不悖。

我再回頭談早期基督教信仰發展的歷史脈絡，羅馬帝國的君士坦丁大帝，原本是信奉多神教的異教徒（Pagan），在一次御駕親征，大戰之前夕，見到空中現出了許多天使簇擁著十字架，他認為是聖靈顯現，結果他打了大勝仗，認為蒙上帝的恩典之助，就接受了基督教的信仰，而正式頒布敕令將基督教合法化。

不過他到了晚年才真正受洗成為正式的基督徒。君士坦丁大帝以其帝王之尊，欽定了福音書可以流傳的內容——也就是現行的《新約全書》（亦即《四福音書》）（註2），而刪除查禁了他認為異端而有害的福音書，徹底改變了基督教信仰以及後續發展的面貌。

以下我引述一段英國國家廣播公司BBC（British Broadcasting Corporation）的網頁內容，BBC曾經拍攝了一部紀錄片，於二〇〇八年三月發布，片名為《The Lost Gospels》（《佚失的福音書》）。

《佚失的福音書》這部紀錄片，由聖公會牧師皮特・歐文・瓊斯（Pete Owen Jones）擔任主持人與敘述者，影片的內容為探索發掘大量古老的基督教經文，但是卻不曾出現在現行的《新約全書》中。

令人震驚及充滿挑戰性的是，這些考古發掘的著作記述了耶穌被釘上十字架之後並未死亡，還報復了他的敵人，親吻了瑪利亞等等——與傳統的《新約全書》中所描述的耶穌，有著相當不同的面貌。

皮特穿越了古埃及和前羅馬帝國，在尋找因考古發現而正在浮出的新證據，顯示一個非常不同於我們所知的基督教世界；並且發現了在《馬可》、《馬太》、《路加》和《約翰》四部《福音書》之外，還有其他的《福音書》，包括《使徒行傳》、《書信》和《啟示錄》等，總計有七十多部，所有這些都在早期的教會間流傳。

註2：《四福音書》係指馬太（瑪竇）、馬可（馬爾谷）、路加、約翰（若望）等四部福音書，分別由四位執筆者——馬太、馬可、路加、約翰——各以自己的方式去敘述耶穌基督的生平。每個人都有自己的獨特主題和目標，反映出自己的性格，並且考慮到所針對的讀者。括弧內的名稱是羅馬天主教會的譯名。

通過這些佚失了的福音書，皮特試圖重建最初那幾個世紀的基督教，在那段時期當中，基督教內部為了爭奪正統地位而進行激烈的智力和政治鬥爭。許多不同的基督教派都涉入其中，每個教派都深信，他們的福音才是真實的、神聖的。

佚失的福音書（The Lost Gospels）

長久以來，我們一直以為基督宗教《新約》的福音書只有四部——也就是《馬可福音（*Mark*）》、《馬太福音（*Matthew*）》、《路加福音（*Luke*）》和《約翰福音（*John*）》這四部《福音書》；然而後來經由考古挖掘的發現，原來不只有這四部福音書，其實還有很多其他的福音書，但是很不幸，幾乎全部都被查禁淹沒而佚失了，在這背後有另外一層鮮為人知的歷史玄機。

一八八六年冬季，在埃及北部一處基督教社區的墓園，法國考古學家挖掘到了將近一千三百年前的古墓，這是一座八世紀的古代神父墓葬，墓主擁抱在他胸前的——要帶到來世的陪葬品，是一本用莎草紙（papyrus）書寫的經書。後來考古學家詳細閱讀研究之下，發現居然是使徒彼得所傳的福音書（*Gospel of Peter*）。此一發現震驚了全世界，特別是研究聖經的學術界。接著又有其他的福音書陸陸續續經由考古發現而出土重現世間，包括《托馬斯（Thomas）福音》、《瑪麗（Mary）福音》，甚至還有《猶大（Judas）福音》。

為什麼這些福音書有將近一千七百年的時間都消失不見了？讓這些福音書重新問世的考古發現，揭開了歷史上一場西方宗教信仰與政治操控之間激烈的角力與鬥爭。這是一場攸關基督宗教精神與靈魂的戰爭，其中一方是希求能與上帝直接靈性連結的諸多虔誠教團，他們各自擁有自己所屬的福音書；另一方是正在發展而壯大的「正統」基督教會階層體系，僅認可接受四部福音書。

其實耶穌基督在世傳道時，並沒有福音書，後來的福音書都是在耶穌殉道後，才由他的門徒書寫傳世。學者認為最早的福音書是使徒馬可在公元七〇年所撰述的，但這不是唯一的福音書，到了公元二〇〇年時，福音書已經不只四部了，累積了有五十部之多，包括有《菲利普書》（*Gospel of Philip*）、《希伯來書》（*Gospel of Hebrews*）以及《彼得啟示錄》（*The Revelation of Peter*）。這些福音書有一些在其他古代的著作中被提到，但是一直到十九世紀之前，這些福音書都消失不見了，究其原因與宗教信仰的關聯性不高，主要是羅馬帝國政治干預的因素。

我們現在所知道與熟悉的《聖經》（*Bible*）是在耶穌殉難後三百年才出現的，最後決定其內容的是羅馬帝國的君士坦丁大帝，而其動機卻與宗教信仰無關。君士坦丁大帝想藉由正在發展茁壯的基督教來統一及鞏固他的帝國。當時的基督教是一個組織鬆散的宗教，由許多不同教會所組合，每個教會還各自有不同的宗教信念與經典，而君士坦丁大帝一心一意要改變那樣的狀態。在公元三二五年，君士坦丁大帝在尼西亞（Nicea）召開基督教大公會議，召集了當時幾乎所有具有影響力的教會領袖，討論將組織一個正規基督教會及其法制化的事宜，並且在會中決定了基督教的基本教義內容。

君士坦丁大帝的主要意圖是在於統一宗教與政治，藉由統一的教會組織與教義，提供帝國統一的意識形態基礎。他召開會議的目的，就是在宗教上及政治上統一信仰。經過幾個星期的辯論，來自各地的主教和神父們同意了一套基本原則，統一所有的基督教會，而且將教會置於皇帝的實質掌控之下。君士坦丁大帝接著就運用這樣的權威，重新界定上帝的屬性，成為帝國的守護神，並且篩選哪些福音書的教義符合身為「國教」的標準。雖然尼西亞大公會議並未正式決定《聖經》的內容，但是君士坦丁大帝很明白地表示哪些福音書是可接受的。他訂製了五十套《聖經》，內容只包含了四部《福音書》（馬太、馬可、路加、約翰），那麼其他的福音書呢？很不幸的，都被排除在外。

到了公元三八二年，羅馬皇帝狄奧多西一世（Theodocius I，三四七—三九五）也召開了一次基督教大公會議，明文查禁《四福音》之外的所有其他福音書，統統列為異端邪說，不但禁止基督徒研讀，而且其持有者還會遭到逮捕甚至於殺害。在這樣的高壓政策下，許多個別的教會紛紛解體，其所傳播的福音書不甘於被查禁而轉為地下流通，許多神父就乾脆將自己所信仰的福音書帶入墳墓。那些被查禁的諸多福音書，其實有許多與東方宗教靈性思想相通的內容，甚至包含輪迴的思想，可惜都被歷史淹沒了，直到十九世紀末，才有一部分因考古發現而得以重見天日。

在羅馬皇帝狄奧多西之後，到了公元五五三年，查士丁尼一世（Justinianus I，四八三—五六五）又召開了基督教「第二次君士坦丁堡大公會議」，在會議上正式將輪迴轉世的思想與說法，判為「異端邪說」而徹底查禁，導致在歐洲大陸幾近絕跡，爾後將近有一千五百年之久，西方基督教世界幾乎完全不相信輪迴，後起的伊斯蘭教世界也幾乎完全不相信輪迴。

催眠治療與前世療法（Past-Life Therapy）的興起

然而，自一九六九年開始，歐美各國在心理諮商與精神治療的領域正式接納超心理學（parapsychology）的探索研究與應用。之後由於催眠術的應用，而有了跨越前世今生的臨床報告，例如：一九八八年美國的Brian Weiss醫師所著的《前世今生》（*Many Lives, Many Masters*），不但受到一般社會大眾的歡迎，也廣受心理諮商師與精神治療師的推介。在臺灣也有陳勝英醫師所著的《生命不死》、《跨越前世今生》等書的出版，內容是以臺灣本土的催眠臨床輔導個案，來說明跨越前世今生的實例。

一時之間，輪迴轉世之說，突破了一般社會大眾所認為的宗教迷信之窠臼，而「前世療法（Past-Life Therapy）」也進入了「超心理學（parapsychology）」與「精神醫學」的學術探索領域，輪迴轉世的三世生命觀已經不再是古老過時的迷信，而成了歷久彌新的現代思潮了。

在簡介「前世療法」的案例之前，先說明「催眠治療」的定位及意涵。首先，催眠治療是「美國心理學會」（American Psychological Association，簡稱APA）與「美國醫學會」（American Medical Association，簡稱AMA）所認可，符合現代醫療科學精神與原則的心理治療與精神治療方法。實施催眠治療的臨床心理師（clinical psychologist）或精神醫師（psychiatrist）必須經過醫學院的正規教育、訓練及考核，然後再經過醫院裡的實習醫師、住院醫師等臨床實務經歷，取得醫師執照，才能正式行醫。

由於現代工商業社會生活環境與工作環境的巨大變遷，有不少在都會區生活或工作的人，罹患嚴重的心理疾病、憂鬱症、躁鬱症等等，造成其人際關係緊張，在生活及工作上面臨困難，而必須求助於醫療措施。然而單靠藥物，無法真正治療這一類的疾病，而必須運用心理分析或精神治療的方法，包括分析病患的感覺、思惟甚至於夢境等等。

有些病人連運用心理分析的方法，也無法達到治療的效果，就可以考慮運用催眠治療，結合回溯療法（regression therapy）的方式。回溯療法是基於一個前提，就是一個人心理症狀的顯現或發作，其根源很可能是由於幼年時期的不幸遭遇或心理創傷，而被壓抑、埋藏在記憶的深處或潛意識中，在成年後才浮現出種種身心不適的症狀，卻在其現實日常生活中找不到真正致病的原因，而必須回溯至其童年或幼年，尋找心理創傷的根源。一旦能夠從塵封已久的記憶中找到創傷最初的具體根源，然後經由醫師加以心理輔導及處理而化解，患者就可以走出陰霾，症狀就可以不藥而癒。簡要地說，催眠治療就是讓心理病症的患者經由催眠的過程，找到致病的原因或相關因素，而達到治療的效果。

原本歐美的心理分析與精神治療，包括催眠治療、回溯療法等，其所設定的時空範疇，就是病患當下所生活的「今生今世」，至於「前世來生」根本就是一種不切實際的幻想（fantasy），完全不在理性思考的範圍之內，醫師就在患者「今生今世」的生命經驗當中，幫助病患找尋問題根源之所在。

然而棘手的問題是：心理醫師、精神醫師如何能夠知道患者的幼年不幸遭遇或心理創傷，究竟是發生在多幼年的時候，五歲？四歲？三歲？兩歲？一歲？或者更早？結果就有出乎醫師和病人意料與理解的實際案例發生了。有的患者在催眠回溯的過程中，居然突破了「今生今世」的關卡，回到了他自己的過去世生命記憶，而且影像鮮明，能夠看到、聽到、聞到、嘗到、觸摸到、感覺到等等，就如同身臨其境一般。

患者就在自己前世生命經驗的回溯當中，找到了讓自己困擾苦惱已久的心理症狀之根源，醫師和病人才發現，原來當下生命的嚴重心理症狀或情緒困境，其根源並不是在「今生今世」，而是發生在久遠的「過去世」，但是被壓抑、埋藏在潛意識的深處。

前世記憶與遺忘的辯證

催眠治療與前世療法的真實性究竟如何？當然有人相信，有人不相信，也有人存疑。我們真的可以通過催眠喚醒自己前世的記憶嗎？如果是真的，如何解釋其合理性？

從佛教「十方三世」的宇宙生命觀以及唯識學的立場來看，其實不難理解，有情的生命本來就是依個人的業力與因緣際會而遊歷十方三世，在生生世世的流轉歷程中，我們「身、口、意」三業所累積的現行造作，也就是行為、語言、念頭、思想，無論善惡，都會留下紀錄而儲存在阿賴耶識裡面，不會平白無故地消失，也不可能被蓄意抹煞，就如俗諺所云：「凡走過，必留下痕跡。」

當然隨著時光遷流，生命輾轉更替，過去的所作、所言、所思會被遺忘，但不可能被刪除，這是生命的本然機制，也反映出我們必須為生命負責而無所遁逃的根本道理，如果不是這樣的話，反而不合理了，那就表示我們可以隨心所欲，卻不必對生命負責，如此一來整個世界就亂了套了。

不少人會懷疑：「如果真的有前世的話，為什麼我都不記得了？」我的回應是，就一般大眾的日常生活而言，不記得前世的種種對今生比較好，可以沒有恩怨情仇的心理與精神負擔。綜合唯識學與深層心理學的觀點來看，對於絕大多數尚未解脫無明煩惱的芸芸眾生而言，在生死流轉的歷程中，暫時遺忘前世的種種恩怨煩惱，其實是一種維持當下生命身心平衡與健康的「心理保護機制」，也就因為如此，我們現世的生活才會過得比較自在，否則「人生不滿百，常懷千歲憂」，日子就很難捱了。

在我國的傳統民間信仰文化中，在人過世之後，有喝「孟婆湯」一說，也就是每個人在死後要去投胎轉世的過程中，必須先走過「黃泉路」，再通過「奈何橋」，有一位「孟婆」會在橋頭發放「孟婆湯」，每個人都必須喝上一碗，以消除過去所有的記憶。這當然只是民俗的說法，不過從深層心理學的角度來看，這是有很深刻的心理學意義的。

從佛教的觀點來看，凡夫都會有「隔陰之迷」或「隔陰之昏」的現象，就是我們從前一生過渡到下一生，處於母胎之中，乃至出生之時，會遺忘前世所有的記憶。

其實，對絕大多數一般人而言，「隔陰之迷」並非全然是個負面的障礙。假設我們在生死流轉的過程中，都將前世的所有記憶，統統鉅細靡遺地保留下來而不會遺忘，如此一來，每個新生的嬰兒都可能要背負著他前一世數十年（乃至累世千百年所延續下來）的是是非非與恩恩怨怨，請問：「他們如何能夠健康快樂地成長與生活？」

因此，對芸芸眾生而言，忘卻了前世的種種是非恩怨，在心理與精神上反倒是一種解脫。但是從另一方面來看，遺忘了前世的種種記憶，也讓我們無法記取前世之所學，以及寶貴的經驗與教訓，再加上由於習氣與業力的牽引，使得我們可能不斷地重蹈覆轍，以至於無止境地輪迴下去。因此，關於前世記憶的保留或遺忘，落在今生今世，要論其利弊得失，就形成了一種十分弔詭的辯證關係，值得我們深思，而催眠治療與前世療法可以做為一種心理醫療輔助。

催眠治療與前世療法的實際案例

接著我要引用美國的布萊恩・魏斯（Brian Weiss）醫師所著的《前世今生》（*Many Lives, Many Masters*）一書中的實際案例，來說明催眠治療與前世療法。先簡介一下作者魏斯醫師的專業背景，他於一九六六年畢業於紐約哥倫比亞大學，然後進入耶魯大學醫學院，於一九七〇年獲得醫師學位（M.D.），之後到紐約大學Bellevue醫學中心實習，接著回到耶魯大學完成他的精神病學住院醫師的訓練。之後他取得匹茲堡大學的教職，二年後加入邁阿密大學的陣容，主持精神藥理學部門，在生物精神醫學及藥物濫用的領域，得到全美國的知名度。四年之後，在該校醫學院升等為精神病學副教授，然後被任命為邁阿密大學附屬醫院的精神科主任，而且當時他已經發表出刊了三十七篇學術論文與專書論文。

我特別簡介魏斯醫師的醫療學術專業與臨床實務背景，主要是為了說明他是經過美國的醫學院正規教育，以及醫院臨床實務訓練出身的科班精神治療醫師，不是坊間來路不明的江湖術士。此外，他是猶太族裔，生長在紐澤西州濱海的一個名叫赤岸（Red Bank）的小鎮，他的家庭屬於鎮上的一個保守的猶太教區，父親是位商業攝影師，但潛心於猶太教而且非常認真。因此，在這樣成長環境與教育背景下，魏斯醫師原先根本就不相信輪迴，直到他遇到了這位病人，一位名叫凱瑟琳（Catherine）的女士。

在從心理分析轉換到催眠治療的過程中，他們無意間發現了生死輪迴的秘密，突破了

「生」與「死」的壁壘，貫穿了「生」與「死」的持續連結，醫師與病人的生命從此完全改觀。然後，經過數年的醞釀，他頂著社會輿論的壓力，冒著可能聲名狼藉的風險，但同時也得到一些醫師同儕的鼓勵，而將催眠治療與前世療法的過程寫成這本書*Many Lives, Many Masters*（中文本譯名《前世今生》）。

一九八〇年，這位二十七歲的凱瑟琳女士，因為嚴重的精神焦慮與莫名恐懼等心理症狀而苦惱已久，她怕水、怕喉嚨卡到東西，怕到連藥丸都不敢吞的地步，怕搭飛機、怕黑，更怕「死」這個念頭，日常生活與工作全都亂成一團，看了心理醫師卻毫無改善，後來經由她所信任的兩位醫師大力推薦而來求助於魏斯醫師。

其實，一開始並未涉及催眠治療，在凱瑟琳第一階段的療程中，魏斯醫師花了整整十八個月，每個星期有一、二次治療，密集地做傳統的心理分析，想藉此減輕她的心理症狀，但是卻一無所獲，好像碰到一堵無法越過的牆壁。然後，魏斯醫師才開始嘗試運用催眠療法，而後來會從傳統的心理分析治療轉換為運用催眠治療，這當中還有個奇妙的轉折。

凱瑟琳一直非常嚴重地懼怕搭飛機，萬不得已要坐飛機時，非得喝幾口酒鎮定自己不可。一九八二年的春天，她陪男朋友史都華去芝加哥出席一項商務會議，到了芝加哥，她硬拉著男友去藝術博物館參觀埃及古文物展，剛好有解說人員導覽。凱瑟琳一直對埃及古文物有很濃厚的興趣，她當然不是這方面的學者，對於古埃及歷史也從未研究過，但是對埃及古文物卻好像很熟悉。在參觀及導覽的過程中，凱瑟琳察覺解說人員對於某些文物的介紹有誤，而不自覺地出言糾正，導覽人員在認錯之餘覺得非常驚訝，凱瑟琳自己也很震驚，她怎麼知道這些古文物的事情？她怎麼如此自信自己的認知是正確的，還當眾糾正館方導覽人員？實在太離奇了！

回到邁阿密之後，凱瑟琳在接下來的回診時，向魏斯醫師報告了這段芝加哥博物館埃及古文物之旅所發生的奇妙經過。在此之前的幾個月，醫師就曾建議凱瑟琳嘗試改用催眠治療，但是她因為害怕而抗拒，然而由於這次埃及古文物之旅的奇特經驗，終於勉強同意催眠治療。

當時雖然嘗試用催眠治療，但也尚未涉及「前世療法」，因為在那個時候，「前世生命」的概念根本就還不在魏斯醫師本人的醫療專業認知範圍內。運用「催眠」主要是幫助心理病症的患者放鬆身心，讓記憶力更加敏銳，以回憶過往長久被遺忘的事件，譬如童年乃至幼年時期的創傷事件或經驗，檢驗是否與現在當下的心理症狀有所關聯？

原本催眠治療所設定的時空範圍，還只是限定在「今生今世」，能夠回憶到三歲、兩歲就很了不起了。不料，在催眠治療過程中，一連串引發她當前嚴重心理症狀的「前世」記憶，居然從凱瑟琳的腦海中不斷地浮起。

其實，凱瑟琳也不是一開始催眠就回到前世了，她起先回到六歲時，看牙醫時的恐怖經驗，接著回到五歲時，在游泳池被人從跳水板推到池裡喝水嗆到的經驗，接著回到三歲時，酒醉的父親在黑暗中進入她的房間，在她身上亂摸還觸及私處，她嚇得大哭，卻被父親摀住嘴幾乎不能呼吸。這些都是解除目前心理症狀的重要連結與線索。

當凱瑟琳這些幼年時的心理創傷，從意識的深層歷歷如生地浮出抬面，她開始難過地啜泣。魏斯醫師感覺到他們找對了門路，並且確信她的症狀從此會迅速地復原。在引導她甦醒後，他們討論了她對於父親的回憶，她現在比較明白自己和父親的關係了，也明白了他對她的一些反應和疏遠，以及自己對他的恐懼感。

在揭開她痛苦又被壓抑的回憶過程中，醫師完全忽略了她的古埃及文物知識和童年經驗之間的可能關聯性。但是，記起一些可怕的事件可以使她更了解自己的過去，因此，醫師相信她的症狀接下來會大有進步。

然而，一星期之後凱瑟琳告訴醫師，她的症狀和以前一樣嚴重，一點都沒有改進！他非常驚訝，無法理解是什麼地方出了差錯。難道問題的根源是發生在三歲以前的事？他們已找出她怕水、怕黑、怕嗆到的原因及理由，而且非常充足。但是，為什麼在她清醒的時候，那種穿透性的恐懼與症狀，以及無法控制的焦慮，還時時困擾著她？她的夢魘和從前一樣地擾人。

魏斯醫師決定引導凱瑟琳更深一層地回憶她的過去。慢慢地，醫師將她帶回到兩歲的時候，但是沒有任何重大的事情發生。醫師堅定而清楚地指示她：「回到你症狀開始的那個時間。」然而醫師對接下來發生的事完全沒有心理準備。

凱瑟琳說道：「我看到白色的階梯向上通往一棟建築，一棟有柱子的巨大白色建築，前面開放而沒有門廊。我穿著一件長袍……一種質地粗糙的寬大袍子。我的頭髮結成辮子，是長長的金髮。」

醫師困惑了，不能確定發生了什麼事，就問她當時是幾歲，她叫什麼名字。她回答道：「我叫阿朗達（Aronda）……十八歲。我看到建築物前有一個市場，有許多籃子……每個人都把籃子架在肩膀上。我們住在山谷裡……沒有水。時間是公元前一八六三年。這附近土地荒蕪、炎熱、多沙。有一口井，但沒有河，水是從山上來的。」

當她描述了更多地形等相關細節後，醫師要她再往下推進幾年，然後把所看到的告訴他。她說道：「一條石子路旁有很多樹木。我看到煮東西的火。我的頭髮是金色的，穿著一件長而粗大的棕色袍子和涼鞋。我二十五歲，有一個女兒叫克莉斯塔（Cleastra）……她是瑞秋（Rachel）（註），天氣好熱。」

醫師驚嚇到了，腸胃打結，覺得房間冷了起來。她在催眠中所敘述的一切，聽起來都很肯定，毫不遲疑。名字、日期、衣著、樹木等等——都如此生動鮮明！這到底是怎麼回事？她那時的女兒怎麼又是現在的姪女？醫師更加困惑了。他看診過上千個病人，也做過許多次催眠治療，卻從未遇到過這麼奇幻的事——即使在夢中也不曾有過。

接著，醫師指引她往下回溯到她死亡的時刻，其實他並不清楚要如何引導一位處在這樣的幻想（或記憶）中的人，他只是盡力搜尋造成病患恐懼的心理原因，而接近死亡時刻的一些事件，可能是特別會造成心理創傷的。顯然有場洪水或海嘯襲擊了她們的村子。

然後，她說到：「大浪沖倒了樹木，沒有地方跑，好冷，水裡好冷。我必須救我的寶寶，可是辦不到……就是要緊緊抱住她。我淹沒在水裡了，嗆到了。我不能呼吸，不能吞嚥……鹹鹹的水，把寶寶從我的手臂中拽走了。」凱瑟琳喘著氣，呼吸困難。突然間她全身放鬆了，呼吸變得深沉平緩。「我看到雲……寶寶在我身邊，還有其他村裡的人……我還看到我哥哥。」

她安息了，這一世結束了。她仍然在催眠狀態下。醫師震驚了！前世？輪迴？

醫師的臨床經驗告訴他自己，凱瑟琳並不是在幻想，或杜撰故事，她的思想、表情，以及對細微末節的注意，和她清醒時的人完全不同。所有關於心理治療診斷的理論在他的腦海裡閃過，但是她的精神狀態和人格結構都不能合理地解釋催眠中所顯現的這些事物。

精神分裂症？不，她從來沒有認知或思惟錯亂的跡象，也從來沒有任何幻聽或幻覺等症狀。她不是那種喜歡幻想、脫離現實的人；她也沒有多重或分裂人格，只有一個凱瑟琳，她也完全清楚這一點。她並沒有反社會傾向，也不是演員，她沒有服用藥物或吃迷幻藥，酒也喝得很少。她並沒有任何心理或精神上的疾病可以解釋剛才催眠時那些生動的直接經驗。

那一段不可思議的「前世」記憶，究竟是從哪裡冒出來的？魏斯醫師直覺得他闖入了一個所知甚少的領域——「輪迴」與「前世回憶」的領域。他告訴自己：事情不該是這樣的，自己長年接受科學訓練的理智，打從心底就抗拒眼前發生的事。但它確實就在他眼前發生。他無法解釋，但也不能否認它的真實性。

註：海瑞秋是凱瑟琳今生的姪女，她們關係非常親近。

有點不安但又很好奇，他對凱瑟琳說：「繼續，你還記得什麼？」她還記得其他兩輩子的一些片斷。

凱瑟琳說：「我穿著一件有黑色蕾絲的連衣裙，黑灰色的頭髮上也綁著蕾絲帶。時間是公元一七五六年。我是西班牙人，名叫露伊莎（Louisa），五十六歲。我正在跳舞，其他人也在跳舞。（停頓了一陣）我病了，發燒，冒冷汗……很多人都病了，有人快要死了……醫師並不知道病源是從水裡來的。」醫師要她跳過這一段時間再向前推，她說：「我康復了，但是頭還在痛；眼睛和頭也還沒完全從發燒中恢復過來……很多人都死了。」

後來她告訴醫師，那一世她是個妓女，因為感到很羞愧所以在催眠的時候沒有說出來。顯然地，在催眠中凱瑟琳也能過濾某些她透露給醫師的訊息。

在回憶另一世時，由於凱瑟琳曾經在前世中認出了她這一世的姪女，所以醫師忍不住問她，他是否也曾經出現在她的某個過去世當中？如果有的話，他很好奇當時他的身分角色是什麼？和之前慢條斯理的回憶相反，她很快就回答了。

「您是我的老師，坐在窗台上。您教我們書上的知識。您很老，生出灰髮了，穿一件有金邊的白袍……您的名字叫狄奧格尼斯（Diogenes）。您教我們一些符號、三角。您很有智慧，但是我還不懂。時間是公元前一五六八年。」」（這大約比著名的希臘犬儒學派哲學家狄奧格尼斯早了一、二百年，狄奧格尼斯在當時是個常見的名字。）

第一回合已經結束，後面接著還有更多驚人的前世回憶。

凱瑟琳回去後的幾天裡，魏斯醫師都在思考她催眠中講的話。一般「正常」問診中浮現的細節都很難逃過醫師的分析，更何況凱瑟琳的特異例子。同時，他對死後的生命、輪迴、出體經驗以及相關現象，都抱持高度懷疑的看法。總之，他腦海中邏輯的部分尋思著：這可能是她的幻想。他並不能實際證明她的陳述或看見的東西，不過他也隱約覺察到一種更進一步而不那麼情緒化的念頭，就是要保持開放的心態，真正的科學乃是從觀察開始。她的「回憶」有可能不是幻覺或想像，可能有些事物存在於我們的眼睛或其他感官所及的範圍之外。所以，保持開放的心態，先蒐集更多的資料。

醫師有另一個擔心的想法，凱瑟琳會不會因為很容易焦慮和恐懼而害怕再接受催眠？醫師決定先不打電話給她，讓她也好好消化那些經驗，一切等到下星期再說吧！

一個星期後，凱瑟琳步伐輕快地踏進醫師的辦公室，她看起來遠比過去亮麗光采。她很高興地告訴醫師，長久以來害怕溺水的恐懼消失了，窒息的恐懼也減輕了許多，睡眠也不再被「橋塌了的噩夢」打斷。雖然她記得前世的一些細節，但還無法真正把它們整合起來。

凱瑟琳自己其實原本是不相信輪迴的，前世和輪迴的觀念與她的宇宙觀根本就不相容，但是她的記憶卻是那麼地鮮明，那些景象、聲音、氣味是那麼地清晰，那些身臨其境的認知是那麼的強勁而直接，以至於讓她感到自己必定曾經活在那裡過。那種的經驗是那樣地鋪天蓋地，這一點她毫不懷疑。然而，她也很掛念，這種體驗要如何和她的成長經驗與信仰相互調適。

出於探索及求證，醫師將他在哥倫比亞大學讀書時，大一修「比較宗教」課時的教科書拿出來看，結果發現，《舊約》和《新約》裡面都曾經有述及輪迴的文獻。在公元三二五年，羅馬帝國君士坦丁大帝和他的母后海倫娜刪掉了《新約》中提及輪迴的部分。而公元五五三年，第二次君士坦丁堡大公會議確認了這件事，並且宣告輪迴的概念為異端邪說。然而，原始的資料提到，早期教會的神父確實接受輪迴觀念。

原本，魏斯醫師從不相信輪迴這件事；事實上，他也從未花過什麼時間思考這個問題，雖然早年的家庭教育與教會裡的宗教訓誨中隱約提及死後「靈魂」的存在，但是他從沒有真正地深信過。

魏斯醫師在大學主修化學，學業上的成就始終十分順利，畢業時還是榮譽學生，後來決定做一名心理醫師，因為這個領域結合了他對科學及研究人類心智的濃厚興趣，而且在醫療界的工作可以讓他實踐對其他人的關心與協助。很少有年輕人會關心到生死問題，或者死後生命的事，尤其當一切都很順利的時候，他也不例外。

在求學的過程中，他所接受的是科學家的訓練，善用邏輯、理性、實事求是的方法思考。在耶魯大學醫學院的課程和實習，更鍛鍊了他的科學方法，他的研究論文是關於大腦化學作用和神經傳導元的角色。後來他又加入了生物心理治療的新領域，結合了傳統心理治療理論技巧和新的大腦化學科學，寫了很多篇科技論文，在地方和國家的會議上演講，漸漸成為這領域中極具影響力的人物。

沒想到他後來遇到了這位凱瑟琳，居然在催眠治療當中變成了「阿朗達」——是個曾經在公元前一八六三年生活過的女孩。遇到這種超乎他的專業認知範圍的情境，魏斯醫師一開始感到震驚、懷疑，但是凱瑟琳（阿朗達）的話語內容所描述的情境，是如此地清晰完整，不像是虛構或杜撰，也不太可能是「想像」出來的，他決定以開放的態度面對，轉為好奇而想一探究竟。

醫師曾擔心凱瑟琳也許不願意繼續這樣的治療方式，沒想到她不但不排斥，反而渴望再繼續接受催眠，而且很快就進入狀況。她又出現在診所了，而且顯得比以前更愉快且容光煥發。

「我正在把花環投擲到水中，這是一項儀式。我的頭髮是金色的，梳成辮子。我穿一件棕色織金的袍子和涼鞋。有人過世了，某位皇室成員……的母親。我是皇家的僕人，負責準備餐點。我們把遺體浸泡在鹽水裡三十天，等晾乾了之後，再把內臟取出來。我可以聞到，聞到屍體的味道。」她自發地回到阿朗達的那一世，但是去到不同的時間點，這次是做遺體的後續處理。

「在另一棟建築物裡」……凱瑟琳繼續說道：「我可以看到那些遺體，我們正在把他們整個包紮起來。靈魂會繼續到下一世去，每個人帶著自己的隨身物品，準備到下一世過更好的生活。」她說的話像是埃及人對死亡及死後生命的觀念，和我們的信仰一點都不相同。在他們的那種宗教裡面，你可以帶走屬於自己的東西。

然後，她離開了那一世，休息著。停頓了幾分鐘後，又進入另一個顯然是古代的前世。「我看到一些建築物及一輛石頭輪子的拉車。我的頭髮是棕色的，用布包著。拉車上有稻草，我很快樂。我父親也在這兒……他抱著我……他是……是愛德華（Edward，那位堅持要凱瑟琳來看魏斯醫師的小兒科醫師），他是我父親。我們住在一個有樹木的山谷裡，院子裡有橄欖樹和無花果樹。人們在紙上寫字，我看到許多有趣的符號，像是字母。

人們整天都在寫字，要建一座圖書館。時間是公元前一五三六年。這裡土地一片荒瘠。我父親的名字叫珀爾修斯（Perseus）。」

年份不完全吻合，不過醫師不確定她是否又再回溯到上週的那一世。醫師讓她繼續留在那世，但往前推。「我父親認識你（指魏斯醫師）。你和他談論農作物、法律和政府。他說你非常聰明，我應該聽你的話。」醫師讓她再前進一點，「他（父親）躺在一個漆黑的房間裡，他又老又病，周圍很冷……我覺得好空虛。」然後她前進到她死亡的時刻：「現在我又老又虛弱，我女兒在身邊，就在床旁，丈夫已過世了。女婿也在，還有他們的孩子，有好些人圍在身旁。」

這一世她的死亡是安詳的，她飄浮起來了。飄浮？這讓醫師想到雷蒙・慕迪博士（Dr. Raymond Moody）對於瀕死經驗的研究。他的研究個案也記得飄浮起來，然後又被拉回自己的身體。他在幾年前曾經讀過這本書，現在打算重新再看一遍。醫師想知道凱瑟琳在死後能否再多回憶一些事情，但是她現在只會說「我飄浮起來了」。醫師叫醒她，結束了這一節催眠。

一時之間，魏斯醫師對於已經出版的任何有關輪迴的科學論文，變得求知若渴，幾乎搜遍了整個醫學圖書館。他研讀了伊安・史帝文生（Ian Stevenson, M.D.，一九一八—二

○○七）醫師的著作，他也是維尼亞大學精神病學系的教授，深受敬重，在精神治療方面出版了大量著作。他蒐集了兩千名以上的兒童擁有輪迴記憶和經驗的案例，其中許多兒童還具有特殊語言能力（xenoglossy），但是他們根本沒學過那些外語，也沒去過那些地方。

魏斯醫師也讀了艾格・米歇爾（Edgar Mitchell）的一篇精彩評論，並以極大的興趣檢視杜克大學（Duke University）的ESP資料（ESP: extrasensory perception，即超感官知覺、靈感），及布朗大學（Brown University）杜卡斯（C. J. Dudasse）教授的著作，並用心的分析了馬丁・艾本（Martin Ebon）、海倫・萬巴赫（Helen Wambach）、葛處德・施邁德勒（Gertrude Schmeidler）、弗雷德里克・蘭茲（Frederick Lenz）、伊迪絲・費爾（Edith Fiore）等博士的研究成果，也由此可見，在歐美各國早已有不少學者從事輪迴的研究，而且有不少著作，但是很可惜並未得到應有的重視。

他讀得愈多，就愈想再讀。他開始了解到，雖然他自認為在人類心智各方面都有很好的專業教育，但其實所知的還是相當有限。不少圖書館裡都有這一類的研究和文獻，卻很少人知道。這些研究多半是由聲譽卓著的臨床醫師和科學家所執行、驗證過的資料，證據似乎非常充足。但是，魏斯醫師仍舊懷疑，覺得自己很難相信這些。

然而，凱瑟琳和他，在各自的人生軌跡上，都深深受到此種經驗的影響。她在情緒上獲得改善，他則是擴展了心智的視野。凱瑟琳被她的恐懼折磨了好多年，現在終於感到某種抒解。不論那是真實的回憶還是生動的幻覺，他已經找到一個方法來幫助凱瑟琳了，而且不會就此停下來。

在下一次催眠進行前，凱瑟琳對醫師講到一個夢：在舊石階上下棋，棋盤上有一個個洞。她覺得這個夢特別鮮明。醫師叫她往前回憶，跨越平常時空的限制，回到過去看看這個夢是否在她某個前世生活中有其根源。

「我看到通往一個塔樓的石階……塔上可以俯瞰山巒，也可以俯瞰海洋。我是個男孩……頭髮是金色的……奇怪的頭髮。我的衣服是短的、棕色白色相間、動物皮做的。塔上有幾個男人……在守衛。他們身上很髒。他們在玩一種遊戲，像是下棋，但又好像不是，因為棋盤是圓形的，不是方形的。他們拿著尖尖，像是匕首樣的棋子，插進盤子裡的洞，棋子上有動物頭。這裡是克魯斯坦（Kirustan）區，屬於荷蘭（Netherlands），在一四七三年前後。」

醫師問她住處的地名，以及是否看到或聽到年份，「我正在一個港口。陸地延伸到海中，有一座碉堡……我看到一間小屋，我媽媽用陶壺煮東西。我的名字叫約翰（Johan）。」

她前進到她死亡的時刻。在這節催眠中，醫師仍然在尋找有什麼單一重大的創傷事件能導致或解釋她今生的症狀。即使這些特別顯著清楚的景象是幻覺——但醫師不能確定這一點，她所相信或認為的事物，仍然可能潛藏在其意識底層而導致她今天的症狀。畢竟，醫師曾見過有人深深為夢境所困擾；有人記不清楚，也無法分辨，究竟是童年時的創傷是真的發生過？還是在夢中出見的？但是擾人的記憶一樣縈繞著他們的成年生活。

凱瑟琳又開始說道：「我看到有很多船，像獨木舟，漆著很鮮豔的圖案。我們有武器、長茅、彈弓、弓和箭，而且比較大。船上有大而奇怪的槳，每個人都得划。我們可能迷路了，天色很黑，沒有亮光。我很害怕。我們旁邊有其他的船（顯然是一個襲擊隊伍）。我怕野獸，我們睡在又髒又臭的獸皮上。我們目前在偵察。我的鞋子看起來很好玩，像是布袋……獸皮做的……綁在腳踝。（停了很久）我的臉被火照熱了。我們的人在和對方廝殺，但是我沒有。我不想殺人，只是把刀握在手上。」

突然間她的喉嚨咯咯作響，並且急喘著吸氣。她說一個敵方戰士從後面扼住她的脖子，用刀劃過她的喉嚨。她在死前看到那個人的臉，是史都華（他這一世的男友）。他那時長相不一樣，但她知道是他。約翰死時二十一歲。

接著她發現「自己」飄浮在身體之上，並能看到底下的場景。她飄浮到雲端，覺得困惑不解。接著她很快發覺自己被拉著進入一個「狹窄、溫暖」的空間。她即將要出生了。

「有人抱著我，」凱瑟琳如夢囈般低語，「有人幫忙接生，她穿著綠袍，繫著白圍裙，戴著白帽，反摺到後面。房間的窗子很奇怪，有好多截面。房子是石頭造的。我媽媽有長而黑的頭髮，她想要抱我。她穿著一件……奇怪而粗粗的睡衣，摩擦在身上會痛痛的。又能在太陽底下，覺得很溫暖，很舒服……她……跟我現在的媽媽是同一個人！」

在前一次的催眠中，魏斯醫師要她仔細觀察前世中有沒有今生裡重要的人。根據許多前世今生的研究，成群的靈魂會因為業力的牽引，在多生多世的生命中，一再地輪迴轉世出生在一起，一方面是彼此償還債務，一方面也是學習生命的課題。

在魏斯醫師安靜、微亮的辦公室裡，他嘗試要了解這不為世人所知而且他自己也十分陌生的領域，他很想證明這些訊息。他覺得須應用科學方法來求證，那也是過去十五年來他在研究中所嚴格要求的，現在該拿來檢驗評量出自凱瑟琳口中的這些不尋常的訊息資料了。

現在，凱瑟琳回溯到剛剛出生的這一世。這次輪迴似乎離現在很近，不過她無法辨認年份。她的名字叫伊麗莎白（Elizabeth）。

「我現在長大了，有一個兄弟、二個姐妹。我看到餐桌……我父親在那兒……他是愛德華（Edward，那位小兒科醫師再度成為她父親），我父母又在吵架了。晚飯是馬鈴薯和青豆。因為飯菜涼了，他很生氣。他們經常吵架。我父親老是在喝酒……他會打我媽媽（凱瑟琳的聲音聽來很害怕，身體也不由自主地顫抖），他會推我們。（今生的）他不像以前那樣，簡直不是同一個人。我不喜歡他，希望他走開。」她像個小孩那樣講話。

在這種催眠中，醫師的問話大不同於傳統心理治療中的方式。醫師扮演的角色更像是導遊，要她在一兩個鐘頭內回顧走完一生，找尋可能對現世有影響的重大事件。傳統的心理治療要比這樣的模式來得詳細、悠閒得多。病人說的每一個字都會被仔細分析，看看有什麼隱藏的意義。每個臉部表情、肢體動作、音調的變化，都得加以考慮評估。但是對凱瑟琳，數年的時間可能在幾分鐘裡就走過了。她的情況就像是開著跑車以最高速度參加「印第安納波利斯五百英里比賽（Indianapolis 500）」……而在人群中找出認識的臉。

醫師把注意力拉回來，要她再把時間往前推。「我現在結婚了，我們的家有一個大房間，我丈夫是金髮，我不認識他（也就是說，他並未出現在凱瑟琳今生當中）。我們還沒有小孩……他對我很好。我們彼此相愛，過得很快樂。」顯然她已逃脫出在父母家裡所遭受到的壓抑。醫師問她是否認得出所住的地區。

「布列尼頓（Brennington）？」凱瑟琳遲疑地低語道，「我看到有奇怪、老舊封面的書，大的那本用皮帶綁起來，是《聖經》。上面印著大大花式的字母……是蓋爾語（Gaelic language，愛爾蘭語之一支）。」她又說了些醫師無法聽明白的話，不能確定是否就是蓋爾語。

「我們住在內陸，離海很遠，是……布列尼頓郡？我看到養豬和羊的農場，是我們的農場。」她的回憶又往前推移了，「我們有兩個男孩……大的要結婚了。我看到教堂的尖塔……是一棟很古老的石造建築。」突然間她頭痛了起來，用手按住左邊的太陽穴。她說她在石階上跌倒了，不過後來復原了。她安享天年，臨終時家人都圍繞在身旁。死後她又飄浮出了身體，但這次並不覺得困惑、迷亂。

「我察覺到一道明亮的光，很美妙的感覺，我可以從光裡獲得能量。」她休息著，停留在前一生與下一生的「中間狀態」。這樣無聲無息地過了幾分鐘。突然她開口說話了，但不是先前慣用的緩慢低語。她的聲音現在沙啞而響亮，而且毫不遲疑。

「我們的目標就是要學習，通過知識成為像神一樣的存在。我們知道的事這麼少，你在此是我的老師，我有那麼多需要學習的。我們藉由知識接近神，然後可以休息。接著我們回來，教導及幫助其他人。」

醫師驚訝得說不出話來。這是從她在死後的「中間狀態」所傳遞出來的教誨訊息，但是這項訊息是從哪裡來的？聽起來一點兒都不像凱瑟琳的話，她說話從來不像這樣子，用這種詞彙和語句，甚至於她的音調也截然不同。

在那個當下魏斯醫師一時之間還不知道，凱瑟琳在死生交替的「中間狀態」所講的那些話，並不是出自於她自己的理解或意念，而只是轉述她聽到的訊息。後來她才指出那些話是來自「上師們（Masters）」——高度進化而不現身形的靈體，他們才是那些訊息的來源，能夠透過她來對魏斯醫師說話。凱瑟琳不僅能回溯到前世，現在更進一步能成為傳遞超越界知識的「管道」。魏斯醫師儘量維持他自己的客觀性。

醫師發現凱瑟琳引介了一個新的生命向度（dimension），也就是在「死亡」與「出生」之間的「中間狀態」，而令他驚訝與好奇的是，凱瑟琳從未讀過伊莉莎白・庫伯勒—羅斯醫師（Dr. Elisabeth Kübler-Ross）或雷蒙・慕迪博士（Dr. Raymond Moody）的著作，他們都寫過關於瀕死經驗（Near-Death Experiences）的書。她也從未聽過那本《西藏度亡經》（*Tibetan Book of the Dead*），但是她所轉述的居然是類似那些書裡所描述的經驗。

同時，魏斯醫師覺得這也可以說是一種證明，如果有更多的事例，他就能驗證更具體的細節。醫師的懷疑起起伏伏，雖然還是存在。醫師懷疑她是否曾經在什麼雜誌上讀過這樣的文章，或在電視上看過類似的訪問。雖然她極力否認，但或許她保有潛意識中的記憶。不過，現在她更超越了上述那些著作的內容，還能夠從「中間狀態」傳達靈界訊息回來。

從催眠中醒來後，凱瑟琳一如既往，會記得她前世中的種種細節。但是，她卻無法記得身為「伊麗莎白」那一世在死後所發生的任何事情。後來，她也不再記得任何「中間狀態」說的任何細節，只記得每一世「在世時」的生活。

有關前世療法與催眠回憶的評述

我特別花了不少篇幅，引述了《前世今生》這本書中魏斯醫師對他的病人凱瑟琳經由催眠所做的前世療法（past-life therapy）之部分內容細節，主要是讓讀者有機會一窺生命永續的奧秘，以及連結前世與今生的實際案例。各位讀者有興趣的話，請自行參閱該書其餘的部分，您讀完之後會對「生命的永續經營」有進一步的了解與啟發。以下針對催眠治療以及前世療法可能產生的疑問，做一些評述。

首先，大眾最普遍的疑惑就是前世回憶的「可能性」以及「真實性」？有科學的根據與理論支持嗎？針對這些疑問，我的立場與答案是絕對肯定的。任何人儘管可以充分懷疑其真實性或可能性，但是無礙於其客觀事實的存在。在國外已經有很多學術性的著作、論文及田野研究報告，各位讀者有興趣的話，可以自行上網搜尋，會找到很多第一手的資料，於此就不再贅述。

這個疑惑有二個層面：其一、真的有前世嗎？其二、就算有前世，真的可能經由催眠回憶起過去世的生命內涵嗎？針對第一個「有無前世」的問題，本文的前半部已經討論過，不再重述其細節。總之，「前世、今生、來世」構成一切眾生「三世生命」的基本架構，三者也是相對的概念，「今生」對「前世」而言是「來世」，對「來世」而言是「前世」，顯示有情的生命的永續，綿延不絕。就道理上而言，芸芸眾生的生命有「三世」才合理，人生的方程式才有解決的可能與出路，如果生命只有孤立、斷滅的「一世」，是極不合理的，人生的一切問題都將歸結於「此題無解」。

俗諺云「凡走過，必留下痕跡」，生命亦然，每一個人所走過的生命都必然留下痕跡與紀錄（不論其性質好好壞壞），但是留在哪裡呢？按唯識學的說法，生命的痕跡會全部留在有情眾生的「第八意識」（亦即「阿賴耶識」）裡面。阿賴耶識（Ālaya consciousness）有如一座儲存量無限的巨型資料庫，眾生的身、口、意三業（亦即所行、所言、所思）都會全部留下紀錄在阿賴耶識裡面，不會平白無故憑空地消失，而是會隨因緣轉化。在未解脫生死輪迴之前，有情眾生的肉體生命會生生世世在六道中輪迴流轉，同時也會不斷地將生命所走過的軌跡，不論善惡、苦樂、順逆、窮通、福禍、得失等等，全部都留下紀錄在阿賴耶識裡面。

我們為什麼會將個人自己的生命經驗與軌跡，不論好好壞壞、是是非非、苦樂順逆、窮通禍福、豐功偉業、窮途潦倒、悲歡離合、恩怨情仇等等，全部都鉅細靡遺地留下紀錄在個人的意識裡面？

因為所有那些過往的生命事蹟都是「我的」、「我所做所為的」、「我建立（或摧毀）的」、「我成就（或破壞）的」、「屬於我的」、「我擁有的」、「我掌控的」、「我支配的」等等，我必須將那些寶貴的記憶統統累積下來，記錄下來，才能建構「我的主體性」，才能彰顯「我的生命價值」。如果沒有「過去」的紀錄——也就是說，萬一沒有了先前經驗的回憶與紀錄在案，那麼就無法建構「我」的主體與概念，也就無法凸顯「我」的生命意義與價值，那是多麼可怕的事啊！

這是芸芸眾生非常微妙、深奧的心理機制與意識結構，所以，所謂的「我」，不只是存在於「現在」，而且必然要連結到「過去」，然後繼續不斷地投射到「未來」，這就是生命流轉的基礎與根本結構。在這個生命流轉過程當中，一切都在遷流變化，其實找不到一個「永恆不變」的「實體」，但是因為芸芸眾生的「無明」作祟，而深深執著一個虛擬的實體而不放——那就是「我」。

根據佛教的唯識學的解析，第七意識「末那識（Manas）」就是扮演「我執」這樣的角色，將有情個體的「身、口、意」三業的現行，以「我」為核心，全部記錄在「阿賴耶識」裡面成為「種子」，遇到適當的機緣則會再生起「身、口、意」三業的現行；換言之，「阿賴耶識」中的「種子」，只會遇緣轉化，不會憑空消失。

有情生命的流轉，其內在的核心，即是以「意識流轉」的方式運作，意識的流轉，就是生命的流轉，在流轉的歷程當中，「過去、現在、未來」是糾結、纏繞在一起而無法切割的。生命有「過去、現在、未來」三世，根本就不是問題，如果生命只有「一世」，那就荒謬無理了！

因此，「過去」所產生的問題，如果沒有解決或化解，不會憑空消失，而是會持續影響（甚至於干擾到）現在與未來；同樣的道理，「過去」所累積的福德因緣、能力特質等等，也不會憑空消失，而是會持續影響到現在與未來。

從以上所分析的視野與角度來看生命，「前世療法」與「催眠回憶」就不足為奇了，過去世的生命經驗與記憶，統統都塵封在有情個體的「意識資料庫」裡面，未曾消失，問題是如何將意識深處的紀錄資料取出來？而且要找到與今生所呈現的問題直接相關而且有用的資料。

道理其實很簡單，就是完全放鬆身心、打開心靈的桎梏，直接和自己的「生命」（亦即「意識」）對話溝通，以往乃至過去世的記憶資料就會自然浮現。少數人可以透過禪定的修持，跟自己的過去世記憶連結，當然對於大多數人而言，禪修的門檻太高而無法在短時間內就做到，而且這也不是禪修的主要目的。

一般人如果面臨了嚴重的心理症狀，在現世又找不到問題的癥結或源頭，那麼問題的根源可能是發生在過去世。有人想要連結到個人過去世的生命經驗及回憶，而自己無法做到，則可以經由催眠師的引導，進入到個人過去世的生命歷程回顧，而找到影響今生今世的最初事件源頭，從而化解當下的問題。

其實，這件事一點都不玄妙，也不神奇。因為生命經驗的累積、紀錄（記憶）與回憶（回顧），是貫穿「過去、現在、未來」三世的，也是芸芸眾生之意識的本然結構，催眠師的角色只是引導被催眠者，經由身心的放鬆，而打開自我意識的「資料夾」，「瀏覽」過去世的「生命紀錄片」，搜尋與現世有關聯的關鍵事件，化解現世生命中所面臨的身心問題與困擾。前文中所引述魏斯（Brian Weiss）醫師所著的《前世今生》（*Many Lives, Many Masters*）就是很好的實例。在臺灣也有陳勝英醫師所著的《生命不死》與《跨越前世今生》，書中所講的大都是臺灣本土的催眠回憶與前世療法案例，推薦讀者參閱。

有關前世療法中時間回憶的疑問

有人對於前世療法中有關時間點的回憶與敘述，懷有頗為強烈的疑惑與質問，例如凱瑟琳在催眠治療中的幾個前世回憶，分別有：公元前一八六三年（古埃及人，名叫阿朗達Aronda，十八歲）、公元前一五六八年、公元前一五三六年、公元一七五六年（西班牙人，名叫露伊莎Louisa，五十六歲）、公元一四七三年前後（名叫約翰Johan，是個頭髮金色的男孩，地屬荷蘭），還有一世無法辨認年份，名叫伊麗莎白（Elizabeth）。

疑者的問題是，凱瑟琳如何能知道及確定回憶中事件發生的「年份」？特別是「公元前」的年份。疑者會認為，催眠回憶中所稱「公元後」的年份，還勉強可以接受，但是「公元前」的年份就很難理解，因為在「公元前」的年代，那時耶穌基督尚未誕生，以他的出生做為紀元的時間參考點也尚未產生，被催眠者如何能夠知道事件發生的年份是「公元前」幾年？

從單純的邏輯上來說，疑者問得似乎滿有理的，但這不是單純的邏輯問題，而是涉及到吾人「意識結構」的問題。「時間」與「空間」，在大乘佛教唯識學裡，屬於「心不相應行法」，相應於現代的數理科學。在佛經裡面，在在處處，佛陀和弟子們都有談到十方三世的事例，當然不是經由催眠，而是透過禪定、宿命通或天眼所見，所論及的「時空背景」，並不限於「地球」，還包括他方世界；所涉及的「時間」，就不只是「地球時間」，以「年」來計算，而是「宇宙時間」，以「劫」來計算。

「過去、現在、未來」是相對而連貫的，在深層「意識結構」的「光譜」或「地圖」裡，「十方三世」是一個整體，時間的前後是相續、相對的而無須分割，因此，能知道「公元後」的年份，自然就能知道「公元前」的年份。

前世的回憶與來生的展望

或問：「如果真有前世的話，那麼是否意味著也會有來生？」答曰：「當然！前世、今生、來生，既是連續，也是相對的。今生對來生而言是前世，對前世而言是來生。」再問：「如果真有來生的話，那麼我們能夠選擇自己的來生嗎？」答曰：「當然可以！還不僅僅是來生，就是眼前現在的這一生，也都是我們自己的選擇啊！」又問：「怎麼可能？那我可真是選錯了！」答曰：「沒錯！（此中有深意，參！）」

分析：這種有關未來生命選擇的奧秘，就潛藏在自我的意識結構中，也就是說，我們被自己「從所有過去世以來所累積而且型塑的人格特質、心理性向、思惟模式、行為慣性等等」所制約（be conditioned）而不自覺，以致於陷入自我預設的生命框架與牢籠中，這就是佛法所講的「惑、業、苦」循環模式。

我們這一生中的種種，不都是我們自己的選擇嗎？諸如：我們所選擇的專業學科、職業、朋友、配偶、生涯規劃、生活方式、消費採購、衣著打扮等等，哪一樣不是自己的選擇？

當然任何選擇行為所牽涉的心理過程和社會機制非常複雜，譬如選學校、找對象、投資理財、就業定居、選舉投票等等；再者，選擇是有主、客觀的能力與條件限制的，能力愈強、條件愈好，選擇的範圍與主導權就相對愈大，能力愈弱、條件愈差，選擇的範圍與主導權就相對愈有限。但是無論如何，最後要對選擇行為負責的，還是自己。至於來生，諸佛菩薩是「乘願再來」，而不少凡夫俗子往往是「趁怨再來」。

結語

廣義而論，「輪迴」的真正意涵，具體地描述，就是在有情眾生的整體生命歷程之中，每一分、每一秒都是親身處於「輪迴的系統」之中，歷經三世隨波逐流而不自覺，所以佛典中常用「生死大海」一詞來譬喻及描述，芸芸眾生身陷「無所逃於天地之間」的「生死輪迴」漩渦泥淖中，卻一直「渾然不覺」又不斷地「惡性循環」的現實處境。

而「解脫輪迴」的奧秘，就在於個人的「自覺」工夫，換言之，就是要能夠「反思」及「打破」原本那種「渾然不覺」與「惡性循環」的輪迴處境。

因此，想要「解脫輪迴」，千萬不能拖到自己老病而體弱氣衰之時，更不能等到「死掉以後」，而是要在現世當中還活著好好的時候，就要開始努力認真地用功，福慧雙修，將來才能夠身心自在、身段優雅地「瀟灑去來」，這就是人間佛教生死達觀的具體實踐。

解讀「生、老、病、死」的自然機制與奧秘

死亡篇

面對死亡的正面思考，了解生命的自然機制——從賈伯斯（Steve Jobs）談起

我寫這一系列文章的動機，是想要和各位讀者好好談一談「生、老、病、死」的自然機制與奧秘，而最初的靈感是來自賈伯斯（Steve Jobs），所以我們就先從賈伯斯在二〇〇五年的一段演講內容談起。

二〇一一年十月五日，締造蘋果電腦及3C電子產品奇蹟的史蒂夫・賈伯斯（Apple CEO，Steve Jobs）因病辭世，享年五十六歲，舉世哀悼。我在當年十月三十日、十一月

六日及十三日連續三個週日的《人間福報》「生死自在」專欄裡，發表了〈賈伯斯的生、愛、失落與死亡〉一文做為追念，後來收錄在《生命是一種連續函數》一書中，讀者有興趣一讀，請自行參閱。

二〇〇五年，賈伯斯應邀到史丹佛大學的畢業典禮上對畢業生演講，那一場演講的內容非常精彩，我在二〇一一年寫的紀念文章，主要也是根據該場演講的內容，各位讀者可以上網搜尋到該場演講的影音（視頻）檔及文字檔。

在那場演講中，賈伯斯表達了他對死亡的獨到見解，我在此特別引述其中關鍵段落的英文原文，賈伯斯說道：

No one wants to die. Even people who want to go to heaven don’t want to die to get there. And yet death is the destination we all share. No one has ever escaped it. And that is as it should be, because Death is very likely the single best invention of Life. It is Life’s change agent.

中文翻譯如下：「沒有人想死，即使那些想要去天堂的人，也不希望死掉了才去天堂。然而死亡是我們所有人共同的終點，沒有人曾經逃脫過。而這是法爾如是（註1），因為死亡很可能是生命唯一最好的發明，它是生命的轉變作用（註2）。」

以上這段話觸及到生死問題的核心及重點，賈伯斯很認真地面對死亡，也有相當獨到的見解，他說道「And that is as it should be」（而這是法爾如是），這句話充滿禪機，顯示賈伯斯禪修頗有心得。接著他說「因為死亡很可能是生命唯一最好的發明」，我認為這句話雖然很精闢，但是不夠徹底，因為他只說「死亡『很可能（very likely）』是生命『唯一（single）』最好的發明」，一方面還不夠肯定，另一方面視野還不夠寬廣，所以我認為他的見解還不夠徹底。接著他又說「它（死亡）是生命的轉變作用」，這句話也說得很好，不過，仍然不夠徹底，我認為死亡不只是生命的「轉變作用（change agent）」而已，而是生命的「轉變機制（change mechanisam）」。

其實，不單單只是「死亡」而已，廣義地說，「生、老、病、死」都是生命最好的發明，也都是生命的自然轉變機制。接著，我就要跟各位讀者深入淺出地來談「生、老、病、死」的自然機制與奧秘，我們先從「死亡」開始。

「生命」的終極奧秘就蘊藏在我們對於「死亡」的參究與體悟當中

面對生死的奧秘，吾人如何徹底理解？如何因應自處？又如何能自在？這是古往今來的生命終極課題，直到現在科技進步的時代，仍然是一團迷霧。

生命的終極奧秘究竟何在？經過將近五十年來的佛法義理參究與實際生活歷練，我深深體會到：生命的終極奧秘就蘊藏在我們對於死亡的參究與體悟當中；而死亡的玄機，就在於祂深化了我們對於生命的探索與體悟。我這麼說，並不表示我已經開悟了，還沒有，我仍然是薄地凡夫一個，不過已經透過多年的尋尋覓覓，而找到破除對於死亡的無謂恐懼之門徑了。

有學生問我：「老師！像您這樣經常到各地做臨終關懷、往生助念，比如說會到醫院的病房、太平間、往生室，甚至於到殯儀館、停棺室、火葬場、納骨塔等等，會接觸到很多絕症末期或是臨終病人，甚至於往生者的遺體，不是很恐怖嗎？您會不會感到害怕？」

我說：「回顧過去，多年前剛開始的時候，還會有一些負面的覺受，現在已經完全沒

註1：「And that is as it should be」一句，如果用白話翻譯是「而這是本來就應該如此的」，但是因為英文原文簡練且禪機意味濃厚，所以我借用佛學用語「法爾如是」。

註2：「change agent」一語，中文應翻譯為「轉變作用」，不過我認為賈伯斯這麼說還不夠徹底，死亡不只是生命的「轉變作用」而已，而是生命的「轉變機制」（mechanisam）。

有恐懼的心理，譬如說，當我面對已捨報（斷氣）的往生者開示叮嚀時，我在現場的心情、態度以及說話的語氣，就像是面對一位活生生的人講話一樣，完全不會將他當做「死人」看待，這也就是《金剛經》所說的「無眾生相」。我現在去殯儀館、停棺室、火葬場、納骨塔等場所，已經不會有陰森恐怖的感覺，而是一心虔誠為亡靈誦經、念佛、迴向，祈求三寶加被，希望他們都能往生淨土或轉生善道。」

其實這並不是什麼困難或神秘的事情，只要我們能破除對死亡的忌諱、誤解與迷思，就能自我化解面對死亡的無畏恐懼，我會在文章中毫無保留地與各位讀者分享我的見解與心得。

生死流轉——生命得以延續的奇妙自然機制

二〇一六年七月三十日，我應邀在北京大學經濟學院對一群企業界人士演講，講題是〈探索生命的終極奧秘——從「生死探索」到生死自在〉。因為對象都是企業界的經營者與管理階層，所以不宜用太過哲學或宗教學理論的方式來講。一開場，我先問聽眾一個問題：「地球的資源是有限的？還是無限的？」大眾回應說：「有限的！」沒錯，地球的資源是有限的，不然怎麼會出現能源危機？

順著前面的問題，我再問：「在地球資源是有限的情況及條件下，我們的企業如何能夠永續經營？」大眾開始沉默思索，等了一會兒沒有人回應，我就說：「答案很簡單，就是『Circulation』，讓有限的資源能夠不斷地流通、運轉，讓資金、物流能夠暢通無礙，以達到無限的運用！」大眾一聽之下，有豁然開朗之感。

「讓有限的資源流通、運轉、暢通無礙」是一個涉及系統運作的生態整體概念，不但可以應用在企業的永續經營上面，也可以運用在了解宇宙人生的奧秘上面。從大至宇宙世界的「成、住、壞、空」，到小至生物個體的「生、老、病、死」，都是一種循環、流轉的生態系統與機制。假設地球上的所有生物（包括人類及其他）只有「生」而沒有「死」，那麼地球上的資源早就消耗殆盡了，就是因為有「生」又有「死」，生死交替，循環流轉，生物界才能夠生生不息。

「死亡」與「新生」的玄機——體內細胞的生命週期與汰換機制

我們先不談宏觀的生態系統，就從我們每個人最切身的肉體生命談起。說來是很奇妙的，我們色身肉體能夠健康的成長、發育，正常地生活、工作，以及生命的延續，其實就是靠著體內細胞的不斷「死亡」與「新生」這樣的自然機制來維持的，但是我們卻不知道，也渾然不覺。

世間所有的物質結構，大至宇宙星球，小至細胞，都有相應的生命週期，都會有耗損、折舊及使用期限，沒有任何例外。任何有機體，要能成長、發展及正常運作，其內部組織必須不斷地修補耗損、治癒傷病及汰舊更新。

根據最新的科學研究，人體內平均有三十七點二兆個細胞，而平均每天都有一百億至二百億個細胞，會因為耗損、衰老、失能而步入死亡，然後被汰換，同時立即會由新生的細胞取代。人體內細胞的死亡與新生，其速率與週期，會因器官部位及功能的不同而有差異，從數日到數百日不等。以大腸及小腸的內腸壁上皮細胞為例，其平均壽命不超過五天，視網膜細胞的平均壽命為十天，皮膚細胞的平均壽命為二十一至二十八天，紅血球細胞的平均壽命為一百二十天，肺泡細胞的壽命超過一年，平均為四百至五百天。唯一例外而特別長壽的是腦細胞與神經元細胞，從生到死不會被汰換，但是會耗損、衰老乃至失能，其平均壽命可達六十年以上。

在細胞層級的這種汰舊更新的過程，生死交替流轉的劇情，是無時不刻、長時不斷、經年累月地在我們體內默默地進行著。整體而言，我們身體內絕大部分的細胞（腦細胞與神經元細胞除外），平均來說，其「新鮮度」都在十年以下；換言之，我們的「身體」本身要比我們心目中所認知的「自己」年輕許多！但是我們都不知道！所以大家千萬不要覺得「自己」老了！這要感謝我們體內細胞的生死交替汰換機制！

雖然如此，但是還有一點我們應該特別留意及了解的，就是細胞及器官零件的汰舊換新，是需要有良好的原料及養分供應，那就是我們吃的食物、飲用的水以及呼吸的空氣。而原料及養分的品質優劣與否，會嚴重影響到細胞及器官零件的更新狀況及結果。然而，現代整個地球的環境汙染、水源汙染及空氣汙染的情況愈來愈嚴重，在在處處都不斷危害到我們身體的健康與細胞汰換機能！這一點在下文中我們談到「疾病與健康」時，再進一步討論。

當然，我們體內這種細胞的汰換機制，其效率與功能，在我們過了中年（平均約四、五十歲之間）之後，會逐漸遞減與不斷下滑，這也就是身體老化的自然過程。遲早有一天，整個身體的機能會達到無法繼續運作的「臨界點」，以至於終究停擺，這就是色身肉體的「自然死亡」。從大自然的觀點而言，我們身體的「自然死亡」，既非異常，也非強加在我們身上的不公正命運，而是色身肉體「一期生命」唯一合乎邏輯與大自然規律的圓滿結局。

細胞的死亡與汰換是正常的過程與健康的現象

上文已經解說過了我們體內細胞「死亡」與「新生」的玄機，也就是細胞的更新汰換機制與相應的生命週期。其實，在我們的有生之年，也就是一期生命的大限之內，體內細胞的「死亡」與「新生」，是無時無刻都在進行的，也因此我們肉體的生命才得以發展、延續。

接著我要再揭示細胞「死亡」與「新生」的另一層奧秘，就是「細胞的死亡與汰換」是「正常的過程」與「健康的現象」，換言之，凡是正常、健康的細胞都會自然地衰老、死亡而汰舊換新。萬一，我們體內有一些細胞違反了大自然的更新汰換機制而拒絕死亡，不但自己不死，而且還會侵襲、感染周遭的其他細胞也一樣拒絕死亡，甚至於蔓延、轉移到其他的身體器官或部位也同樣都不死，那是什麼細胞？大家一聽就知道，那就是令人聞之色變的「癌細胞」！癌細胞就是我們體內拒絕死亡與新生的細胞，嚴重地破壞了體內細胞汰舊換新的自然機制，甚至嚴重威脅到整個肉體生命的延續與生存！

癌細胞的英文名字叫「Cancer」，這是一個拉丁文名詞，字義是「螃蟹」，西洋占星術裡的「巨蟹座」也是用拉丁文「Cancer」來命名。為什麼西方人用「Cancer」來稱呼

「癌細胞」（異常的惡性腫瘤）呢？因為「癌細胞」有如螃蟹一般「橫行霸道」，譬喻不受大自然規律的節制！

在人類的世界裡面，凡是「正常人」都會死，不會死的除了古典小說中所描述的「仙人」之外，就是「妖怪、殭屍、吸血鬼」，或是像科幻電影裡所描繪的從外太空入侵地球的「異形（alien）」之類。正常人如果被殭屍、吸血鬼或異形咬了一口以後，就變成了他們的同類，所以非常恐怖！【慧開按：不過我從來沒有聽過，人會因為被「仙人」咬了一口就變成「仙人」的。因為「仙人」會嫌我們「凡人」汙穢骯髒，他們如果咬了「凡人」一口，或者被「凡人」咬了一口，會被「汙染」而變成了「凡人」，非常划不來。】

我們可以借用這個比喻，癌細胞（Cancer）就是體內細胞界的「妖怪、殭屍、吸血鬼或異形」，萬一其他正常的細胞被它直接侵襲或轉移蔓延而沾染到，就被它同化了，所以「不會死」的癌細胞不但危險，而且非常恐怖！

因此，如果我們充分了解到生命的自然機制——「死亡」與「新生」是生命的一體兩面，那麼「死亡」——從「細胞的死亡」到「個人的死亡」，其實一點都不可怕，反而「不死」——從「細胞的不死」到「個人的不死」，那才真正令人感到恐怖！

以平常心面對死亡，並且接受死亡本來就是生命不可分割的一面

從微觀的角度來看，我們體內的細胞不斷地死亡與新生，不僅是維繫有情個體生命正常發展與運作的自然機制，而且是無時無刻都在發生的「現在進行式」，這正是生命的奧秘與微妙之處。如果不是如此，我們的生命反而無法正常地運作及延續。從宏觀的角度來看，我們每個人一期生命的死亡與未來生命的新生也是如此，這樣才能讓群體的生命正常發展及延續，在這當中蘊含著極為深刻的生命奧義。

自古以來，中國哲學的主流思想——包含儒、道、釋三家以心性體認為本位的生死智慧，並不以追求「個人肉體生命的永恆不滅、長生不死」為終極目標，反而強調「整個宇宙人生大化流行的生生之德、生生之化與生生不息」，與大自然的生命機制不謀而合。

由此觀之，小自細胞，中及人身，大至宇宙自然生態，其間的「死亡」與「新生」，一方面是生命的奧秘，另一方面也是極為自然而平常的事，所以根本無須恐懼或憂慮，因為沒有什麼值得恐懼之處與理由。我們會恐懼死亡，是由於不了解生命的本來自然機制，對生命與死亡有嚴重的錯誤認知，不接受死亡本來就是生命不可分割的重要內涵。因為人類極度排斥死亡，就連「自然死」也不接受，甚至於在心理上將死亡「妖魔化」，經由錯

誤的想像而投射出一幅幅死亡的「恐懼面貌」，然後代代相傳，形成一種畏懼死亡的禁忌文化，其實都是虛擬而不真實的。

借用六祖慧能大師的詩偈：「本來無一物，何處惹塵埃？」希望各位讀者能夠「正觀」死亡的本來面目，從而化解面對死亡的無謂恐懼。

人類的無明煩惱以及業行將死亡蒙上了恐怖的面貌

我說自然生命過程中的死亡本身其實並不可怕，是因為人類「不想、不敢、不願、不肯」面對及接受死亡的心理投射，而將死亡「想像得」很可怕。我這麼說，一定會有人不以為然，也會有人提出質疑，有人會說：從歷史的經驗來看，以及從現實世界實際情況來觀察，確確實實存在有很多各色各樣的死亡可怕面貌，譬如：戰爭、集體殺戮，各種慘絕人寰的酷刑、迫害，天災人禍導致的死亡，乃至各種可怕的流行怪病，從古代的瘟疫、黑死病到現代的禽流感、SARS、伊波拉病毒、新冠肺炎（COVID-19）等等，這一點我完全同意，並且充分地理解，一點都不會否認。

然而，在所有這些非自然的死亡現象與事件當中，除了不可抗力的天災——例如火山爆發、地震、山崩、海嘯、颱風、洪水等等所導致的死亡之外，其餘絕大部分的非自然死亡事件與現象，都是人為因素造成的，其中以戰爭、集體殺戮為最大宗，各種酷刑次之。說得再明確一點，其實是人類的種種無明煩惱與惱害眾生的業行，造成了從古到今人類社會絕大部分的恐怖死亡事件與現象，例如日本侵略中國時的南京大屠殺，二次大戰時德國納粹屠殺平民猶太人等等。

雖然到了近代，世界各國都逐漸廢除各種非人道的酷刑，現代戰爭的規模也逐漸縮小，不像兩次世界大戰那種全面性的戰爭，而是區域局部性的戰事。但是在另一方面，隨著科技的進步與發展，陸海空（包括從海底到太空）各式各樣、大大小小的武器也日新月異，從槍砲彈藥，到坦克、大砲、戰機、戰艦、潛艇，乃至各式各樣的飛彈、導彈、核子彈、氫彈等等，其戰鬥性能與攻擊效率不斷地加碼提升，殺傷力愈加驚人，攻擊的方式也愈加恐怖難防。到了當前的二十一世紀，又有了新一代的攻擊模式，防不勝防而又層出不窮的恐怖攻擊已經變成世界性的問題，讓現代人都生活在隨時可能會遭受恐攻或被波及的陰影當中。

醫療科技的進步反而模糊了死亡的本然面貌

上一節文中所述的那些非自然死亡事件與現象，相較於全世界人類總人口的比例，究竟還是佔少數，因此，從道理上來說，絕大多數人應該還是可以享有「自然死」的！然而很不幸地，因為現代醫療科技的進步，反而造成絕大多數的現代人無法「享有」自然死！非但無法享有「自然死」，而且死得很痛苦、很悽慘！這不是很奇怪嗎？問題到底出在哪裡？

說來真的是非常弔詭！在古代封建專制社會，因為人權不彰，如果一個人有牢獄之災，可能會遭受到酷刑而慘死的機率比現代人高；但是在另一方面，普遍而言，一般社會大眾能夠享有自然死的比例，也比現代人高出很多。雖然說古代的醫療不夠先進，但也就是因為如此，臨終病人不會遭受到醫療的干預，不會陷入「求生不得、求死不能」的困境，同時一般大眾也比較能夠坦然接受「老、病、死」的自然來臨，所以會死得比較有尊嚴。

到了現代自由民主社會，因為講求民權而且人權高漲，甚至於連一個窮兇惡極的歹徒，犯下了令人髮指的重大兇殺刑案，即使關在牢獄之中，仍然享有基本人權，不會受到虐待，更不會有任何酷刑伺候而屈打成招或慘死獄中。

但是普遍而言，一般社會大眾能夠享有「自然死」而「善終」的比例，卻是出奇地低！為什麼？主要的原因有兩方面：一者，是我在前面已經說過的，一般大眾「不想、不敢、不願、不肯」面對及接受死亡，連一期生命週期中的「自然死」也拒不接受，對於「自然死」完全沒有任何應該有的認知與準備，從而錯失能夠很有尊嚴地自然死的寶貴時機。

二者，是因為現代醫療科技的長足進步與發達，讓醫師與社會大眾產生一種嚴重的錯覺，以為如此進步的醫療科技應該可以對抗而且不斷延遲死亡的到來，再加上前述的拒不接受「自然死」的態度，而對於末期乃至臨終的病人，不斷地施予醫療的干預。最後的結局，就是將病人最後僅有的精神與體力消耗殆盡，導致病人「多重器官衰竭而死」，痛苦地告別人間，毫無尊嚴與品質可言。

一期生命的理想落幕──「善終」，如何能夠如願善終？

《尚書・洪範》有云：「五福：壽、富、康寧、攸好德、考終命。」此即「五福臨門」之出處，第三項「康寧」意為「身體健康，心理安寧」，第四項「攸好德」意為廣積陰德，第五項「考終命」即是「善終」之意。前面四福「壽、富、康寧、攸好德」是講生命的品質，最後一福「考終命」是講死亡的品質與尊嚴，可見古人論人生福祉，乃是兼顧生死，意義深遠。那麼，如何才能夠善終呢？這一點值得我們現代人好好地省思。

在理性上，或者在表面上，我們似乎都能夠認知到：「生、老、病、死」一方面是生命的轉變機制，另一方面，同時也是生命的自然旋律與週期，就如同大自然「春、夏、秋、冬」四時運行一般。

然而，當我們不得不面對一期生命的「極限境況」——不論是自然老病將終，或者是惡疾絕症末期，就連醫療科技也都束手無策時，絕大多數現代人（不論是家屬或者醫師）的反應，幾乎都是不斷地對抗病魔和死神，一味地延長病人有限的肉體生命現象，而一再地進行無效的急救或醫療措施，直到耗盡病人僅剩的精神與體力為止。就是因為這種錯誤的認知與作為，絕大多數的現代人都死得非常辛苦，甚至於死得很悽慘，距離善終的理想是非常遙遠的。

我們絕對肯定現代醫療科技的進步及其療癒功能，我們也非常感激醫護人員對社會大眾的貢獻。然而同時，我們也必須清楚地認知，現代醫療科技無論再如何進步，一期生命終究必須面對死亡，所以我們必須深刻地反思「現代醫療科技的極限」，以及在面對死亡的課題時，如何使其更進一步轉化的可能。

我們也一定要清楚地認知：生命與死亡的終極超克與安頓，已經遠遠超過科技的極限，而是屬於靈性探索與心靈成長的層次，必須借助於人文哲思與宗教靈修，所以我們不能完全仰賴醫療科技，最終必須回歸到靈性關懷的層面，才能夠生死兩相安。

坦然接受「自然死」——回歸大自然的生命機制

在我們一期生命終將落幕的時候，肉體的自然死亡「不是疾病」，而是「大自然的生命機制」，「自然死」應該是最基本的人權，卻一直被我們忽視與漠視！現代醫療科學與教育應該加強對於「自然死」的研究與教學，醫護人員應該要有坦然接受「自然死」的基本認知與素養，一般大眾也應該要有坦然接受「自然死」的心理準備與共識。坦然接受「自然死」是任何人想要「生死自在」的根本信念與基礎功夫。

我們雖然不能阻止死亡的來臨，但是可以及早準備，具足善終與往生的資糧，超越克服死亡的恐懼及焦慮，臨命終時能夠「預知時至，所作皆辦，身無病苦，心無罣礙」，安然如願地往生到個人信仰上或心目中的歸宿。

其實，老人的自然死亡與嬰兒的出生一樣，都有其個別的自然節奏與時機（timing），胎兒降生的時間到了，他自然而然就要脫離母體，老人往生的時間到了，他自然而然就要辭世離去。因此，「自然死」本來就「無須，也不應該」受到醫療的人為干預。

其實我們都可以死得自然而不痛苦——順應肉體生命自然死亡的歷程

肉體的自然死亡，就像是落葉歸根、瓜熟蒂落一樣，會經歷一段自然凋謝的歷程。最好能在不受到任何醫療干預及干擾的情況下，讓臨終者能夠將身體僅存的養分與精力集中保留給大腦，他就有機會保持意識清楚，而且「正念現前」，輕鬆愉快地「往生」。

肉體的自然死亡，有如電腦作業系統「關機」一樣，會先從一些小程式及附屬程式開始逐一關閉，最後才關閉主程式。萬一在關機過程中，有不當的指令強行介入「阻礙關機」，則會導致「不當關機」，甚至於「當機」。

理想的善終——也就是肉體的自然死亡，會先從身體的一些生理系統開始逐一關閉，最先關閉的是消化系統、泌尿系統等等，然後是神經系統，最後是大腦關閉。這就是為什麼臨終者會產生一種「臨終脫水現象」，這是生命的自然機制，這時候臨終者既不需要進食，也根本就不該進食。

如果在這個時候，還強行為臨終者插管、灌食等等，就等於是強力地阻止他的肉體自然關機，結果會造成「臨終水腫現象」，不但無法順利地「往生」，而且會「死得很辛苦」，甚至於「死得非常悽慘」。

因此，我極力地主張：如果已經確知親人面臨肉體生命的極限，就應該開導及鼓勵他：千萬不要浪費最後僅有的精神及體力在對抗病魔和死神上面，而是要保留足夠的精神及體力，好好地「活著」準備「往生」。當時辰已至，能夠蒙佛、菩薩等聖靈接引，然後安然「往生」到個人信仰上或者心目中的歸宿。

我的父母親在往生之前，醫師不斷地要為他們插鼻胃管灌食等等，我們兄弟嚴詞拒絕，不僅捍衛了雙親的死亡尊嚴，並且維護了他們的死亡品質。最後，父母親都是在兒孫的陪伴下，以及沐浴在佛號聲中，意識清晰地含笑捨報往生，這是我們兄弟畢生最大的安慰。

「求往生」是生命永續的具體實踐，如此才能真正超克死亡！

當我們已經確知病人面臨一期生命的末期時，就應該鼓勵、協助他一心一意地發願「求往生」。大家可能會有疑問：我們如何能夠確知病人已經面臨一期生命的末期，而且來日無多？道理很簡單，因為現在網路資訊發達，有醫療診斷的大數據（big data）資料庫可以參照比對。除非是極少數人得的罕見疾病，由於缺乏足夠的數據資訊，醫師無法據以判斷病情的可能發展；否則，如果罹患的是全世界上萬億人都得過的疾病，諸如：肺癌、大腸癌等等之類的，萬一到了末期，又有擴散、轉移等情況，病人只要做過諸如MRI（核磁共振成像）、CT（電腦斷層掃描）等醫療檢驗，醫師根據檢驗報告比對大數據資料庫，可以相當精確地預判病情的發展，乃至肉體生命的剩餘期限。

到了這個節骨眼，就要當機立斷，停止所有不當的醫療干預，保留精神與體力，一心一意「求往生」。在此我要向各位讀者鄭重聲明：「求往生」絕對不是放棄生命「求死」，而是要保握一期生命最後的寶貴時光，養精蓄銳，集中心念，醞釀與佛、菩薩（或者依個人的信仰，如：三清道祖、瑤池金母、耶穌基督、真主安拉等聖靈）感應道交而來接引的契機。因此，「求往生」無礙於病人「好好地活著」，一直到他往生，這是生命永續經營的具體實踐，如此才能真正地超越克服死亡。

反之，如果昧於現實，一味地「求生」而不斷地讓病人遭受醫療的不當干預，結果會因為耗盡僅有的精神與體力，最後很可能會死得非常痛苦且悽慘！

「往生」是一項積極自主的「行動」，必須要有足夠的動能支持才能完成！

各位讀者切記：真正的「善終」與「往生」，是「實質的動詞」，而非「抽象的名詞」。這就是為什麼我一再強調：想要如願善終及往生淨土或天堂，千萬不能有醫療的不當干預，而且千萬要保留足夠的精神與體力做為往生之用，因為「真正的往生」並不是一種消極的「狀態（state）」，而是一項積極自主的「行動（action）」，必須要有足夠的動能（也就是最後的精神與體力）支持才能完成。

就如同電腦要能正常順利地開機以及關機，就必須要有足夠的電力（power）支持才能運作，當電腦要關機的時後，萬一關機程式還沒跑完就沒電了！會發生什麼情況？當機！同樣的道理，任何人要想善終，甚至於更進一步地想要如願地往生，在最後告別世間（捨報）的時候，沒有足夠的精神和體力做為動能（power）是絕對不行的！

當個人的世壽即將圓滿前，必須要有足夠的精神和體力，頭腦要清楚，我們才得以「預知時至」，透過平日的精進修持與願力，從容且歡喜地迎接往生時辰的到來。

但是非常不幸地，就目前的客觀情境而言，現代人絕大多數在臨終時，都是遭受醫療的過度與不當干預，一直消耗到「多重器官衰竭」而死，就好像是電腦關機程式還沒跑完，就把僅剩的電力都全部消耗光了，造成生命當機！往生佛國淨土無望，只好六道輪迴去了！

往生佛國淨土或者上升天堂有如「星際之旅」，而且佛、菩薩（或者耶穌基督等）會來接引，因此，屆時一定要有足夠的精神和體力，才能夠和佛、菩薩（或者耶穌基督等）

連線（online）而感應道交，才能夠上得了蓮花台，才能夠真正地瀟灑走一回。

最早於一九九五年，我還在美國費城天普大學寫博士論文的時候，就提出：我們在臨終的時候，務必要保留有足夠的精神與體力，以做為往生之用，可惜當時幾乎沒有人聽得懂我講的話，而且都深深不以為然，認為我說的話嚴重違背常理，好像叫病人趕快去死似的。大家都認為，如果病人還有足夠的精神與體力，就該好好活下去呀！幹嘛要往生（等於去死）？

唉！就是因為大眾都不了解肉體自然死亡的生命機制，而且不了解「往生」的積極意涵，所以就一直拖延到精神與體力完全消耗殆盡，結果錯失了能夠真正往生佛國淨土的寶貴時機，可不惜哉！可不痛哉！

為了讓大家了解「臨終之際保留足夠的精神與體力」的重要性，我再借用日常生活中的現代科技來做個比方。很多人都玩過電子遊戲（video game），比如說任天堂遊戲中的「超級瑪利歐兄弟」（Super Mario Bros.）或者類似的過關遊戲，當一局遊戲進行到只剩下最後一條命了，而且「生命能量」逐漸消耗遞減至出現紅色警訊的時候，當務之急就是要設法及時「過關」，而不是繼續和眾怪獸廝殺、搏鬥。如果不及時「過關」，還繼續和怪獸糾纏、戀戰，拖延到生命能量耗盡歸零，就「Game Over!」了！反之，一旦過關，生命能量就重新補充到百分之百，又是一條英雄好漢。

同樣的道理，在我們一期生命的最後階段，一定要保留足夠的精神與體力，才能跟阿彌陀佛（或者耶穌基督、真主安拉等聖靈）「連線（online）」而「過關」，否則就「Game Over!」，六道輪迴去了！

現代醫療科技的兩難困境與「安樂死」的迷思

現代醫療科技往往會造成病人「求生不得、求死不能」的兩難困境，因此目前社會上有不少人希望或主張對末期病人與植物人實施「安樂死」。然而，無論從醫療科技的角度，或是從醫療倫理的立場來看，都不是合理、合宜的做法，所以必須加以釐清，以正視聽。

「安樂死」的英文是「euthanasia」，源自希臘文「eu」＋「thanas」；字首「eu」為「good，easy」，亦即「安易」之意，並無任何「快樂」的意涵；其字根「thanas」的語源為「Thanatos」，是希臘神話中「死神」的名字，代表「死亡」之意。是故，「euthanasia」的原意就是「好死」、「善終」，用在現代社會的意涵是「安易（而無痛苦的）死亡」，與「快樂」或「不快樂」根本無關，已故傅偉勳教授曾建議應該翻作「安易死」比較妥當。【慧開按：「安樂死」一詞原本是日本人的翻譯，從希臘文與英文的原意來考察，這是錯誤的翻譯，嚴重地誤導社會大眾，誤以為可以用人為醫療干預的方式，讓末期絕症病人，因為痛苦難耐（或是以此為理由）而欲提早結束生命，得以「安樂地」死亡，其實一點都不安樂！諷刺的是，日本社會早在二十世紀末就已經普遍放棄使用「安樂死」一詞，而以「安寧死」或「尊嚴死」取代，反而在海峽兩岸還沿用至今，社會大眾已經積非成是，改不過來了。】

其實，「euthanasia」一字在當今歐美社會也已經不太使用了，因為這個英文字本身不但有誤導社會大眾之嫌，而且涉及法律爭議，現在比較普遍的用語是「physician-assisted suicide」，其意涵為，絕症病人由於痛苦難忍而意欲及早結束自己的生命，而由專業醫師從旁提供協助，所以稱之為「由醫師協助的自殺」（physician-assisted suicide），不過在本質上，仍然是一種近於「謀殺」的行為。

一九九五年四月十九日，美國奧克拉荷馬市中心「艾爾弗雷德·默拉聯邦大樓」發生了美國本土恐怖主義炸彈襲擊，造成一百六十八人死亡，超過六百八十人受傷。案發後奧克拉荷馬州巡警攔下了駕駛無牌車輛的蒂莫西·詹姆斯·麥克維並將其逮捕。經過調查、起訴，被證實為爆炸案主嫌，而後被判處死刑，於二〇〇一年六月十一日執行死刑。該項死刑的執行方式則是採用注射藥物，其過程與醫療上爭議多年的「安樂死」可以說是一模一樣；換言之，在實際的操作方法上，「安樂死」＝「死刑」。

因此，不管是「euthanasia」還是「physician-assisted suicide」，都是錯誤的生命處置方式，因為那既不是正常、也不是妥善的「死法」。在佛法裡面有更為高明的辦法，原則上，就是停止醫療的不當干預，而一心一意積極「求往生」。因此，我個人強烈反對「euthanasia」及「physician-assisted suicide」，其中的道理與內涵，我有另外一篇專題文章詳細討論。

現代醫療護理面對「生命」與「死亡」的未來開展

現代醫療科技、臨床實務與醫學教育訓練的未來發展，應該要突破現行的理論侷限與思惟框架，必須「正視」與「重視」肉體生命終究會「自然死」的本有自然機制，而且應該以更為開放的態度，面對及回應病人意欲「善終」與「求往生」的心願，以及如何協同家屬幫助病人善終與求往生的靈性與宗教需求。

當面對肉體生命的末期時，現代醫療與護理如何能夠破除傳統上「一味求生」的侷限與困境，研究如何能夠幫助病人安詳地「善終」與「求往生」，以維護其「死亡的品質」

與「死亡的尊嚴」，將是醫療界目前與未來不得不面對的重大課題。

有關有情個體一期生命死亡的自然機制，我們已經談了不少，到此先告一段落，接著我們來談談有關「疾病」與「健康」的生命機制。再進入討論之前，我先跟大家講一個三國時代的故事。

疾病篇

英雄最怕病來磨

話說劉備三顧茅廬，禮請諸葛亮出山相助，尊為軍師，兵將皆由他一手調遣。張飛很不服氣，心想：一介文弱書生，手無縛雞之力，有什麼能耐，我為什麼要聽他的指揮？一天，劉備有事出門去了，諸葛孔明一個人獨自坐在軍帳裡。張飛故意在帳外指東打西，高聲大叫：「我燕人張翼德，槍不怕、刀不怕、天不怕、地不怕，天王老子地王爺樣樣不怕……」

孔明聽到之後，慢慢踱出帳外，佯作不知張飛的用意，就問道：「世上的事情，三將軍總要怕一樣吧？」

張飛見孔明搭話，正好要發發胸中的悶氣，就說道：「英雄在世，最多不過一死。我連死都不怕了，其餘的我還怕什麼？」

「你敢打賭嗎？」孔明問。

「敢！」張飛說：「若有一怕，從今後受你調遣，衝鋒廝殺；若是軍師說不出一樣叫人望而生畏的事情呢？」

「不敢指揮三將軍，聽憑三將軍驅遣。」

他二人一言為定，擊掌成局。孔明請張飛伸出手來，然後用筆在他的手掌心上寫了一個字。張飛縮手一看，原來是個「病」字，立刻想起當年做屠夫時，曾經害過一場傷寒，莫說是剔骨切肉的板刀，就是四兩重的豬耳朵都提不起來，更遑論持丈八蛇矛衝鋒陷陣了！我怎麼就忘記了民間的古話「自古英雄不怕死，好漢獨怕病來磨」呢？於是連聲大叫：「怕！怕！怕！我怕害病！」

孔明哈哈大笑說：「既然世上還有你聞之色變的事，那你還是聽我的調遣吧！」

「罷！罷！罷！」張飛只好連連點頭，從此服了孔明。

這個故事充分顯示「疾病」的可怕威力，甚至於超過「死亡」，連自詡拳打南山猛虎，腳踢北海蛟龍，還曾經威風神勇到喝斷長板橋。就連死也不怕的三國猛將張飛，面對「病」字，也要嚇得退避三舍。是以古諺有云「英雄最怕病來磨」，民俗神鬼傳說裡的「瘟神」也比「閻王」更讓人畏而遠之。

如此說來，「疾病」對生命而言，難道就沒有一點正面的意義嗎？非也！就像是我們面對「死亡」有很多誤解，當我們面對「疾病」時，也是一樣充滿了誤解。就如同「生」與「死」是生命之一體兩面，「死亡」是「生命」的一種展現；「健康」與「疾病」也是生命之一體兩面，「生病」也是一種「健康」的表現。

疾病其實是身體欲維持自我健康的生命機制

「生病」也是一種「健康」的表現，這句話乍聽之下，絕大多數人都會覺得「不合邏輯」呀！一個人如果身體很健康，就應該不會「生病」才對呀！萬一生病了，就表示身體不健康了呀！怎麼可以說「生病也是一種健康的表現」呢？

的確，從表面來看，生病是負面的，是不好、不健康的！然而，深入一點來看，身體會「生病」有其十分正面的意義。也就是說，當我們的身體出現問題或狀況了，可能是受到外來的風寒、細菌、病毒等等的侵襲，也可能是飲食、睡眠、作息、生活起居等等長期不當或失調，導致身體受損或不適，而體內的免疫系統自然地啟動了抵抗異物入侵的防衛機制或者其他的修護機制，我們的身體在這個時候，就會產生「生病」的現象和症狀，這就是我所說的「健康的人才會生病」，「生病是一種健康的表現與象徵」。

再講得白話一點，生病的症狀就是「當體內的免疫系統運作時所發出的訊息」，比如說：頭疼、發燒、咳嗽、流鼻水、起疹子等等，就等於是身體主動告訴我們：要注意了，身體出狀況了，必須要去看醫師了。

所以古人有云：「微恙彌珍！」就是強調小小疾病的警訊，彌足珍貴，因為它顯示出身體的免疫功能與防護機制正常運作。所以我說，知道如何生小病，比較不容易生大病，懂得生小病的意義是有福氣的。

微恙彌珍

「微恙彌珍」這個俗諺，意指我們的身體如果出現了各色各樣小小的病痛，其實是彌足珍貴的，其含義值得我們好好地深思及體會。

我們往往會有一種錯覺，以為從不生病的人，身體就很健康；反之，看起來體弱多病的人，經常掛病號的，身體就不健康，其實這種認知是很表面的。然而，再從另外一個角度來觀察，又會有截然不同的印象，足以衝擊我們之前的認知。在日常生活經驗裡面，我們常常會聽聞到，某人（可能是自己的朋友故舊或是公眾人物）身體好好的，沒聽過他有生什麼病，也沒出現什麼徵兆，卻突然倒地不起就走了；反而那些經常生病的人，活到七老八十還好好地不會死。這種與我們一般認知恰恰相反的現象，大家會覺得奇怪不解，其實，一點都不奇怪，其中有另外一層深刻的道理，卻一直被大家忽略了！

針對這個問題，為了加深大家的了解，我要花一些篇幅舉一些實例來說明。二〇〇八年五月十日，第二次政黨輪替之後，內定五二〇接掌內政部長的廖風德，下午偕妻子在住家附近、北市木柵一四〇高地公園步道爬山時，突然休克倒地，沒有呼吸心跳，經送往萬芳醫院搶救逾五個小時後，於晚間宣告不治，醫師判定因心肺衰竭過世，享年五十七歲。

二〇一六年三月十九日晚，金管會前主委龔照勝在喜來登大飯店參加宴會，因心肌梗塞昏倒，急救送醫後不治。前一天，十八日上午，他還精神抖擻地參加中華郵政一百二十週年慶，並且與在場的金管會證期局官員以及過去的部屬多人握手寒暄，完全看不出身體有任何異狀，不料隔天晚上竟傳出辭世噩耗，令許多人錯愕。據了解，雖然當時有醫師在場聽到呼救，立即上前進行評估與施作CPR，但經過搶救並且送醫後，仍然回天乏術，享年六十一歲。

以上這二個例子是我從新聞報導得知，因為非親非故，所以談不上有什麼深刻的感受，以下我再舉幾個我所熟識的高中和大學同學的實例，每一件都讓我感慨不已。

當年建中同班同學陳和吉，後來在臺北東山高中任教數學，還教過我的姪女，於二〇一六年六月突然仙逝，事先沒有任何徵兆，據說是因為心肌梗塞，享年六十二歲。

臺大晨曦學社的學長陳叔平，於二〇一六年五月因急性心肌梗塞辭世，事先沒有任何徵兆。叔平學長雖然是就讀機械系，但是對佛教的經論典籍非常熟悉，當年在晨曦學社人稱「佛學活字典」。他比我高一屆，我在大一加入晨曦社時，他是圖書組長，我是他的組員，我上大二時接任圖書組長，所以和他交情匪淺。後來在一九七五年我還跟著他在道安法師住持的松山寺，花了一整個暑假的時間，幫張曼濤教授編輯《中華民國六十年來佛教論文目錄》，和他有一種「革命情感」，所以叔平學長的往生，讓我不勝唏噓。

臺大數學系同班同學李肇林，不幸於二〇一一年二月過世，還不滿六十歲，事先也是沒有任何徵兆，令人不勝感慨。回憶當年上大二時，我們兩人同時選修理學院開的德文一課程，因為不滿意那位兼任老師的敷衍教學，又很想學好德文，就在大二升大三的暑假，相約一起到臺北「德國文化中心」報名上密集班德文課。升上大三時，再一起去修外文系開的德文二課程，後來我們兩人的成績是全班最高分的。畢業後，肇林留在數學系念碩士，後來再赴美國卡內基美倫大學攻讀博士。一九八五年八月回國，在臺大資訊系任教，前後二十四年，於二〇〇九年八月一日退休。可惜天不假年，就在二〇一一年我們正準備要召開畢業三十五週年同學會之前，肇林就無預警地告別世間了，班上同學都慨嘆不已。

還有一個例子，是聽臺大晨曦學社的老同學跟我說的。臺大的老學長羅普慶，機械系畢業，高我三屆，在校時擔任過晨曦學社副社長，後來去英國留學，曾在香港地鐵公司任職總經理，現已退休，他的夫人鄭琗瑾，園藝系畢業，和我同一屆，也是晨曦學社社友。他們夫妻倆現定居香港，過著退休生活。二〇一四年，我去香港演講時，他們請我餐敘，席間我們談到生死、養老和臨終關懷的問題，琗瑾跟我講了一個她高中同學的案例。

老同學琗瑾說，她的高中同班同學，後來也在香港工作、定居，最後打算在香港終老，沒想到才六十歲，就在自家中一睡不起，無預警地撒手人寰。根據香港的法律規定，即使是在自己的家中過世，為了要查明死因，也必須要解剖驗屍。經過解剖檢驗之後，才發現血管已經阻塞了百分之八十，導致心肌梗塞，最後無聲無息地走了。很多同學從臺灣趕來香港弔唁，都不勝慨嘆人生無常。

血管阻塞了百分之八十，那是多麼恐怖和嚴重的狀態，可以說是「命在旦夕」，但是她居然完全沒有感覺，這也是很恐怖的事情。這就讓我想起了二〇一四年七月三十一日晚間，在高雄市所發生的連環氣爆事件，造成三十二人死亡、三百二十一人受傷，災情慘重。事後經過調查，判定為四吋丙烯管線遭不當包覆於排水箱涵洞內，致使管壁由外向內腐蝕，並且日漸減薄，而無法負荷輸送管內部之壓力而破損，導致運送中的液態丙烯外洩，引起大規模劇烈的連環爆炸事故。

這兩個看似無關的事情，其實有個共通的地方，就是「積弊已久」，「遲早」一定會爆發。如果事先有任何徵兆出現，哪怕是一點點的跡象被發現，就有可能預防或補救，壞就壞在事發前毫無徵兆預警，終致一發不可收拾。對照這樣的情境，我們再回過頭來省思「微恙彌珍」這四字箴言，就可以深刻地了解「微恙」的寶貴之處了。

我們身體的「微恙」就是一種「預警」，提醒自己要注意身心健康是否已經出了狀況，可能是身體內部有變化，可能是生活作息要調整，也可能是飲食的問題或者是病毒感染等等。在這樣的情況下，「生病」其實非但不是壞事，而且還是好事，表示身體的免疫功能與機制運作得很好。也就是，當健康出現警訊時，我們的身體會即時發出「通報」，顯示我們可以察覺自己身體內在所發出的訊息，而能及時防護或及早治療。

但是很不幸的，現代人——特別是生活在都會區的現代人——在某種程度上已經喪失了原本就有的身體預警功能，或者是喪失了察覺自己身體內在訊息的能力，以至於當身體內部已經危機重重了，可是他卻渾然不覺，表面上看起來似乎健康無恙，其實很可能已經命在旦夕了，累積到最後病發時，就好像是兵敗如山倒，一夕之間天人永隔。

因此，我們的身體會適時地「生病」其實是件好事，如果長時間都不生病，連「微恙」也都沒有，除非是平日就勤於練功的養生高手，否則很可能身體內部已經危機四伏卻渾然不覺，所以每年或每半年定期的身體檢查是有必要的，可以及早預防重大疾病。

學習傾聽來自身體內在的聲音

很多人會注重保養他的愛車，但很少人會真正注重保養他的身體；很多人會認真定期打掃房屋，但是很少人會認真清理自己身心的內在；我們會很留意自己銀行裡存款的帳目進出，但是卻很少會留意自己的身體究竟吃進來什麼東西？又排出去什麼東西？我們在日常生活裡，不斷地吸收各種資訊，包括財經股市、工商產業、國際政治、體育運動、觀光旅遊、影視娛樂等等，乃至各種八卦新聞、小道消息，卻很少會認真吸取關於了解我們身體的訊息。

其實，在日常生活當中的一些小事，都會造成我們身體的損益以及無聲息的滿意或抗議，例如：喝了汽水可樂，免疫力會降低不少，需要六個小時才能恢復；大發一頓怒火之後，免疫力馬上降低至足以生病的程度，身體所受到的損傷需要半天的心平氣和才能恢復。又例如：唱歌二十分鐘、散步一小時呼吸新鮮空氣，可以提升免疫力。總之，我們怎麼樣對待自己的身體，身體就會怎麼樣回應及回報我們，不論是好是壞，所以我們要學習和自己的身體對話，認真傾聽來自身體內在的聲音。

疾病的警訊與健康的希望──以病為友，與疾病對話

「疾病」與「健康」其實是在日常生活當中我們身心活動的一體兩面，換言之，「疾病的警訊」與「健康的希望」不是相互對立，而是相輔相成的。「疾病」的「症狀」是身體透過免疫系統發出的一種訊息，提醒我們要進行診斷、維修、補強等等療癒措施。「疾病」的發生其實是讓我們的身體更為建全，因此，「疾病」本身不是我們的「敵人」，而是我們的「諍友」，所以我們最應該做的，不是去「對抗」疾病本身，而是要運用「生病」的機緣來轉化自己的身心。

從科技的層面來看，現代醫學確實日新月異，不斷進步，然而西方主流「正統」醫學有一個根本的問題，就是，其基礎是建立在唯物論的科學以及理性主義所標榜的「物證」上面，並未將「完整的人」視為「身心合一」的整體，因此，其治療的焦點主要是「局部

性」地針對病人各別疾病的「症狀」顯現，而不是「全面性」地針對罹患疾病的「病人」整體身心狀況，所以往往會落入了「頭痛醫頭，腳痛醫腳」的「治標」療法，而無法真正「治本」地根除疾病。

假如只是採取以「消滅疾病」的「對抗」方式來治療疾病，那麼很可能因為還沒有找到身體不平衡的真正原因，就盲目下藥，往往會造成身體更加不平衡，只有利用「身體症狀的顯現」與其「變化發展的脈絡」，去研判找到「合一與平衡」的途徑，才能真正治癒疾病。

現代人想方設法、殫精竭慮地想要消滅病毒、克制疾病，雖然有一時的成效或短暫的緩解，但是整體而言，人類的疾病從未隨著醫療科技的進步而減輕或減少，不但愈來愈多，而且以更多不同的形式展現出來。

所以我們必須徹底轉換面對疾病的態度與觀念，把疾病視為自己最親密的、最誠實的朋友，與它展開真誠的對話。如果願意用這種態度與觀念對待自己的身體，我們就會發現，其實自己的身體自動提供了許多自我探索的訊息與自我成長及療癒的機會。我們必須深切地了解到，「疾病」與「健康」彼此相隨，就像「死亡」與「生命」彼此相隨一樣；所以我們應該先放下無謂的防衛，而學習傾聽疾病的教導。

老子曰：「知不知、上；不知知、病。夫惟病病，是以不病。聖人不病，以其病病，是以不病。」老子的話原本是指眾生在知見問題上的通病，不知虛心求知，強不知以為知，在知見上生病了。我們可以將老子這段話進一步引申到身心健康上面，也就是如果能夠正視疾病，而痛下針砭，才能真正的治癒疾病。

佛教對疾病的觀照與對治

不論是生理（身體）或是心理上的疾病，都是千古以來共通於全人類的苦惱，站在宗教關懷的立場，眾生的痛苦是需要對治與解救，這也是諸佛、菩薩應化世間的本懷。是故，在佛典中常將諸佛、菩薩比喻為「大醫王」，因為他們能善巧分別眾生的病相，而且曉了藥性，並且能夠審視眾生之病症而授與藥方，使之樂服以治療眾病。在《雜阿含經》中，更以「大醫王」所具有之「四法成就」來比喻佛、菩薩之善療眾病，即是：⑴善知病；⑵善知病源；⑶善知對治疾病之法；⑷善治病已，令當來更不復發。

在佛典的經文中，常以「四大不調」來解說疾病，「地、水、火、風」——「四大」之中的每「一大」若是不調，則有一百零一種病生起，若「四大」皆不調，則有四百零四種病生起。至於疾病生起時的相狀，病人的身心狀態及行為反應，也是以地大、水大、火大、風大等四大不調之相來解說，然後連病人的心境及語言反應，乃至病人家屬的憂心照護，都有極為具體而生動的描述。從這裡可以看出來，佛陀對於疾病與病人的種種觀察，是相當細心而入微的。

幾乎所有大、小乘的經論，基本上都是初步先採用「四大不調」來定義及說明疾病的相狀。當然用現代醫學的標準來看，如此的說法似乎沒有什麼科學根據，解釋也嫌籠統，不過這是因為佛教並非純粹醫療科學，此乃採取一種身心整體的綜合觀點，而提出一種「象徵式的描述」與「譬喻式的解說」。而現行西方的主流醫學，則是採取一種以解剖分析為主軸的疾病觀點，二者之間自然有相當大的認知與解釋差距。

《摩訶止觀》的觀點

以「四大不調」來定義及說明疾病的相狀，還只是比較粗淺層次的解析，有情眾生的疾病尚有更深的層次，以及更為錯綜複雜的因緣與脈絡。根據《摩訶止觀》卷八中所述，大凡眾生的疾病皆因下列六緣而生起：

明病起因緣有六：一、四大不順故病；二、飲食不節故病；三、坐禪不調故病；四、鬼神得便；五、魔所為；六、業起故病。

根據《摩訶止觀》卷八所述「病起因緣有六」來說明疾病的生起脈絡與相狀，第一項「四大不順」可視為身心總體的病因，其餘五項可視為分類（或特殊）的病因。如果就此六大病因的遠近親疏來分析及排序，則此六者的層次為「由表至裡，由顯至隱」；換言之，第一項「四大不順」為最表層的病因，而且最明顯的相狀，第二項「飲食不節」次之，第三項「坐禪不調」又次之，其原因較前二者更為深層與隱晦。

其餘後三項：「鬼神得便」、「魔所為」與「業病」，其病因的深度與隱奧的程度，又依次不斷加深。前三者，特別是前二者，是普遍發生的疾病現象，後三者則是較為罕見的案例。不過從第二項的「飲食不節」至第六項的「業病」，都會導致第一項「四大不調順」。《摩訶止觀》對於這六種病因的脈絡，有相當詳細的解說，讀者若有興趣進一步了解，可自行參閱《摩訶止觀》卷八。因為篇幅的關係，我就不引述原文，僅概要介紹其內容如下。

（一）四大病（或風熱病）

所謂的四大不順，是指吾人因為生活起居作息不正常，或者作務運動之時，因勞動過度、體力透支、受到風寒熱暑之氣等等因素，因而引發體內各種四大失衡的情況，以致於造成種種四大不調順之病，也可稱為「風熱病」。

（二）飲食病

《摩訶止觀》特別指出，飲食沒有節制，也是疾病發生的重要原因。文中還舉例說明，例如有哪幾種瓜果會影響吾人體內四大的平衡，而導致生病。因此勸誡大眾，須要慎重分辨食物的特性，以免不慎誤食而得病。

（三）禪病

這是針對修習坐禪者，因未領會到坐禪之法要，或是坐禪的功夫不如法，而招致各種「禪病」的發生。禪病有「身、心」兩方面之各種疾病，特別以陷入妄想、妄見者為多。然而，其最根本的原因，還是不出「身、心、息」三方面調御不當而成病。《摩訶止觀》文中還特別說明，若發「八觸」而調息不當，則可能引發四大失衡之病相。

所謂「八觸」，即是將得初禪定時，身體中所生出的八種感觸，即是：(1)動觸，坐禪時，俄而身起動亂之象。(2)癢觸，俄而身癢，如無置身處。(3)輕觸，俄而身輕如雲如塵，有飛行之感。(4)重觸，俄而身重如大石，不能稍動。(5)冷觸，俄而身如水冷。(6)暖觸，俄而身熱如火。(7)澀觸，俄而身澀如木皮。(8)滑觸，俄而身滑如乳。

（四）鬼病（或鬼魅病）

「鬼病」其實本非四大五臟之病，但卻又不離四大五臟而發病，理由是其病因不在四大五臟本身，而是因為鬼魅入侵到四大五臟之內，而引發疾病，所以無法用湯藥治療。然而，鬼魅也不會任意侵犯病人，主要是由於「人的邪念」所遭引的鬼魅，而從眼、耳、鼻、舌、身等五根入侵所致。有人因此出現通靈的現象，能預知吉凶，但這不是聖者悟道的真知，如果不及時對治的話，會使得當事人致命。

唐・荊溪湛然在他所著的《摩訶止觀輔行傳弘決》中，引述了一個生動的病例來說明鬼病：

亦如張華，治李子預病，病鬼在膏肓；不肯治之，華乃走避。預自乘馬逐之，華乃道隱，聞草中有鬼。而相問言；弟何不隱去？答：我住其膏肓，針灸不至，何須隱去？但懼其用八毒丸耳。須臾子預至，華便以八毒瀉之，其鬼叫喚而走。

此病鬼以為他隱藏在病人李子預的「膏肓之處」，就連針灸的療效都無法到達，沒想到卻在無意間洩漏了天機，說出自己的要害，醫師張華才以毒攻毒，驅逐了病鬼。

（五）魔病（或魔事病）

「魔病」與「鬼病」，聽來頗為類似，其實亦有不同之處。鬼魅只會導致身體的疾病乃至死亡，而魔則會破壞修行者的觀照功夫與法身慧命，就程度上而言，「魔病」比起「鬼病」要嚴重得多，也更為難治。

（六）業病（或業障病）

「業病」是指由宿業所招感而生的疾病，因宿昔之惡業而感惡疾，嚴重的話，求生不得，求死不能。從宗教義理的角度來看，業障病乃是個人的重大業障與罪過之所招感，非藥石所能治癒，只能通過真心懺悔業障，加以布施法界眾生等善行，以其功德消除業障，才能去除病因。

根據著名的《慈悲三昧水懺》所述，唐朝悟達國師所罹患的「人面瘡」，就是非常典型的「業障病」，起初群醫束手，藥石罔效，後來由於悟達國師先前的慈悲善行，然後承蒙迦諾迦尊者的慈悲化解，才得以用「慈悲三昧水」洗滌「人面瘡」而治癒，這是一樁有真實歷史背景的公案。如果各位讀者有興趣了解此一公案的來龍去脈，請直接參閱《慈悲三昧水懺》，於此我就不再詳述。

對治疾病的方法

以上是就《摩訶止觀》所述的觀點，說明疾病的成因及類別，接著討論疾病的對治，在《摩訶止觀》文中，關於疾病的對治方法，有一綜合的說明：

> 若行役食飲而致患者，此須方藥調養即差。若坐禪不調而致患者，此還須坐禪，善調息觀，乃可差耳，則非湯藥所宜。若鬼、魔二病，此須深觀行力，及大神咒乃得差耳。若業病者，當內用觀力，外須懺悔，乃可得差。眾治不同，宜善得其意，不可操刀把刃而自毀傷也。

上文是說，因為身體操勞所引發的四大不調，以及因為飲食問題所導致的四大失衡，這二類的疾病，須用藥物調養，即可治癒。如果是因為坐禪不調而導致生病，則無法僅憑藉藥物治療，仍然須要用坐禪的方法，但必須善加調息及觀照心念，才能治癒。倘若是鬼、魔所致的這二類疾病，則必須要用更深一層的觀照力量，再加上佛、菩薩神咒的力量，才得以治癒。如果是業障病，則必須要同時運用內在心念上的觀照力量，以及外在行持上的懺悔力量，才可以治癒。由於各類疾病的成因及性質不同，所以治療的方法也不同，我們必須要留意其間的差異，而不至於像是把玩刀刃而傷到自己。

根據這一段文意，六類疾病的治療方法，可分為二大類，即是：一、藥物（湯藥）的治療，二、修持功夫的治療。第一類藥物的治療，其對象主要是四大不調的風熱等病，以及飲食失節導致五臟六腑功能失衡等身病，而非其餘禪病等等。至於藥物治療的內涵及方法，在此就不做詳論。第二類修持功夫的治療，其對象則為坐禪、鬼魅、魔事與業障等諸病。其中有關修持的方法，又可再細分為：坐禪（調息、調心）、止觀、持咒、懺悔等等。針對這一類的疾病，其對治力的核心在於行者「正念思惟」的觀照功夫，至於持咒、懺悔乃至布施等等，都只是輔助性的修持法門，當然必須要正助雙修，才能發揮最大的治病功效。

佛法的治病哲理

如四諦法門「苦、集、滅、道」所顯示的，佛陀說法的終極目的在於眾生痛苦與煩惱的對治與滅除；換言之，佛陀說法的最終目的在於「滅諦」與「道諦」，並非「苦諦」與「集諦」。然而，佛陀首先闡明「苦諦」與「集諦」的用意，是為了接引眾生進入體解大道的階梯，換言之，是為了達到引起眾生求道動機的教學效果，所做的方便設施，目的在於啟發眾生斷惑證真的修道行持，而完成解脫自在、自覺化他、福慧圓滿的菩薩道。

如果站在醫療的角度來看待四諦法門，「苦諦」就有如要先徹底觀察明瞭疾病的諸般症狀，「集諦」就有如針對疾病症狀所作的檢查與診斷，找到病根之所在，「滅諦」就有如設定對治與滅除疾病的目標與方針，「道諦」就有如根治疾病的藥方與療程。由此可以看出，就疾病的診斷與治療而言，佛教是有一套整體而完備的理論架構。

佛教基於宗教義理與修證的觀點，對於疾病的認知與關注，不僅僅是注重色身肉體上的疾病，更注重行者在修持的過程中，在「身、心、靈」等層面所引發的種種不同類別的疾病。換言之，佛教疾病觀的核心概念，都是圍繞著「身、心、靈」的淨化轉換以及與修行密切相關的課題。

佛教疾病觀的另一個特點，即是結合了「三界、六道、十法界」的世界觀，以及三世因果的生命觀，如果排除了這一部分，就無法完整地理解鬼魅病、魔事病與業障病的義理脈絡。佛教經論中對於鬼魅病、魔事病與業障病的描述與解說，在多數現代的知識分子看來，是相當難以理解，而很容易被認為是不符合現代醫學常識的迷信。但是在另一方面，民間確實有不少疑難雜症，藥石罔效，現代醫療科技都束手無策，卻有不少特殊的病例是借助於宗教療法而治癒的。其實，在歐美等世界各國，早就有「業力疾病（karmic diseases或karmic illness）」與「業力療癒（karmic healing）」的探討、研究與療癒實務，各位讀者可以在網路上找到很多相關的資訊。因此，宗教療法究竟是否有其道理？其實是有待進一步研究的，而如何結合醫療科學與宗教醫療的研究，將是未來可以努力探究及開發的方向。

老化篇

長生不老的迷思

或問世間有沒有「長生不死」或「長生不老」的可能？有沒有永恆的天堂？有沒有永恆的地獄？

從佛教的觀點來看，世間（三界之內）沒有「長生不死」或「長生不老」的可能，沒有永恆的天堂，也沒有永恆的地獄，有生必有死，也必然會老朽。天人雖然比凡人長壽，也會終究會有「衰相」出現，謂之「天人五衰」，沒有一個凡人、天人或是神明能夠永遠存活，歷久不衰。即使是擁有八萬四千大劫壽命的「非想非非想處天」的無色界天人，也有壽盡命終，再度輪迴的時日。

但是人類還是不死心，自古以來就不斷追求「長生不死」與「長生不老」，最有名的案例，就是秦始皇曾經派遣方士徐福帶著五百個童男童女，去海上的蓬萊仙山尋找長生不老藥，傳說他後來到了日本，一去不回，當然是沒有找到靈藥。

其實，追求「長生不死」與「長生不老」的欲望是共通於東、西方文化的，不只是在古代中國，西方亦然，歐洲自古以來就不斷有「煉金術士」（Alchemist相當於中國古代的「方士」）想追求或提煉出長生不死的靈藥（elixir of life），而且這種想法已經成了歐美大眾文化的一部分。

一九九七年出版，風行全世界的奇幻文學系列小說《哈利波特》第一集*Harry Potter and the Philosopher's Stone*（哈利波特：神秘的魔法石），可以做為西方文化中長生不老靈藥的佐證。書名中的「Philosopher's Stone」，中文可譯為「哲學家之石」或「賢者之石」，這是一種存在於古代西方傳說或神話中的物質，其形態可能為石頭（固體）、粉末或者液體。「賢者之石」的概念，最早出自於公元第八世紀的一位出生於波斯的阿拉伯煉金術士賈比爾（Geber），這種奇幻物質被認為能用來將一般非貴重的金屬轉變成為黃金，或者能用來製造讓人長生不老的萬能藥，也能夠用來醫治百病。

人體冷凍科技：冀求長生不死的現代科幻實驗

在現實生活裡，雖然現代人不再像古人那樣，去尋找奇幻的「賢者之石」或「魔法石」，轉而希望用科技的方式追求「長生不死」或「長生不老」，具體的實例就是「人體冷凍技術」。「人體冷凍技術」（cryonics）始於一九七六年，是一種還在試驗階段中的醫學技術。其理論基礎是，有很多疾病以現在的醫療科技水準無法治癒，其做法就是將人體或動物在極低溫（一般在攝氏零下一百九十六度以下／華氏零下三百二十度以下）的情況下急速冷凍保存，而寄望於在未來若干年後，通過比現在更為先進的醫療科技將他們解凍後復活以及治療。

人體冷凍技術的主要理論前提是，一個人所有的記憶、知識、性格、意識等等，都是以細胞結構以及化學形式（主要是在腦部）儲存。因此，人體冷凍技術希望透過冷凍科技，能夠防止腦部損害，以達到「生命暫時休眠」的狀態與效果，而寄望於未來若干年後可以將冷凍者解凍復甦，然後透過高度先進的醫療科技治癒當事人的疾病，或者做器官移植而延續生命。

目前，最大型的兩家人體冷凍公司是美國的「阿爾科生命延續基金會」（Alcor Life Extension Foundation）與「人體冷凍機構」（Cryonics Institute）。排名第一大的「阿爾科生命延續基金會」成立於一九七二年，並在一九七六年首次進行人體冷凍，該機構目前總部位於美國亞利桑那州的斯科茨代爾（Scottsdale, Arizona）。人體冷凍的服務是當會員（病人）在法律上宣告死亡後，將其身體以液態氮保存，其會員可以選擇全身冷凍，或者選擇只冷凍腦袋、或者選擇只冷凍神經系統。根據維基百科的網頁資訊，費用方面，截至二〇一六年三月，全身冷凍的費用約二十二萬美元，而腦神經系統冷凍的費用約十萬美元。不過，在一九九七年前後，我曾經讀過一篇報導，該機構有來臺灣拉生意，冷凍全身要價新臺幣一千萬元，如果只冷凍腦袋，打對折新臺幣五百萬元。

排名第二大的「人體冷凍機構」創立於一九七六年，並在同年首次進行人體冷凍服務，該機構的總部位於美國密西根州。截至二〇一六年三月，人體冷凍終身會員的全身人體冷凍服務及貯存的收費為二萬八千美元，非終身會員（即年費會員）則為三萬五千美元。

西方有不少宗教人士認為，人體冷凍技術與宗教的認知及信仰產生嚴重的衝突，主要原因是他們認為人死後他的靈魂已經離去，該項技術不可能冷凍人的靈魂。但是人體冷凍機構則認為，人體冷凍者就如同人長期睡覺或昏迷一樣，其靈魂不會離開肉體，而且人體冷凍技術亦跟其他醫療技術（如心臟移植手術）一樣，只是先求延續冷凍者的生命，然後設法將他們治癒。人體冷凍機構更認為冷凍者只是好像患了病的病人一樣，因此，他們認為人體冷凍技術與宗教並無任何衝突。

為什麼西方宗教人士會認為，人體冷凍技術與宗教信仰之間有嚴重的衝突？那是因為其信仰涉及上帝創造世界與人類，以及「上帝主宰人類的生死」等基本教義，因此強烈地反對這一類的科技，主張人類不應該撈過界，侵犯上帝的權柄而干預人類的生死。而佛教並沒有像西方宗教那樣的教義框架，所以不認為那是科技與宗教之間的衝突，而是基於緣起法與因果的道理，認為凡是嚴重違反大自然機制的人為干預，都不會帶來好的結果。

支持及擁護「人體冷凍科技」者，除了寄望於未來的醫學發展，會有如外星人那般的高度先進，可以治癒一切疾病之外，還寄望於未來的生物科技可以進步到成功複製及培養人體內的各種器官，例如：心臟、肝臟、脾臟、肺臟、腎臟等等，屆時，當我們的器官老化或者嚴重病變，都可以經由器官移植的方式換上新的，就好像出了狀況的老爺汽車進場維修、更換零件一樣，可以永遠維持在能夠運轉的狀態。那不就是「長生不老」與「長生不死」的境界嗎？

對於人類想透過人體冷凍科技與生物複製科技，而冀求達到「長生不老」或「長生不死」的結果，我個人認為那是根本就不切實際的幻想。客觀而言，欲求器官「不老」及身體「不死」，不論未來的科技如何進步，都不可能真正實現。

我的論點有四：其一，宇宙間所有物質結構都有運轉年限，沒有任何例外，大至銀河星系，都有成、住、壞、空，小至分子、原子、核子，都會衰減。金屬打造的飛機、坦克、軍艦都有使用年限，都會金屬疲勞，何況是人體血肉之軀。

其二，身體「會死」以及器官「會老」，這是大自然本有的生命機制，欲求其「不死」及「不老」，根本就違反自然機制。

其三，就算是「人體冷凍科技」與「生物複製科技」真的成功實現了，人類可以藉由科技複製及培養人體器官，但是這樣的器官，就像是汽車零件一樣，其材料來源與品質如何？新鮮度如何？保質期如何？是否有品質管制？移植進入人體之後，身體能否接受而不排斥？是否有使用年限？以上所列舉的這些項目，在在處處都是問題！就算這些問題都能夠解決，但是這樣組合的人體，就像是「拼裝車」一樣，內部的「零件」都是「二手貨」，運轉起來難保不會「二二六六（離離落落）」。其實遠不如去「投胎轉世」，「十八年後又是一條英雄好漢」，屆時就有個「全新」的身體，那可是「原裝進口」的喔！

其四，一個人在世間的存在，不單純只是一具「肉體」孤伶伶地存在，更重要的是「社會人際關係網絡」的存在——包括一個人的出身、家庭、學歷、經歷、工作事業、所屬團體、人脈關係等等。有了這一層的理解，就知道「人體冷凍科技」完全不切實際。先不說這一項「科技」根本就是「幻想」，不可能成功，就算能夠成功實現，也無法絲毫增進一個人的生命意義與福祉，為什麼？

道理很簡單，假設有一個人接受了「人體冷凍科技」，被冷凍了五十年之後，順利成功地被解凍復甦了，而且透過「生物複製科技」的「奇幻成就」，將身上該換的器官統統都更換了，結果卻發現一個非常嚴重而且無法解決的問題，就是經過五十年的冷凍之後，等於是與外在世界隔絕了五十年之久，不但之前自己的家人、親朋好友、人際關係、社會網絡等等，都已經隨著時空轉變而消失不在了，現實社會中的各個方面，也都滄海桑田、物換星移，與己身的存在完全沒有任何關聯，那可是一種非常恐怖的情境。

有很多人移民到了國外，經過十年、二十年、三十年之後再回到臺灣，就發現自己有相當程度的適應不良。這還是在現代資訊網路發達暢通的情況下，一個人對於全世界動態的了解可以隨時更新，都還會出現這種「少小離家老大回」的心態以及時空差距，更何況是一個人「被冷凍封存了五十年」。這等於是跟外面的世界完全地隔絕，他心目中所記憶的世界與現實的世界有五十年的落差，那可以說是根本就無法跨越及調適的時空差距。到頭來他會發現自己有如突然被丟置到一個完全陌生而且疏離的世界，身心兩方面都會產生極大的失調與難以形容的衝擊。但是如果他是去投胎轉世再來，就沒有上述那些問題，因為一切都是重新開始，一個人可以完全融入當時的現實世界。

希求「青春不老」的迷思

自古以來，世人除了希求能夠「千秋萬壽、長生不死」以外，還冀想能夠「青春永駐、童顏不老」，乃至於千方百計、想方設法，希望真的能夠實現駐顏有術，永保青春，有人為此不惜身命，冒險犯難，上山下海，以尋求「瓊漿玉液、不老仙丹」，可惜從來就無人如願以償。

現代人無須像古人那樣「上窮碧落下黃泉」地冒著生命危險去尋求仙丹妙藥了，拜先進的「醫學美容」科技之賜，任何人都可以選擇以施打肉毒桿菌與玻尿酸、雷射及脈衝光、果酸換膚、抽脂、拉皮、隆鼻、豐胸、塑身等等美容整形手段，達到「駐顏有術，永保青春」的效果，讓自己看起來，不但比實際年齡年輕許多，甚至還可以經由整形外科手術，訂製打造一副「開麥拉費斯（camera face）」——也就是非常美貌上相的「明星臉」。不過以上所述的那些「非常」手段，因為都是不同程度的違反自然，所以也都潛藏著不同程度的風險，其違反自然的程度愈大，則所承擔的風險就愈高，萬一失敗了，其後果真的是有可能「面目全非、慘不忍睹」！有不少新聞報導的實例，可以做為佐證。其實「隨順自然、回歸自然」就是真正的青春、真正的美顏！

永遠童顏的苦惱：罕見疾病「不老症」的美麗與哀愁

普天之下多少人都盼望能夠「童顏不老」，就像動畫片《小飛俠》裡面的主角彼得潘（Peter Pan，小飛俠的名字），永遠都不會長大，也永遠生活在快樂逍遙、無憂無慮的童年時光。可能有很多人會羨慕，但是如果「童顏不老」實際降臨在自己身上，真的變成永遠都長不大的小孩，那會是怎樣的一種情境呢？是美麗？還是哀愁？是幸福？還是魔咒？在當今現實的世界裡，還真的有這樣的案例，讓我們來實際檢視一下。

這個世界上還真的有些人因為患上了罕見疾病「不老症」，而看上去長年「童顏不老」。二〇一五年六月，韓國電視台播出一部紀錄片，片中實地採訪了一名貌似國中生的「男孩」申曉明（Hyomyung Shin），一臉稚氣，不說還不知道原來當年他已經二十六歲了。極為罕見的，他罹患了尚未獲醫學界認證的「高地人症候群」（Highlander Syndrome），患了這種疾病的人，他的發育、成長及衰老都非常緩慢。他在孩童時期的照片顯示，剛開始他的發育、成長與常人一樣，但是卻在進入青春期之前，不知道是什麼原因，發育突然停住了。所以，即使他的真實年齡已經有二十六歲了，但外表看起來，卻似乎永遠都停留在十來歲的模樣，這也讓他得到一個封號，被稱作是「韓國彼得潘（Korean Peter Pan）」。

這種罕見疾病「不老症」讓這位申曉明先生十分的苦惱，因為他擁有柔嫩的皮膚，而常常會被誤認為就是個十歲左右的兒童，害得他不得不經常拿出身分證來證明他確實是在一九八九年出生。目前醫學界完全無法解釋「不老症」的病因與來龍去脈，當然也就沒有任何辦法治療。醫師說，這種疾病會減緩甚至於抑制這個小伙子的身體發育，但是他的健康狀況並沒有受到任何影響，還是可以正常地生活。醫師告訴他，他的身體各個方面都很正常，然而，就是無法按照歲月年齡正常地成長。

普天之下，多少人都希望青春常駐，不過，對於申曉明來說，「童顏不老」卻是非常苦惱的「魔咒」。因為他在進入青春期之前，身體就開始放慢成長，讓他的身高只到一點六十三米就停頓，外貌看起來也只有十二、十三歲的樣子，當他與朋友一同去夜店時，每次都會被門外的保安要求查驗身分證。他又很希望能夠找到一位漂亮的女朋友，他在臥室的門後貼著好萊塢女星Scarlett Johansson的海報，他表示希望有一天能遇到這位漂亮的女孩。不過很不幸的，當他和女生交往或約會時，女生一看到他，不是對他的外表大感震驚，就只是覺得他很可愛，而把他當成「小朋友」看待，令他十分沮喪。

從上述這個真實的案例來看，「童顏不老」、「青春長駐」非但不是幸福，而且還是個無解的「魔咒」，非但不美麗，還充滿了千般無助、萬般無奈的哀愁！真的是讓人無福消受啊！

韓國申曉明先生的「不老症」案例，還算是在「不幸」之中「比較幸運」的，因為他已經成長到將近「三十而立」，而且身體健康、心智健全、行動自如，只是他的身體發育一直停留在「兒童」階段。這個世界上還有更為不幸的案例，就是根本「長不大」！

二〇〇五年五月十三日，美國馬里蘭州巴爾的摩（Baltimore, Maryland）的WBAL-TV電視台報導了一個非常奇特的真實案例，在巴爾的摩市，有一名似乎「永遠長不大」的神奇女孩——布魯克・格林伯格（Brooke Greenberg），她出生於一九九三年一月八日，在家中排行第三，有二個姐姐，一個妹妹。十多年來她的身形外觀與容貌永遠被「凍結」在嬰兒狀態。當年十二歲的布魯克，體重僅有十三英磅（五點九公斤），身高僅有二十七英寸（六十八點五十八公分），不會講話，也無法走路。布魯克自出生以來，就一直生活在搖籃中，除了身形及容貌像嬰兒之外，她的智力也停留在嬰兒狀態。第一次見到她的人，都不敢相信她當時已經十二歲了。

自布魯克出生後就一直為她進行診治的兒科專家勞倫斯・帕庫拉醫師（Dr. Lawrence Pakula）說，布魯克罹患的是一種至今尚沒有名稱的罕見綜合症，迄今為止，世界醫學界還從來沒有聽說過這種病例，也無從診斷出其病因，布魯克也許是全世界唯一患有這種病症的人。帕庫拉醫師對記者說道：「從身高和體重來看，她就像是一名六個月到一歲大的嬰兒。如果你帶她去見一位對她一無所知的醫師，醫師的反應一定是，她最多也就是一個殘障的兩歲女孩。」

其他十二歲的美國女孩大都馬上就要小學畢業了，然而十二歲的布魯克仍然生活在搖籃之中。儘管布魯克彷彿永遠都長不大，但是她卻有著強烈的「自我感」和競爭意識。布魯克的三個姐妹，她們都像常人一樣健康，布魯克經常會和姐妹們搶東西。儘管布魯克還不會說話，也不會站著走路，但她卻能夠迅速地在廚房地板上爬行。

儘管「長生不老」是很多人的幻想，但是「老、病」乃是生命的常態，大自然永遠不會違反自己的規律。據帕庫拉醫師表示，身體一直長不大的布魯克，健康開始日漸惡化。如今她得經由一根餵食管進食，她還患有中風、痙攣、潰瘍、嚴重的呼吸道疾病，她的體內還長了一個檸檬大小的腫瘤。布魯克曾經過四次瀕臨死亡，但是每一次她都奇蹟般地活了過來，沒有任何一位醫師知道原因。美國的醫學界對布魯克的情況很感興趣，對布魯克進行了一系列的治療和研究，醫師發現布魯克身體的每個部位衰老的程度居然都不一樣，具體的原因仍然成謎。

帕庫拉醫師說，布魯克之所以能夠活到當時，是因為她的父母親和三位姐妹盡心盡力的關懷和照顧。布魯克的母親梅蘭妮・格林伯格（Melanie Greenberg）在接受記者採訪時回憶道，她們一家人撫養布魯克的艱辛實在難以形容，這個「永遠長不大」的孩子給她一家人帶來了無比沉重的心理壓力，但是他們絕不會放棄對她的治療及照顧。

「長不大女童」布魯克的故事在美國社會當中引發了巨大的回響與爭議。有一部分人認為，布魯克的身上也許隱藏著「長生不老」的鑰匙，等到哪一天基因科學研究取得了突破性的進展，科學家也許就能夠發掘出這個小女孩身上隱藏的秘密，從而解開人體衰老及永駐青春之謎底。但是另一部分人則認為，布魯克的存在是一個令人憐憫的「悲劇」，因為她是一位罕見疾病的患者，「永保青春、童顏不老」對她以及她的家人來說，根本就不是「幸福」，而是可怕而痛苦的「魔咒」。

布魯克・格林伯格終於解脫了她的難言痛苦以及家人的沉重負擔，於二〇一三年十月二十四日在巴爾的摩西奈醫療中心（Sinai Medical Center in Baltimore）的赫爾曼與沃爾特薩繆爾森兒童醫院（Herman and Walter Samuelson Children's Hospital）病逝，得年二十歲，該醫院也是她出生的同一家醫院。她的死因是支氣管軟化症（bronchomalacia），這是一種常見的兒童疾病，由於支氣管壁軟骨軟弱導致呼吸困難。

醫學專家一直在對布魯克的基因進行研究，但是至今仍然沒有找到「不老症」的真正病因，希望未來能解開布魯克的不老症之謎，也由衷祝願布魯克能往生善道，健康快樂地成長。

看了以上所舉的二個罕見疾病「不老症」的實際案例，可能有人會說，那是因為這二個「不老症」發生的「生命時間點」不好，否則也沒有那麼可怕。如果發生的時間點，不是在「十歲的發育期」或是「一、兩歲的嬰兒期」，而是在一個人「二八或雙十的花樣年華」，豈不妙哉！也不會被人家認為是兒童，那不真的就是「青春永駐」了！

這種「夢幻想法」看起來似乎「很美麗」，其實不然！如果「不老症」真的發生在一個「花樣年華」的人身上，他或她仍然有不可避免的「哀愁」與「潛藏危機」！為什麼？首先，「不老症」其實是一種病症，即使「病人」表面上看起來「青春永駐」，但是並不能保證他的身體永遠健康。其次，「病人」的身形、外貌或「顏值」、聰明才智、文化內涵等等，也不見得都會令人滿意。

萬一「夢想成真」，真的有這麼一個「青春永駐」再加上「才貌雙全」的「不老者」，不論是男是女，都很可能會面臨生活上的嚴重挑戰，甚至於有「生存危機」，因為那是一種嚴重違反大自然生命旋律的不正常異象。如果平凡一點，行事低調，不惹人注意，不構成他人的威脅，或許還可以平安無事。否則，如果是在古代，會被視為是不祥的「妖孽」；處在現代社會，如果行為不檢，招蜂引蝶，則會被認為是具有重大威脅性的「公害」或是「全民公敵」，難免遭遇不測，想要平安過日子都有困難。

因此，順應大自然「生、老、病、死」的生命節奏，才是最好的人生，我們能夠跟著大夥兒一同長大、一同老化，其實是一件非常幸福的事情。

臺灣老化：高齡人口比例突破百分之十四，每七人當中有一老人

二〇一八年四月十日，內政部發布，臺灣六十五歲以上的老年人口，佔總人口比率在

當年三月底，已經達到百分之十四點零五，宣告臺灣正式邁入「高齡社會」。

內政部在當天發布新聞稿中指出，根據世界衛生組織（WHO）的定義，六十五歲以上老年人口佔總人口比率達到百分之七時，稱為「高齡化社會」，達到百分之十四時是「高齡社會」，若達百分之二十則稱為「超高齡社會」。

內政部說，臺灣老年人口比率在一九九三年時超過百分之七，進入「高齡化社會」，而後受到「戰後嬰兒潮世代陸陸續續成為六十五歲以上老人」的影響，老年人口自二〇一一年起加速成長，並於二〇一七年二月首度超過幼年人口，直至二〇一八年三月，臺灣六十五歲以上老年人口佔總人口比率達百分之十四點零五，正式邁入「高齡社會」，也就是說，在臺灣每七個人當中就有一個是六十五歲以上的老人。

內政部說，從各縣市老年人口比率來看，高齡縣市的數目從二〇一一年的三個，增加至二〇一八年三月的十五個，顯示人口老化非常迅速。依各縣市排名，以嘉義縣老年人口所佔比率百分之十八點六十一為最高，六都中則以臺北市老年人口所佔比率百分之十六點五十八為最高。

相較於亞洲各主要國家，內政部指出，臺灣老年人口的比率僅次於日本，而與南韓相當。依「國家發展委員會」中華民國人口推估資料顯示，未來臺灣由「高齡社會」轉為

「超高齡社會」，僅剩八年的時間，預估將比日本（十一年）、美國（十四年）、法國（二十九年）及英國（五十一年）為快，而與南韓（八年）及新加坡（七年）等國的預估時程相當，反映出臺灣社會老化的速度與程度，非常嚴重。

內政部分析，老年人口比率偏高，除了生育率低之外，也跟青壯年人口外流有關，而工作機會、社會福利、醫療資源、交通及房價等等都是影響的因素。內政部強調，因應少子化現象，以及老化社會帶來的青壯年照顧老人及扶養負擔加重，是未來重要政策方向。

面對臺灣高齡社會，迎接五大衝擊

臺灣大學社會科學院教授、人口學專家薛承泰認為，未來到二〇二五年之前，臺灣的人口結構動盪將帶來五大衝擊，包含教育少子化、年金改革、長照、貧富不均與勞動力不足的各項難題。薛承泰說，以臺灣當前老年人口佔總人口比率達百分之十四點零五，比起歐美的平均值百分之十八，或日本在二〇一七年就已經到達的百分之二十八來說，比率並不算高。但是臺灣的人口分布，正值四十五至六十五歲的戰後嬰兒潮世代佔有率高，他們將陸續成為六十五歲以上的老人，在未來二十年至三十年間，臺灣的高齡化速度將比其他國家更快，高齡浪潮難以抵擋。

臺灣高齡社會面對長照服務的嚴峻挑戰

現代醫療科技的長足進步，大幅地延長人類的平均壽命，造成了不斷高齡化的社會，產生人口結構的重大改變。然而，高齡化並不能保證大眾的生命與生活品質也隨之提升，反而衍生了很多難以克服的問題。年長的族群很容易罹患「退化性疾病」，如：癌症、中風、心血管疾病、失智症等等，無論現代醫學如何的進步，也無法徹底解決老化與老年疾病的問題。現代社會日益高齡化的結果，除了在經濟、政治、社會等現實人生層面，產生種種棘手的課題之外，同時也衍生了與老年安養及死亡問題息息相關的生命高層次的心理或內在精神問題。

就社會整體層面而言，高齡社會面對最直接的挑戰課題，就是老年安養與長期照顧服務的問題。這個問題不是現在才發生，早在一九九三年二月臺灣正式進入「高齡化社會」時，就已經響起警報了，而且臺灣社會的老化速度，遠比歐美國家快得多。雖然政府很早就察覺到問題，但是政策無法跟上老化的腳步，長期照顧老年人成為每個家庭裡面年輕人的重大壓力與負擔。理想的長照服務，除了照顧老年人之外，還包括身心失能者以及家庭照顧者都能受到應有的照顧，這不論是對政府還是對每個家庭和個人而言，都是極為嚴峻的挑戰。

衛生福利部前任部長邱文達曾於二〇一七年十月撰文發表在《聯合報》，討論臺灣長照的問題。他說臺灣的全民健保在國際間獲得不錯評價，但是臺灣的長期照護體系，並沒有受到同樣的重視，似乎沒有跟上全球的腳步，這是未來必須努力的方向。

全球長照體制三大方向

邱文達說，當今世界各國的長照體制有三個方向，第一類是北歐福利國家的「稅收制長照」，因為有高稅收，經費充裕，所以長照體制完整。第二類是「長照保險」國家，最具代表性的是日本的「介護保險」，與此類似的還有韓國、德國及荷蘭的長照保險。第三類是美國的「商業長照保險」，品質高，但是費用也高，全球很多長照模式都是由美國發展而來。

賦稅負擔率決定長照走向

邱文達分析，仔細觀察各種長照制度，大多和「賦稅負擔率」有密切關係。例如實施上述第一類的稅收制北歐福利國家，比較其二〇一五年的賦稅負擔率，丹麥最高，百分之四十六點六，瑞典次之，百分之三十三點六，挪威又次之，百分之二十七點六，北歐各國因為稅收很高，所以國家可以運用稅收支持長照福利政策。

實施保險制度的第二及第三類國家，例如日本賦稅負擔率為百分之十九點三、韓國百分之十八點五、德國百分之二十二點九，美國則為百分之二十點一。這些國家的稅收比起北歐福利國家並不是很高，因此必須由各方，如保險人、企業雇主及政府等，共同承擔風險，由長照保險來照顧病人。

臺灣的賦稅負擔率比起上述各國都低，二〇一六年只有百分之十二點九，以這麼低的稅收，很難提出大筆經費來支持人數日增的長照需求。如果純粹以稅收來支應，不管再加入各種稅捐等，仍然是不足的，因此臺灣要想比照北歐福利國家的長照體制，幾乎是不可能的任務。

世界衛生大會（WHA）於二〇一六年通過了「老化與健康之全球策略與行動計畫」，在二〇一六至二〇二〇的策略中，首次建議各國發展老人照護及長照體系，這是WHO繼成功推動各國「健康保險全面覆蓋」後的另一個重大里程碑。亦即到未來二〇二三年之間，各國均將加速推動「老人整合照護及提高長照覆蓋」。

長照覆蓋率，臺灣落後

邱文達指出，臺灣的長照覆蓋率，在全球甚至於在亞洲都已經逐漸落後。日本實施介護保險已經長達十七年，韓國也有八年；而臺灣目前能夠照顧的長照病人，不到實際需求的四分之一。依照規劃，即使在「長照2.0」第二個十年結束後，也只能照顧一半的長照需求者。在另一方面，臺灣有二十多萬名長照病人，是由外勞來照顧。外勞人數逐年增加，這是全球少見的現象，對國家的形象也不好，未來在增加覆蓋率的同時，也期望能逐漸減少引進外勞。

銀髮族如何健康養生？

如果一個人到了晚年，只能活在不斷衰老與痛苦當中，相信大多數人都不希望活太久。事實上，長壽的人通常一生都相當健康，並不是因為他能打敗癌症、肺病、心臟病、糖尿病等，而是，基本上，長壽的人多半能避免罹患重病。

要想健康養老而長壽，根據研究，不只是「健康蔬食、避免壓力、保持快樂」而已，如果希望能夠活到天年，跟一個人的性格、情緒心境、事業發展、社交生活等等因素有很大的關係。

研究顯示：事業有成就的人比較不會早逝。事實上，平均而言，最成功的人比最不成功的人長壽五年！長壽的人，不會因為「擔心壓力使壽命縮短」而逃避工作，事實剛好相反！認真生活與發揮生產力，也是一種長壽健康之道！

事實上，「壓力」並沒有我們想像的那麼可怕，而且沒有任何研究證據，可以證明一個人放輕鬆就真的會比較健康。認真工作、追求成就，不僅不會讓你短命，反而會讓你更強壯。

一般而言，健康的人是快樂的，然而一味追求快樂的人不一定健康，理由是某種生活方式會讓你走上長壽之道，同時也讓你感到快樂與滿足，但是追求短暫的開心，通常對健康沒有太大幫助。其實快樂不等於健康，有時候「擔心」才是好事。很多長壽而快樂的人並沒有刻意追求快樂，他們能夠過得快樂，是因為活得有意義與價值，快樂只是追求「意義的生活」與「生活意義」的副產品。

要活就要動，體力的活動當然有益身體健康，但是也要適度適量，但是也不要過度運動。很多有關運動的研究發現，運動過量也是不健康的，那些運動量非常高的人往往健康狀況並不很好。因為活動量大、時間長、頻率高，反而會承擔各種風險，譬如：運動傷害、疾病，甚至於早逝。有一個普遍的原則，任何事情都是「過猶不及」，不要走極端，而要採取「中道」，這是共通於佛法與世間法的，健康養老長壽之道也是如此。

要健康長壽，必須先要有良好健康的生活模式與生活軌跡。健康養老長壽之道，並沒有絕對單一的標準，每一個人必須各自找到適合自己的長壽模式與生活軌跡，然後身體力行且能堅持到底。

對於銀髮族而言，「平甩功」是個很好的身體活動，既不會造成運動傷害，又可促進氣血循環。平甩功簡單易學，隨時隨地都可以操作練習，讀者可以自行上網搜尋相關的說明以及示範影片，跟著練習即可。

有專家建議，我們可以透過以下的方式來增進身、心、靈的健康與快樂，分別就身體方面、心理方面、靈性方面、生活方面敘述如下：

身體方面：(1)健康飲食，(2)少吃肉類，(3)甩手操（平甩功），(4)深呼吸，(5)適度活動，(6)靜坐、禪修。

心理方面：(1)不生氣、不計較，(2)不記恨、不記仇，(3)不執著、不罣礙，(4)不怨天、不尤人，(5)放下人我是非、恩怨情仇，(6)自在坦然地面對老病死亡。

靈性方面：(1)信仰、皈依，(2)禮拜、祈禱，(3)念佛、誦經，(4)靜坐、禪修，(5)懺悔往昔，⑹發願當來。

生活方面：⑴少看電視，少上網。⑵改善社會關係——多和朋友在一起。⑶增加體力活動——長時間散步。⑷廣結善緣——擔任義工，志願服務。⑸凡事感恩，對幫助自己的人表達感謝。⑹保持學習的興趣與精神——學習新事務，活到老、學到老。⑺承擔新挑戰——以維持生活新鮮感與活在當下的感覺。

如何預防老年癡呆

老年癡呆屬於一種退化性病變，很多人覺得是絕症，但其實這個病症是完全可以預防的。中國工程院院士、復旦大學附屬華山醫院手外科主任顧玉東教授，經過五十五年的臨床研究和理論工作，研發出一套「手指操」。

手是人類神經感覺最為敏感的部位，神經纖維也最集中。經由「手指操」運動手指以後，大腦迴圈會產生變化，手指的動作形成大腦新的興奮點，有利於理解、記憶與思考，記憶力與思考的問題都解決了，大腦不斷形成新的興奮點，就不會退化，這就是此一手指操的原理了。

如何預防老年癡呆——手指操

擔心罹患老年癡呆問題的銀髮族朋友，每天可在下述的六個「手指操」方法中，至少選擇二到三個動作交替操作，如果能夠六個全部操作最好。這套「手指操」能夠有效地通過對手部和手指穴道及經絡的刺激，不斷地在大腦內部形成新的興奮點，以確保預防老年癡呆及失智的問題，而且還可以促進增強體內其他器官的功能。這套「手指操」的六個操作方法如下：

⑴用拇指及食指將另一隻手的小指向內折彎，再向外撥，做屈伸的運動，前後一共十次；然後左右換手，在同樣的部位，同樣的動作，一樣十次。

⑵用拇指及食指前後夾住（掐住）另一隻手的小指基部正中，揉捏十次；然後左右換手，在同樣的部位，同樣的動作，一樣十次。

⑶將手掌平放桌上，掌心向上，用另一隻手的食指，按壓平放在桌面上的小指，從指尖到根部，用另一隻手的食指反覆按壓刺激之，前後反覆一共十次來回；然後左右換手，在同樣的部位，同樣的動作，一樣十次來回。

⑷雙手十指交叉用力相握，然後突然猛力左右向外側拉開，一共二十次。

(5)用拇指與食指，刺激另一隻手的手心，每一回捏掐二十次；然後左右換手，在同樣的部位，同樣的動作，一樣二十次。

(6)用拇指與食指，前後夾住另一隻手的中指尖端，不斷揉掐刺激，每次三分鐘；然後左右換手，在同樣的部位，同樣的動作，一樣三分鐘。這個動作可以經常操作，不拘時地，行住作臥，動靜皆宜。

手指操的時間

有關「手指操」的練功時間，基本是在「早晨起床之後」以及「晚上睡覺之前」，各操作完整的一次，也就是將上述的六個動作，全部確實操作一次。如果老實認真地操作，會覺得手部發熱，可以提升睡眠品質，晚上腦部的修復會更好。除了早、晚練功之外，平常的時間也可以選做其中的任何幾個動作，對身體不但不會有任何不良的副作用，還會有其他的附加功效。大家平常有空的時候就練一練，動作雖然簡單，但是能有效預防及避免老年癡呆。就是因為動作簡單，容易上手，所以特別適合銀髮族的朋友練習，這也是「手指操」的奧妙之處。不過，最重要的是——要能夠「老實練功」而且「持之以恆」，才會有真正的效果。

有些老年人起床後會感覺手指發脹，顯示血液循環不好，如果認真練這一套「手指操」，絕對能夠改善症狀，前提是要有恆心、毅力。如果每天都能堅持練功多次（早、晚各一次，平時也適當運動），而且進行全套完整的穴道、經絡刺激，就能從而促進全身的血液迴圈，改善大腦及內臟的功能。

手指操的功能

有關「手指操」的功能，簡單地說，就是藉由刺激手部的穴道及經絡，可以活化大腦及其他的器官，有助於養生。因為手部——特別是手指——的穴道、經絡及接受神經的訊號非常多，所以刺激我們的手指，也就相對地給我們的腦部以及其他的器官一定程度的刺激，譬如：手部的「心經」可以強化心臟，「小腸經」可以幫助吸收營養，「三焦經」可以促進體內水分的代謝。

總而言之，「手指操」的功能包括：活化大腦、提神、減輕疲勞、減輕精神壓力與心理負擔、緩解緊張、安定情緒、擺脫憂傷、擺脫萎靡不振的精神狀態、去除頭痛、背痛和腳痛、有助於呼吸通暢、增強心臟功能、活化身體各部組織、有助於消化、有助於減肥、改善臉色及保護皮膚、增強老年人的視力與聽力。

上述的這些功能，聽起來似乎很神奇，其實這些都是我們的身心本來就應該具備的健康狀況，但是因為多數人不懂得養生之道，或者是雖然知道卻做不到，甚至於違背養生之道，以至於老年之時，百病叢生。所謂「養生之道」，其實不過是「恢復」原本就應該有的健康狀況而已。「手指操」是否能產生功效的關鍵在於：能不能「身體力行」又「持之以恆」？如果能「確實練功」，而且不間斷，假以時日，必有功效。但是如果「一暴十寒」，當然無效。

健康養老的練功秘笈——「平甩功」介紹

想要健康養老，不能光是夢想，也不能光談玄理，一定要有實際修練功夫，但是又不能太複雜。太複雜的功夫，一方面不適合銀髮族朋友的學習，另一方面也很難讓人持之以恆。一定要簡單易學，容易上手，適合銀髮族修練，才能持久而產生功效。我在上文中提到的「平甩功」，對於銀髮族朋友的健康養生極有助益，接下來簡要說明「平甩功」的內容。如果能夠結合「平甩功」和「手指操」，做為銀髮族朋友的健康養老基本功夫，不但可以頤養天年，而且有助於未來「如願往生」。

行文至此，先回憶一件往事，記得在開媽媽（我的母親）七十歲的時候，有一次我回去探望她，她因為便秘，覺得很苦惱而跟我訴苦，我就教她練習「平甩功」，她也很認真，每天都練，後來便秘的問題，就不藥而癒了。後來在開媽媽八十五歲時，得以預知時至，在意識清楚的情況下，如願含笑往生，之前練習「平甩功」有相當大的助益。

平甩功原本是傳承自中國古老的養生術，經梅門創辦人李鳳山加以發揚光大，配合現代人的需求，改良設計為簡單易學的養生運動，透過教學平台大力推廣。平甩功可以說是最平易近人，男女老少咸宜的健身運動，特別適合銀髮族的朋友練習。我在這裡只是就平甩功的鍛鍊做一些概要的介紹，各位讀者有興趣了解更多的內容，可以自行上網搜尋相關資訊。

平甩功的動作說明：

(1)雙腳與肩同寬，平行站立，心情放鬆，呼吸自然緩和。

(2)雙手平舉至胸前，與地面平行，掌心朝下。

(3)兩手同步前後自然甩動，保持輕鬆，不要刻意用力。【慧開按：兩手像鐘擺一樣前後自然規律甩動，保持輕鬆，無須用力，也不要忽快忽慢，大約數分鐘後就能感覺身體發熱，氣血暢通。】

(4)甩到第五下（每五下，也就是第五、十、十五、二十……以此類推）時，微微屈膝一蹲，輕鬆地彈兩下。

平甩功的練習原則：

(1)從一開始練習，就要培養一種心境：不取巧、不求快、不貪功。

(2)腳踏實地，呼吸自然。

(3)雙手在前始終擺平，微微舒指，高度不過肩。

(4)身形中正，左右平衡。

(5)蹲的時候，保持膝蓋彈性，視個人放鬆狀況，可高蹲亦可低蹲。

(6)速度和緩，保持規律。

(7)每回至少甩十分鐘（約五百下），一日甩三回。若能一次持續甩到三十分鐘以上，效果更好。

(8)練完之後，慢慢喝杯溫開水，更有助氣血循環、氣機穩定。

根據追隨李鳳山學習練功將近三十年的饒懷英教練說：「老祖宗稱的養生術，就是現代人說的氣功，透過經絡走向讓氣在身體循環，而平甩就是基礎氣功的第一式」，全套甩功有十二式，都是利用身體共振原理，在『氣』上下工夫。」

饒懷英建議最好是在空腹時練習，或者在飯後先休息三十分鐘，然後再練。睡前甩手十分鐘，入眠後作夢次數會減少，對改善失眠很有幫助。有位七十三歲的長者嚴重失眠，醫師也只能開藥幫助入眠，後來他在板橋介壽公園跟著梅門的學員練習，幾個月後，不用吃藥就可一覺到天亮。

饒懷英說，還有另外有一種比較複雜的甩手功，要蹲馬步、腳內勁、提肛、用力，有人因此而拉傷手臂、頭暈不適，像這種複雜的甩手功就不適合孕婦、孩童、銀髮族，以及有三高的慢性病者，而「平甩功」屬於細水長流型，沒有這些禁忌，適合銀髮族及慢性病患者。

平甩功有「進階版」與「親民版」兩種，在二〇〇三年之前的平甩功，手甩到第五下（每五下）時，兩腿膝蓋要微蹲一下，兩手往下輕鬆彈兩下，使氣沉潛。但是後來發現微蹲不適合膝關節退化者，才改良為省略微蹲動作的「親民版」，站立自然輕鬆甩即可。此外，無法站立或膝關節退化的人，肢體不便者以及不良於行的老人家，也可以坐著甩手，認真地練習一樣可以感受到血氣暢通的效果。

銀髮族的健康養生秘訣在於力行實踐與恆心

平甩功是氣功入門，對銀髮族的朋友來說最適當，簡單易學不費力。大家在一開始練習的時候，可能會覺得平甩功動作這麼簡單，好像不如想像中的氣功那麼厲害，但是在勤加練習一段時間之後就會發現，要能夠做到「左右平衡、動作平均、速度一致」，也不是一朝一夕就能達成，而是須耐心、毅力與下苦功的。

因為每個人的體質都有差異，有人甩了三、五天就有感覺，有人甩了一星期，有人要好幾個月才有感覺，但是不用心急，而要以平常心看待。每個人練習平甩功的態度也都不一，有人當做健身運動，有人當成修行，也有不少人的疑難雜症因為練了平甩功之後不藥而癒，而被認為是奇蹟，梅門網站上也有不少癌症病友的故事分享。但就如同《平甩的奇蹟》一書中所說，大家不要小看它，同時也不要迷信它，耐著性子老實練功，就能受用。再好的功法、再簡單的運動，都必須透過身體力行，而且要持之以恆，才能達到身心健康而且自在的境界。

「健康養生」與「自在往生」的內在密切關聯性

二〇一六年八月初，我應邀去重慶，在重慶市養生保健學會演講，講題為「生命的終極關懷——從生命永續到生死自在」。在演講結束後的茶敘交流時間，有一位居士提了一個問題，他從事養生保健的事業許多年，但是在心中有個很深的困惑一直找不到解答。他說養生保健雖然有助於身心健康，特別是人到了老年之後，要能維持身心健康，生活起居不依賴他人，必須有適當的養生保健之道，而且要能夠確實身體力行。然而，無論如何注重養生保健，人體終究有其極限的，萬一到了那個極限與瓶頸，所有的養生保健之道也都無效了，接下來我們還能做什麼？

這位居士的提問，的確是個大哉問，而且是非常實際的大哉問。我就跟他說：「你們只講『健康養生』是不夠的，要連結到我講的『瀟灑走一回』和『如願自在往生』，具體實踐『生命的永續經營』，你講的『健康養生』才不會陷入困境而有了終極意義！」他聽了之後，當下有恍然大悟，豁然開朗之感！

如果我們只注重當前現世的「養生」，而不知要準備來世的「往生」，那麼這一世的生命終究會面臨瓶頸走到極限而陷入困境；反之，雖然知道要好好準備未來的往生，卻不重視當下的養生保健，也很可能會陷入老病纏身、體力不濟、心智衰弱的困境，終究無法如願自在往生。因此，我一再強調，任何人想要能夠如願自在往生，必須要有足夠充沛的精神和體力的，是故，「健康養生」與「自在往生」之間，就有相輔相成的密切關聯性，二者缺一不可。這也是我為什麼要特別多利用一些篇幅來為大家介紹「手指操」和「平甩功」的原因，就是希望各位讀者——特別是銀髮族的朋友們，平常就要以實際行動好好保養自己的身心健康，將來才能夠有精神和體力瀟灑走一回，如願地自在往生。

銀髮族的「健康安養」究竟要靠誰？

各位銀髮族的朋友們！「老年健康安養」這件大事，究竟要靠誰才靠得住？萬一有一天自己行動不便，甚至於失智、癡呆，凡事都要依靠旁人服侍照顧，到了那個時候，要靠政府嗎？看樣子是靠不住的！還是要靠子女兒孫？看樣子也多半是靠不住的！或者是要靠朋友？朋友恐怕也都自身難保啦！

坦白說，「如何健康養老」靠旁人統統都靠不住，最重要的還是要「靠自己」，而且千萬不要拖到自己失能、失智的地步，也就是我一再強調的「三個千萬」，「千萬不要拖過人生的賞味期（或保質期）」、「千萬不要變成生命的延畢生」，以及「千萬要保留足夠的精神與體力做為往生之用」。只要我們活得夠老，總有一天會失能、失智，因此，最高竿的「健康安養」境界，就是在自己陷入「失能、失智」的困境之前，就已經跟阿彌陀佛、觀世音菩薩連線（online）了，如願自在地往生到佛國淨土，或者是乘願再來。

政府推動的「長期照顧」靠得住嗎？

由於臺灣社會人口結構不斷老化的趨勢，早在二〇〇七年，政府就開始推動「長期照顧」，簡稱「長照」。所謂的「長照1.0」，是指從二〇〇七至二〇一六年實施的《長照十年計畫》，服務的對象為「日常生活功能受損」而須由他人提供照顧服務的失能老人，包含以下四類：(1)六十五歲以上老人，(2)五十五至六十四歲的山地原住民，(3)五十至六十四歲的身心障礙者，(4)僅IADL（Instrumental activities of daily living，工具性日常生活活動）失能且獨居之老人。

「長照1.0」所提供的服務，原則上以實物給付（服務提供）為主，現金給付為輔，並以補助失能者使用各項照顧服務措施為原則。「長照1.0」依據民眾失能的程度及家庭經濟狀況，提供合理的補助；失能的程度愈高者，政府提供的補助額度就愈高。同時，失能者在補助額度之內使用各項服務，須負擔部分經費；收入愈高者，負擔的部分費用也就愈高。

「長照1.0」的八大服務項目：(1)交通接送，(2)照顧服務（居家服務、日間照顧、家庭托顧），(3)喘息服務，(4)老人營養餐飲服務，(5)輔具提供及無障礙環境修繕，(6)居家護理，(7)社區及居家復健，(8)長期照顧機構服務。使用項目最高的前三項為居家服務（百分之六十八點五），第二名是喘息服務（百分之六十二點三），第三高是交通接送（百分之三十九點五）。

「長照1.0」的缺失包括以下五點：(1)長期照顧管理專員人力不足，(2)長照人力不足，

(3)服務時數嚴重不足，(4)過度依賴外勞成為主要的支援力量，(5)家屬最終放棄政府的長照服務，轉而自力救濟。

二〇一六年，全臺灣需要五萬七千八百五十四名長照服務員，但是在二〇一五年卻只有三萬多名照服員。即使能夠補足員額，一名照服員一天只能服務四名長者，五萬多名照服員只能照顧二十多萬人。二〇一七年「長照2.0」上路，服務對象擴大，長照需求人口總計有七十三點八萬人，照服員的人數顯然嚴重不足，無論是家庭還是長照機構，都不得不聘用外勞，人數已經超過二十二萬了。

民眾如果放棄政府的長照服務，轉而自力救濟的話，自救之路有三：(1)聘用外籍看護，(2)送往養護機構，(3)家屬自行照顧，然這三條路都不在政府「長照1.0」的選項之中，因此無法得到良好照顧。

「長照2.0」從二〇一七年元旦上路實施，除了「長照1.0」服務對象外，還擴大納入：(1)五十歲以上失智症患者，(2)五十五至六十四歲失能平地原住民，(3)四十九歲以下失能身心障礙者，(4)六十五歲以上僅IADL失能之衰弱（frailty）老人。不過，「長照2.0」引起多方質疑預算經費短缺、長照人力不足的問題仍然存在，並未改善。

前勞動部長陳雄文於二〇一八年五月十八日在《中國時報》的「時論廣場」版上，發表了一篇評論文章，標題為〈長照2.0缺錢、缺人、受惠少〉。

回顧二〇一六年蔡英文的長照政策主張，洋洋灑灑羅列了馬政府「長照1.0」的「八大缺失」，包括「長期照顧服務人力嚴重不足」、「嚴重依賴外籍看護工」、「社區式、居家式服務方案仍然嚴重不足」，以及「貿然推動長期照護保險」等。然而，蔡政府執政後的「長照2.0」是讓問題更加惡化，還是真的升級了（從1.0到2.0）？陳雄文以上述相同的標準來檢視蔡政府的長照政策成績單，更有助於釐清問題的癥結與本質。

首先，以預算來看，蔡英文在選前喊出每年三百三十億元的長照預算，其實遠不如馬政府所規劃的一千一百億元長照保險初期預算，再加上蔡政府採用不切實際的「稅收制」，而主要的財源又是來自於遺贈稅、菸稅等機會稅，導致每年的經費來源相當地不穩定。以二〇一七年為例，遺贈稅僅有二點零七億元，而原本預估每年可挹注長照基金二百三十三億元的菸稅，實際上卻只有五十五點六億元。因此，在稅收嚴重不足的情形下，當然造成長照經費短缺。

此外，在「長照2.0」上路前，衛福部預估照服員的人力缺口上看一萬二千二百十一人，至於護理人員、社工員、職能治療師等專業人力的缺額也高達九千〇七十人。然而，依據媒體報導，二〇一七年照服員僅增加三千二百二十三人，但同時間外籍看護工的人數反而成長了一萬二千多人，且截至二〇一八年二月底止，外籍看護工總數已經突破二十五萬人。顯然，「長照2.0」不僅未解決「長期照顧服務人力嚴重不足」的難題，甚至於還讓「嚴重依賴外籍看護工」的問題更加惡化。

萬一有一天我們需要「長照服務」，如果想要靠政府來照顧，到底靠不靠得住呢？答案恐怕會令眾人大失所望，我們只要查看一下統計數字就了然於心。根據「長照服務」的使用人數統計，二〇一六年為九點四萬人，二〇一七年增加為十一點三萬人，但是以「長照2.0」所推估的二〇一七年服務對象，總計有七十三點八萬人之多，相較之下，當年的服務覆蓋率只有區區百分之十五，如此偏低的覆蓋率，充分顯示蔡政府並未大力投入資源，難怪「長照2.0」陷入「缺錢、缺人、受惠少」的窘境，而且還不斷地惡性循環。

再來看另一項有關財政稅收的統計數字，從「各國賦稅負擔率」的比較來看，以二〇一六年為例，臺灣僅有百分之十三，南韓、日本、德國、荷蘭依序為百分之十九點四、百分之十八點六、百分之二十三點四、百分之二十四，而瑞典等北歐國家則高達百分之三十四點一，這些都是目前世界上少數已經實施長照保險的國家。瑞典是典型的「稅收制」國家，兩相對照，以臺灣如此低的賦稅負擔率，「長照服務」究竟應該採取「保險」或是「稅收」的方式來籌措財源，大家在心裡衡量一下，應該會有相當清楚的答案。

陳雄文指出，蔡政府當初大張旗鼓批評馬政府「長照1.0」的「八大缺失」，而其隨後推出的「長照2.0」，不切實際又政策錯誤，根本無助於解決「兩缺一少」的問題。當前臺灣人口快速老化，長照的需求勢將倍速成長，如果政府再不改弦易轍，只是虛應故事，失能人口的受照顧權益很難獲得應有的保障。

不過我在此引述前勞動部長陳雄文，目的並不是要批評馬政府或者蔡政府，而是要藉此說明，兒孫也好、政府也好，到了關鍵時刻往往都靠不住，所以我要鄭重提醒大家，根本就不要奢望將來老了要依靠兒孫或者政府，而是要「靠自己，早做準備，自立自強」，再加上要信心堅固，勤於誦經念佛、發願往生、功德迴向，與佛、菩薩感應道交，靠佛、菩薩的加持，這才是最實在的！

千萬不要成為晚景淒涼的「下流老人」

行文至此，我向各位讀者推薦一本二〇一八年五月出版的好書《老有所終：長命百歲還是品質九九？》，作者是高雄長庚醫院前任院長莊錦豪醫師，大家可以上網查詢。從書名可以看出，莊院長的大作所探討的，正是當今臺灣高齡社會所面臨的重大議題：如何妥善規劃及實踐「老年安養」與「尊嚴善終」的人生課題。莊院長還特別強調「老年安養」

的經濟現實面向，呼籲大家要及早儲備足夠的「養老本」，不只是在身心健康層面，還包括經濟財務層面，千萬不要成為晚景淒涼的「下流老人」，莊院長真的是菩薩心腸，苦口婆心。

莊院長在書中提到，過去醫藥不發達的農業時代，能活到高齡甚至於超高齡的人並不多，這些長者多數都能獨立自主地生活在大家庭裡，含飴弄孫，幫忙做一點家事，一旦病倒，也絕少拖延時日，時候到了就走了。古早時候的老人家能自食其力，又不拖累家人，還能光耀門楣，當然是普受歡迎的一家之寶。

如今醫藥發達，高齡甚至於超高齡的人愈來愈多，老邁的身體只會更加退化，老人家若無法獨立自主，遲早會成為年輕人的沉重包袱，到了現代社會這種現象已經成為普世都面臨的煩惱。銀髮族的朋友若要避免成為「麻煩製造者」，首先要保重自己的身體，健康活到老，延命而不臥床，這是最理想的。其次，銀髮族還要懂得開源節流及量入為出。《禮記・大學》云「有財此有用」，人即令活到最後一口氣，都還是要花錢的。任何人如果自命清高，不去理財，沒有準備「養老本」，到頭來只有自找麻煩！

莊院長特別介紹日本社會工作者籐田孝典，連續在二〇一六及二〇一七兩年之內，出版兩本以「下流老人」為名的書，分別是《下流老人——即使月薪五萬，我們仍將又老又窮又孤獨》，以及《續‧下流老人——政府養不起你、家人養不起你、你也養不起你自己，除非，我們能夠轉變》。

乍看之下，「下流」這個用語令人很不順眼。作者籐田孝典在他第一本書的前言中，就清楚地解釋了「下流老人」之意，顧名思義，是為了說明無法安逸度日，被迫過著「下流」（中下階層）生活的老人，所創造出來的詞彙。在另外一頁，作者再將「下流老人」定義為「過著以及有可能過著相當於『生活保護』基準之生活的高齡者」（類似臺灣的「中低收入戶標準的高齡者」）。

在我們傳統社會，「上流」代表一個人生活水平，乃至於儀容舉止，在一般人之上；相反地，「下流」代表一個人生活水平低下，言談舉止相當不入流。雖然「下流老人」有相當貶抑老年人的味道，但是，籐田孝典寫的這兩本書，可說是一針見血，刺痛了我們這些面臨老化的一代人的思惟，不能再阿Q式的自我感覺良好！

籐田孝典這兩本書的副標題，更是直截了當，甚至於聳動到可怕的程度。但是莊錦豪院長認為「即使月薪五萬，我們仍將又老又窮又孤獨」這句話絕對不是危言聳聽。如果跟據「巴氏量表」低到生活無法自理，這樣的老人想要活下去，不是靠家人照顧、靠政府補貼請人幫忙，就是要自掏腰包花錢請外傭照料。莊院長說以他們家兩位接近九十歲的老人為例，兩個外傭的月薪將近新臺幣四萬元，換算成日幣超過十五萬元，這還不包括食衣住行以及其他開銷，加總起來，一個月遠超過日幣三十萬元！幸好他們家的兩位老人還有子女隨侍在側，免於孤獨。但是，攤開我們自己這一代的未來，若不未雨綢繆，恐怕就沒有那麼幸運了。

目前臺灣整個社會老化情況的險峻，已經遠遠超過我們之前所能想像的程度，如人飲水，冷暖自知。臺灣過去這二十年來，經濟發展陷入困境，年輕人的收入微薄，更舉步維艱，再加上政府大砍軍公教年金，將嚴重威脅日益增多的老年人之生計。已經是或者即將步入銀髮族的朋友們，若不及早未雨綢繆，恐怕將從「上流」一路奔向「下流」，相關的詳細資料分析，請大家直接參閱莊錦豪院長的大作《老有所終：長命百歲還是品質九九？》。

長期照顧的最重大困境，就是「失能太久與太重」

如果問：「疾病與失能，哪一項對於家中長輩的生活品質與生命的威脅最大呢？」答案並不是「疾病」，而是「失能」，其實「失能」遠比「疾病」還要可怕，而且更為令人束手無策！在這裡我要向各位讀者推薦另一本二〇一八年四月出版的好書：《沒想到…我會變得這麼弱？——長照的九大難題，要在變弱前開始解決》，作者為理財記者、前資深媒體人朱國鳳，大家可以上網查詢。

長期照顧的最大困境，就是「失能太久、太重」，我們就應該直搗問題的核心，到底是哪些因素，會造成失能太久與太重？然而在探討「失能太久與太重」的成因前，首要先釐清「失能」的定義。在朱國鳳的書中所討論的，「失能」其實是一個廣義名詞，主要是指三種族群，第一種是領取「身心障礙手冊」者；第二種是「失去工作能力」者；第三種是「失去生活自理能力」者。

這三種情況彼此之間都會有部分交集，但是不能混為一談，例如前兩者並非都無法自理生活，也不是都要倚靠旁人協助。這就是為何已經領取了「身心障礙手冊」，若想要申請政府的長照服務時，就必須再按照「ADL、IADL、SPMSQ、CDR」（註）等指標進行

註：在每天的生活中，有很多我們必須處理的事務，主要為照顧自己的活動，包括衣、食、住、行，可以統稱為「日常生活活動」（Activities of Daily Living，簡稱ADL），常以巴氏量表（Barthel Index）做為評估工具。巴氏量表（Barthel Index）是一種日常生活功能之評估量表，此量表是由美國巴爾地摩（Baltimore）市州立醫院之物理治療師巴希爾（Barthel）於一九五五年應用於測量住院中復健病患的進展狀況；至1965年此量表發表於醫學文獻，自此「巴氏量表」就被廣泛的應用於復健、老年病患的領域，主要用來測量病患的治療效果及退化的情形。

評估。譬如領有身心障礙手冊者，但只是輕度顏面損傷，或是輕度的先天性代謝異常，並不影響生活自理能力，就無法申請長照服務。

至於與他人或環境有互動的活動，這些活動較為複雜，稱為「工具性日常生活活動」（instrumental activities of daily living，簡稱IADL）。而IADL量表由一九六九年Lawton和Brody研發，用來評估個案維持獨立自主能力，較一般個人自我照顧需求來得複雜，包括烹食、購物、打電話、管理財務，工作內容以女性社會性角色為主，如準備食物，做家事。

六十五歲以上長者且有心臟病、糖尿病、高血壓、高血脂、動脈硬化、巴金森氏症、中風等病史或家族有失智症遺傳病史者，應每年至少做一次「簡易心智狀態問卷調查表」（Short Portable Mental State Questionnaire, SPMSQ）篩檢，此量表針對意識、記憶力、定向力、注意力、思考及一般知識等六個向度進行檢測，藉此初步了解長者目前心智健康狀態；由於「簡易心智狀態問卷調查表」是以問卷方式進行施測方法簡單，亦可自行檢測或協助家人進行初步老人失智症篩檢，如果測試結果有答錯三題（含）以上的話，最好進一步前往醫院檢查，以控制病情防止惡化。

「臨床失智評估量表」（Clinical Dementia Rating, CDR）是半結構式的問卷，用以評估失智患者的失能狀況，藉由與病人的互動判定長輩的認知退化程度，根據家屬提供的訊息評量失智患者的嚴重程度，優點是針對日常生活、認知功能等面向評估，但可能因為家屬的主觀回答影響評估結果。

長照服務只「照顧」失去生活自理能力者

政府的長照服務，所「照」顧的是第三種族群，也就是「失去生活自理能力者」，因此本書所謂「失能太久、太重」，也是專指「失去生活自理能力太久、太重」。

那麼哪些原因會造成「失去生活自理能力」？需要啟動長照模式？朱國鳳說，她檢索了許多調查報告，眼睛都快要看花了，但是並未找到相關結果。雖然過去民眾在向「長期照顧管理中心」申請服務時，照管專員會到府調查並填寫「長期照顧服務個案評估量表」，裡面有十八項的疾病史調查，是否根據這張評估量表的病史，統計出top5（最嚴重的五項），就能得知造成失能的原因呢？

如果想要找出造成「失能太久與太重」的成因，不能只從造成身心障礙的成因裡面去找。後者的top2（排行榜前兩名）成因分別是「後天性疾病」與「先天性疾病」，但是榮總高齡醫學中心主任陳亮恭曾指出：「退化與失能，比多種疾病還要可怕。」他進一步解釋，判斷一位長者是否健康，不是看他「得了多少種慢性病」，或是「三高等檢驗數值」，最關鍵的指標是「身心功能狀況」。他要大眾提早思考的一個關鍵問題：「疾病與失能，哪一項對於長輩的生活品質與生命的威脅最大呢？」答案當然是「失能」。

上文已經提到過，「疾病」不等於「失能」，兩者之間未必一定有因果關係。舉一個例子來說明，譬如張爺爺有高血壓、心臟病與胃病，但是行動自如，生活自理能力無虞；李奶奶沒有這些慢性疾病，但是雙腿嚴重退化，高度需要倚賴旁人協助，李奶奶在生活自理方面遇到的問題，顯然比張爺爺嚴重；因此，如果要申請長照服務的話，李奶奶要比張爺爺更有條件。

朱國鳳說，在臺灣的相關調查報告中，她尚未找到需要長照的成因統計，但是在老化更嚴重的鄰國日本，她找到一分非常具有參考性的調查結果。日本厚生勞動省在「國民生活基礎調查報告」中，有披露申請「介護保險」的原因統計。日本對於長照服務是採取「保險制」（臺灣目前是採取「稅收制」），在申請「介護保險」給付的成因統計中，男性與女性的top1（排行榜第一名）都是「其他」。

長照五大元凶：中風、失智、衰弱、骨折、關節疾病

以日本為例，若先將「其他」這一項原因撇開，男性申請「介護保險」的成因依序為：腦中風、失智症、高齡衰弱、骨折、關節疾病；而女性的成因依序為：失智症、骨折、高齡衰弱、關節疾病、腦中風。對照二者，我們可以發現「腦中風、失智症、高齡衰弱、骨折、關節疾病」這五種狀況，都出現在男性與女性的失能前五大成因之中，只是二者的排序不同。

榮總高齡醫學中心曾經列出最有可能造成失能及長期臥床的狀況：「腦中風、衰老、骨折、心血管疾病、關節疾病」，與日本介護保險成因統計，有高度的重疊。這些造成高齡者失能的眾多成因，又可分為兩大類：第一類是「立即式」，第二類是「漸進式」。前者譬如中風、骨折，會造成生活自理能力瞬間衰減變弱；後者譬如失智症、關節疾病、高齡衰弱，則是生活自理能力逐漸下滑變弱。

據說，在約翰霍普金斯大學醫學院的咖啡廳裡面，牆上的跑馬燈閃著一排文字：「What one takes a lifetime to learn, can be destroyed in minutes: stroke.」（可以在幾分鐘內就毀掉一個人畢生所學的就是：中風。）

有一位翁先生在他五十四歲的那年冬天，遇到強烈冷氣團來襲，就想泡個熱水澡抗寒，結果泡完澡後，身子還熱呼呼時就走出浴室，沒想到當下就感到頭疼欲裂，吞了一顆普拿疼，但是無效，接著意識開始不清，家人連忙送醫急救，診斷結果是「蛛網膜下腔出血」（腦中風的一種）。醫院馬上緊急開刀，命雖然是救回來了，但是翁先生從此再也沒有醒過來，成為長期臥床的「三管（鼻胃管、氣切管、導尿管）植物人」。

中風最可怕之處，不在於毀掉一個人的畢生所學，或是導致死亡，而是嚴重失能。根據臺灣腦中風學會的資料，中風是銀髮族致殘的首要元凶。第一次中風的患者，男性平均年齡為六十四點五歲，女性為六十八點五歲，但是近年來的中風案例，已有日益年輕化的傾向。對中風患者而言，在其天年之前的漫長照護期，已經成為被照顧者與照顧者都要面臨的最大恐懼。

除了中風之外，會讓長者瞬間變弱、失去生活自理能力的，主要還有骨折。根據國民健康署統計，六十五歲以上的銀髮族，每年跌倒發生率為百分之三十至四十，亦即每三位就有一位，每年至少跌倒一次。到了八十歲以上，跌倒發生率甚至高達百分之五十，從「三老必有一跌」，再升高到「二老必有一跌」。這項統計只是針對居家長者，如果是住院的長者，或者是住在長照機構的長者，跌倒發生率就更高了。

銀髮族朋友切記：要保命，須防跌！

記得在一九七一至一九七六年前，開爸爸（我的父親）住在臺北三軍總醫院那五年當中，我前後在建中和臺大念書，課餘時間幾乎都在醫院裡面照顧爸爸，不斷地耳聞目睹許多五、六十歲左右的將校士官兵，只是因為跌倒，就送進了醫院，而且情況嚴重。

對銀髮族群而言，跌倒是很嚴重的事，往往造成骨折、頭部創傷，千萬不能掉以輕心。就以髖關節骨折而言，根據榮總高齡醫學中心的統計資料，有二成會在一年內死亡，有三成會造成永久失能，有四成最後無法獨力行走，高達八成至少會失去一項生活自理能力。可以說骨折是銀髮族失能的主要成因之一，因此，很多醫師會一再叮嚀銀髮族的朋友要「保命防跌」，換言之，想要「保命」，就要「防跌」，想要避免被「長照」，更是要「防跌」。

不管是中風、骨折等「立即式」的變弱，或是失智症、高齡衰弱、關節疾病等「漸進式」的變弱，如果衰弱到一定程度，必須要長期臥床時，身體將付出更大的代價。如果長期臥床一個月以上，首先是肌肉質量開始萎縮，接著肌力退化，而後骨質密度也會下降。更嚴重的是，關節會僵化彎曲，到了那個時候即使再進行復健，多數的老人已經難以承受劇烈的疼痛。

人生如果不幸到了這個階段，除了行動能力、生活自理能力的喪失，還會產生一連串的併發症，譬如褥瘡、血栓、水腫、呼吸道感染、心肌梗塞、腸胃疾病、泌尿道感染等等，不僅完全擺脫不了「長照」的夢魘與困境，而且還會反覆送醫，直到這一期的生命落幕為止。天長地久有時盡，此恨綿綿無絕期！

千金難買「早知道」，萬金難買「後悔藥」！各位讀者朋友！如果您已經是銀髮族群的成員，看了上文的敘述，應該會「感同身受」！如果您現在還年輕或者身強體健，可能一時還無法體會什麼是「失能太久與太重」，在此推薦一部影片《長情的告白》供您參考（請自行上YouTube網頁搜尋，還有一些其他的真實案例），除了可以知道「居家照顧服務員」的辛勞與貢獻，也能讓我們窺知失能太久與太重時所面臨的長照困境。

要想健康養老，然後瀟灑去來，最終還是要「靠自己」以及「靠佛菩薩的加持」！

我為什麼要花了那麼多的文字篇幅，不厭其煩地談論「老化」與「長期照顧」的問題？就是為了讓大家確實了解「老化」與「長期照顧」的問題之所在，以及問題的嚴重性！然而這還不是這篇文章真正的目的，我真正要表達的是如何能夠預防及化解「老化」與「長期照顧」的問題！

如果我們已經很清楚地知道，某個問題一定會發生，而且遲早會發生，那麼解決問題最高明的辦法，就是根本不讓那個問題發生，或是預防那個問題的發生，或是在那個問題發生的初期就要儘快設置停損點，不要讓問題惡化到不可收拾的地步。

我們既然已經很清楚地知道，「老化」的問題一定會發生在自己的身上，而且遲早會發生，所以就要及早準備，平日就要注重養生之道，從生活習慣、飲食起居、活動練功著手，預防及避免失智、失能的情況發生，最好不要落入需要「長期照顧」的情況。

常言道：天下沒有不散場的筵席，沒有不落幕的舞臺，沒有不畢業的學校，所以最後要能善緣地好聚好散，身段優雅地步下人生的舞台，風光瀟灑地畢業，然後順應大自然的生命機制，開展未來的人生。

如果一個人懷抱著「十方三世」的宇宙人生觀，擁有「生命永續經營」的理念，看到「生命的未來」與「未來的生命」，及早做好「發願往生佛國淨土」或者「乘願再來娑婆世界」的規劃，而且身體力行，「所作皆辦」——也就是該盡的責任都盡到了，該完成的任務都完成了，最後能夠「預知時至」，蒙佛接引，瀟灑走一回，在這樣的情況下，「失能失智」與「長期照顧」的問題，根本就不會發生在他身上。

之前我們已經討論過「死亡」與「疾病」的自然機制與奧秘，接著又談論了很多有關「老化」、「安養」、「長照」的問題，現在我要綜合「老、病、死」的問題來談「生命」與「往生」的課題。

往生篇

生死自在，瀟灑走一回，每個人都可以做到，絕對不是夢！

千古以來，雖然所有人都知道，也都同意，凡人難免不生病，而且遲早都一定會死，但是絕大多數人對於「死亡應該在何時來臨？」——亦即「最後不得不接受死亡」的時間點——都有一種嚴重的錯覺，就是大家都認為一個人必須老了、病了，而且病得實在活不下去了，一定得要拖到最後一刻、最後一口氣才可以死，否則就會想盡辦法儘可能地拖延他的壽命。說得更坦白一點，也就是大家都認為一個人必須活到老病纏身、藥石罔效、群醫束手、回生乏術、奄奄一息、精疲力盡，僅剩下最後一口氣了，甚至於多重器官衰竭而終，家人這才會心不甘、情不願地放他一馬，讓他走，一定要拖到這個節骨眼，他才可以死！其實這是對於生命應如何謝幕的嚴重誤解。

基於「生命不死、生命永續」的觀點及立場，佛教認為一期生命的「死亡」，不是終結，而是過渡到下一期生命的樞紐。因此，無須畏懼「死亡」，而是要做好「往生」的準備。問題是，一個人如果想要「往生佛國淨土」或是「乘願再來人間」，就必須要有足夠的精神與體力，然而，當一個人最後落到了「衰竭而終」這個地步，基本上一期生命的能量都已經完全消耗殆盡了，想要如願往生佛國淨土或者乘願再來人間的可能性，就變得很低了，而被業力牽引、六道輪迴去了的可能性，就變得很高。

我講得這麼明白，就是要藉由點出生死問題的兩面，來鼓勵大家改正錯誤的觀念，及早準備往生資糧，最後能夠生死自在，瀟灑走一回！在「死亡（dying）」的過程當中，就蘊藏著生命的終極奧秘，這也就是我們追求「生死自在」的用功之處。我再強調一次：生死自在，瀟灑走一回，絕對不是夢想，而是可以預先準備，最後可以親身體證實現的！

任何人想要「發願往生」或者「乘願再來」，都可以透過個人的實際修持工夫，累積福德，屆時因緣條件成熟，絕對可以「自在往生」或者「乘願再來」。經典裡面所教導我們的，諸如「十方三世、福慧雙修、所作皆辦、淨土三要、資糧具足、預知時至、正念現前、蒙佛接引等等」，都可做為我們修持生死自在法門的「行動綱領」。

首先，我們要及早建立「十方三世」的宇宙觀及人生觀，確實了解心性生命的永續，以及生命永續經營的道理。具備「十方三世」的宏觀思想，也就是「生命永續經營」的理念，這是真正能夠生死自在的基本素養。

「生命永續經營」的內涵，再講得明確淺白一點，就是不要將「生」與「死」切開來，看成截然不同、毫無關聯的兩個世界，而是將「生」與「死」連結起來，看成連續的整體。就像是在我們一生當中，從嬰兒、幼兒、兒童、少年、青少年、青年到成年、壯年、老年……會經歷不同的時期；我們整體無盡的生命之流，也是從前一生過渡到這一生，再過渡到下一生，以此類推，經歷一期又一期的生命。

從前一期生命過渡到後一期生命的銜接點，就是「死亡」與「往生／新生」，如果我們能夠清楚地認知到有情眾生都具有「未來無限的生命」與「生命無限的未來」，就不會因為無知和恐懼而抗拒死亡的來臨，反而會積極地準備面對，而且將「死亡」的來臨，轉化為「往生」的階梯。

有了這樣的認知與理解，我們到了一期生命的最後階段，其實是「不須、不應該，也不可以」拖到老病纏身、奄奄一息、精疲力盡，那是非常危險的情境，會讓我們完全沒有精神與體力往生佛國淨土或者乘願再來。我們應該要做的反而是，千萬要保留足夠的精神與體力，及早和阿彌陀佛（或者是個人宗教信仰上的聖靈）連線（online），感應道交，祈求佛、菩薩等前來接引，瀟灑自在地往生佛國淨土（或者是個人宗教信仰上的歸宿）。

我再用一個比喻來幫助大家理解「往生的積極面向」，一般而言，大學本科修業年限是四年，但是也不一定非得讀四年，有些學生非常用功，三年半就將學分修滿，不但符合畢業資格，而且成績優異，還申請到了國際知名學府的獎學金，已經獲得錄取通知書，可以出國留學去報到了，那麼他還須要留在原來的學校嗎？當然不用嘛！

同樣的道理，如果一個人的世間因緣已經圓滿，也就是說，他個人該負擔的責任都已經盡到了，該完成的任務都已經完成了，該了卻的心願都已經了結了，就世間層次而言，可以說是「所作皆辦」了。人生到了這個階段，接下來的生命功課，就是要做好應有的準備，積極地備辦「自在往生」佛國淨土的資糧，讓這一期的生命能夠「功德圓滿」，然後「瀟灑地畢業」，如願往生佛國淨土。

到了人生應該要好好地準備「瀟灑畢業」的階段，我要衷心地奉勸各位讀者：「兒孫自有兒孫福，莫為兒孫做馬牛！」這一句古諺有很深刻的道理，大家不但要好好思考，而且最好能奉行。為人父母者，當然要認真負責地將自己的兒女養育、教育好，培養他們具備健全的人格，而且有能力服務社會，造福人群。當然，父母親對於兒女的親情關懷，是天經地義、跨越時空，可以無限延伸的；但是，父母親對於兒女的社會責任，客觀而言，是有限度的，而不是無限的，到了應該放手的時候就要放手，否則兒女永遠都無法真正成長與成熟。

兒孫自有兒孫福，莫為兒孫做馬牛！

就世間法而言，為人父母者，既然生育了兒女，當然有責任與義務將兒女養育、教育好，讓他們長大成人，幼有所長，壯有所用。但是當自己的兒女已經長大成人了，甚至都已經成家立業，也生兒育女了，再回頭看自己，不知不覺已經年華老大了，說實在的，到了這個階段，對兒女的責任和義務都已經告一段落，應該要放下了。如果到了這個階段，卻還過度執著而放不下，對自己、對兒女都是一種負擔，如果能夠放下，對自己、對兒女都是一種成長與解脫。

客觀而論，為人父母者，對於兒孫的親情與關懷是可以跨越時空而無限的，但是所應負擔的責任與義務則是有限的，父母不可能呵護、照顧兒女一輩子，那樣子讓兒女變成「媽寶」，反而會限制與阻礙了兒女能夠真正成長與成熟的空間，也侷限了為人父母者自己能夠繼續成長的空間。

從佛理上說，我們內在佛性的生命是不生不滅、無窮無盡的；就事相上說，我們在世間一期生命的整個週期當中，會經歷不同的成長時期與階段，從出生、嬰兒、幼兒、兒童、青少年、青年、壯年、老年、耄耋之年乃至死亡，在不同的生命時期與階段，會有不同的生命功課與任務要完成。當我們完成了某一時期的階段性任務之後，就要放下，然後開始關注及經營下一階段的生命功課。當所有的世俗任務都已經完成，也就是世俗層次的「所作皆辦」，就要放下一切俗務與牽掛，一心一意念佛發願，求生佛國淨土，或者乘願再來。

從「轉大人」到「轉老人」

我常說，人生有二個「黃金時期」，「第一個黃金時期」是從青春期到大學或碩士畢業之前，大約是從十一、二歲到二十、二十五歲，相當於臺灣俗諺所云「轉大人」的學生時期，這是人生當中成長與學習的階段，身分大都是「學生」，因此會得到家庭與社會比較多的照顧、呵護與期待，即使犯錯了，也會得到比較多的包容與寬恕，所以說是「黃金時期」。

等到從學校畢業之後，進入社會工作職場，就不能再像當學生一樣，而是必須如孔子所講的要「三十而立」了，要學習負責、承擔、獨當一面，不但要能夠自力更生，還要能夠關懷他人，服務社會。這時候才能真正體會到生命充滿挑戰、磨練與考驗，但也因此才能讓一個人真正成長與成熟。

然後，在不知不覺當中，轉眼間一晃，三十年、四十年就這樣過去了，在這人生的旅程當中，有一些人會因為種種不同的個別因緣而無預警地提前下車，告別了人生舞台。不過大多數人會步入人生的「第二個黃金時期」，走完一期生命的全程，至於最後能否瀟灑地謝幕，畫下圓滿的句點，就要看他有沒有充分運用他的人生「第二個黃金時期」，好好地規劃及準備來生的方向與去處。

很可惜的是，絕大多數人在年輕的時候，極少思考生命的終極意義，更少思考生命的未來歸宿與出路。不少人一旦屆齡退休之後，生命的意義感就突然失落了，不是迷失了生命的方向，就是喪失了生命的鬥志。很多人到了人生這個階段，不知道未來何去何從，就覺得自己成為「等吃飯、等睡覺、等死」的「三等公民」，而不知道其實他很幸運地邁入人生的「第二個黃金時期」。

我講的人生「第二個黃金時期」，就是在屆齡退休之後，通常是從五十五至六十五歲之間開始，相當於一期生命的「更年期」之後，我也將這個階段稱為「轉老人」時期，這是人生後期開始回顧往昔與展望未來生命的階段，身分是「銀髮族退休人士」。一個人在退休之前的人生狀態與處境，就如武俠小說作家古龍的名言一般：「人在江湖，身不由己。」等到退休之後，無官一身輕，可以退隱江湖，不問世事，不必仰人鼻息，不必看人臉色，可以做自己喜歡做的事情，所以我說這是人生的「第二個黃金時期」。

行文至此，跟大家講一個有關「轉老人」的生活小故事。回憶大約在二〇〇八年前後，有一次我在臺北出席一場生命教育學術研討會，遇到一位老同事，他曾經在南華大學服務，後來轉到北部一所國立大學任教。我們有滿長一段時間沒見面了，那一天聊著聊著，他就跟我訴苦，說他好不容易升等教授了，可以開始多做一些社會服務的工作，沒想到在家裡卻被老婆教訓數落，說他只顧著做研究、忙升等，自己的兒子要考大學了，卻疏於關心。被老婆這麼一念，他就趕緊開始關心兒子，一關心之下不得了，發現兒子竟然背著父母偷偷地交女朋友，他就擔心哪天他意外做了「阿公」他都可能不知道！不過最讓他傷感的一件事情是，前幾天他搭捷運時，竟然有小女生讓位子給他，害他難過了整整一個晚上。我就馬上安慰他，說他現在已經開始步入「轉老人」的生命階段了，這是每一個人遲早都必然要面對的生命過程，所以要學習適應，千萬不要難過。他聽了我的話之後，稍稍感到釋懷。

我們每個人都會從「轉大人」到「轉老人」，這就是人生的寫照。我們可以借用數學概念來描繪，每個人一期人生的生命曲線就有如開口向下的拋物線一般，從座標的原點一直向上攀升，平均而言，大約在五十歲左右到達頂點，可能會有小小一段時光維持水平狀態，情況因人而異，然後就開始下滑，有人下滑得快，有人下滑得慢，但是無論如何，到了這個階段，只會下滑不會再上升，最後會下降到座標的水平線軸，等於是一期生命的落幕。

在「人生第一個黃金時期」的「轉大人」階段，生命曲線是強勁有力地向上攀升，此時的生命充滿了活力與希望，同時也會不斷遭遇到考驗，甚至於經驗到挫折，在此一階段雖然人生經驗不足，但是我們大都樂於接受挑戰，勤於學習，勇於突破困境，志在開創新局。在這個過程當中，生命不斷成長，人格不斷成熟，這就是從青少年到「轉大人」而邁入壯年之前的黃金時期。

到了「轉老人」的階段，生命曲線早已開始衰減下降，此時人們大都已經見證了世事的滄海桑田、無常變遷，歷練了人事的興衰起浮、窮通禍福、是非成敗，也經歷了人際的生離死別、悲歡離合、恩怨情仇。在辛勤工作了三十、四十甚至於五十年，勞心勞力了大半生之後，多數人陸陸續續開始告別職場，退休賦閒。就理上而言，應該可以好好頤養天年，享享清福，然而在現實面上，卻遠非如此。

有人會慨嘆自己壯志未酬，深感遺憾，有人會覺得自己年老氣衰，壯志不在，更多的人在告別職場生涯之後，生活突然失去了重心，生命突然失去了意義，茫茫然無所適從。一方面，回頭看，往事只能回味；另一方面，向前看，卻看不到生命的未來，迷失了生命的方向，喪失生命的意義，這是許多人在退休之後的現實生命寫照。還有一些人，在退休之後身體機能也隨之快速退化，甚至於提早告別人世。

其實，往者已矣，來者可追。殊不知，退休之後的此時此刻，正是人生的「第二個黃金時期」。因此，我要告訴銀髮族的朋友，如何好好運用這一段「黃金時期」，讓自己的人生有一個圓滿的結局與歸宿。

好好運用人生的「第二個黃金時期」——具體準備「如願往生佛國淨土」的生命功課

首先，要做好心理建設與思想建設，及早培養及建立「十方三世」的宇宙觀，以及積極、正向、健康的生死觀，廣泛地探索且深入地了解宇宙時空之廣大浩瀚，並深刻體會生命境界無限開展與提升之可能，以超越克服面對自我色身老朽衰敗乃至死亡的無謂恐懼。具備「十方三世」的宏觀思想，是真正能夠生死自在的基本素養。

第二、預作規劃以及安排好個人的生死大事，透過預立遺囑，事先做好個人身後事之規劃，安排家務，預作財產如何處分之規劃，付囑後事，交代心願，期無後顧之憂。有關預作財產如何處分之規劃，並非將個人財產立即就分出去，而是事先做好完善的規劃，不一定要全數都分給子女，也可以捐作慈善，等到個人往生之後，再依法執行。

第三，確立未來生命的方向與往生去處：及早確立個人生命的永續經營理念及來世生命的規劃，依照自己平日的宗教信仰或獨特心願，可以選擇不同的理想歸宿與往生方向，例如：（一）發願往生佛國淨土：可以選擇彌陀淨土、藥師淨土，或者兜率淨土等等，（二）祈求上升天界：可以選擇凌虛天界、基督天國、真主天堂等等，（三）乘願再來：可以選擇迴入娑婆世界行菩薩道。

接著，就是要根據個人的宗教信仰及獨特心願，老實修行、身體力行。以佛教「淨土法門」為例，就是要「信、願、行」資糧具足。「信、願、行」三者，也稱為「淨土三要」，就是修持淨土法門的「行動綱領」，其實質意涵解說如下。

所言「信」者，包括三點：一、要堅信佛所說的道理真實不虛，二、要深信往生淨土的法門非常殊勝，三、還要自信本身有能力做得到。

所言「願」者，就是要「深心發願，求生佛國淨土」，就是要「一心一意地嚮往」阿彌陀佛的極樂淨土，「懇請」阿彌陀佛屆時前來接引。曾經有人問我：「如果我沒有發願往生佛國淨土，到時候會不會往生佛國淨土？」我說：「當然不會嘛！就像是你從來就不曾申請要去哈佛大學念書，哈佛大學會不會無緣無故地發入學通知給你？」

至於「深心發願」的具體方法，就是到寺院或者在自家的佛堂，面對佛、菩薩的聖像（註）：至誠懇切地告白，表達自己一心一意求往生的心願，祈求阿彌陀佛、觀世音菩薩、大勢至菩薩（西方三聖），慈悲攝受，屆時能庇佑自己「預知時至」從容準備，臨命終時能夠「身無病苦、心無罣礙、正念現前」，瀟灑而自在地捨報往生。

所言「行」者，就是要歡喜信受，依教奉行，正助雙修，老實念佛。正修就是持名念佛，淨念相繼；助修就是廣結善緣，厚植福德因緣。每天虔誠持誦《阿彌陀經》、阿彌陀佛聖號，將自己畢生所有的善行功德都迴向佛國淨土，一心一意求往生，並且祈求能夠預知時至。誦經念佛的時候，最好要能夠觀想西方三聖慈悲放光加持。

念佛行者若欲求生佛國淨土，「信、願、行」的功夫有如鼎之三足，缺一不可。「信念堅固」是「根基」，「深心願往」是「動力」，「正助雙修」是「方便與階梯」，而

註：不論是面對釋迦牟尼佛、阿彌陀佛，或是觀世音菩薩的聖像皆可，諸佛菩薩的世界都有網路連線。

「正念現前」與「一心不亂」則是往生的關鍵要素。若行者能夠切實奉行淨土三要「信、願、行」，能夠「資糧具足」，則決定往生佛國淨土。

一般人念佛，為何無法做到「正念現前」與「一心不亂」？主要原因有二：一者，信念不夠堅固，即使相信佛言不虛、法門殊勝，但是對於自己能否往生，則抱持懷疑，也就是自信心嚴重不足。二者，願力不夠深切，對於佛國淨土「尚未」或「並不」十分嚮往，所以「正念」及「一心」的功夫自然無法到家。因此，「正念現前」與「一心不亂」的前提，仍然是在於「信心堅固」與「願力深切」。

大家一定要確確實實地認清我們的色身（肉體）本來就有相應的使用年限（賞味期），終究有衰老報廢的一天，遲早一定都會停擺；因此，千萬要避免拖到身體機能衰敗，病魔纏身，乃至多重器官衰竭，切記要及早做好往生的準備，見好就收！

真正能夠見好就收，瀟灑走一回的最高境界，就是「無疾而終」，如此才能確保「臨命終時，身無病苦，心無罣礙」，無有遺憾怨懟。萬一不幸「有疾而終」，甚至於「惡疾而終」，還可以補救，就是萬緣放下，深心念佛發願，一心一意求生佛國淨土，保留最後的精神與體力，祈求佛、菩薩前來接引。無論如何，千萬不可拖到身心「衰竭而終」，萬一墮入那樣的情境，往生就有實質上的困難，多半是業力牽引，六道輪迴了。

第四，積極儲備往生的資糧與動能：往生有如「星際之旅」，而且佛、菩薩（或耶穌基督等）會來接引，因此，屆時一定要有足夠的精神和體力，才能夠和佛、菩薩等連線（online）而感應道交，才能夠上得了蓮花台，才能夠真正地瀟灑走一回。如果一個人已經充分準備好往生的資糧，當他的世壽即將圓滿前，絕對能夠「預知時至」，透過平日的精進修持與願力，可以從容且歡喜地往生。生死之際的跨越與轉換，如果好好充分地準備，具足往生的資糧，其實是可以「無縫接軌」的！

此外，身為即將往生者的家人親友，也有很重要的功課要做，除了陪伴在臨終者的身旁，做最後的道別之外，最主要的任務就是要引導臨終者的往生正念，開導他放下前塵往事中所有的牽絆與執著，幫助臨終親人正念現前，一心念佛（或者耶穌基督等），以迎接未來的生命。最後，家人親友要以感恩心、祝福心、迴向心來送別往生的親人，讓往生者能夠了無牽掛地跟隨佛、菩薩（或者耶穌基督等）邁向未來的生命旅程。

任何人想要如願往生佛國淨土、上升天界或者乘願再來，都必須把握人生的「第二個黃金時期」，好好地積極準備，如果錯過的話，很可能會「一失念成千古恨，再回頭已百年身！」各位銀髮族朋友！只要您的心中有堅實的信仰與理想目標，而且願意並且樂於信受奉行，您的「退休人生」絕對是扎扎實實的「第二春」與「黃金時期」，可以過得非常充實而且愉快，保證不會無聊、沒事幹的！

結語：人間佛教的生命不死信念——瀟灑去來

星雲大師在他口述的《人間佛教・佛陀本懷》一書中，談到人間佛教思想理念中有關「生命不死」的解讀與詮釋：

生命是永恆的，也是無限的，不會死亡的，是不生不死的境界，是不生不滅的存在。十法界流轉，有無限的未來。

在人間佛教的信仰裡，沒有時空的對立，沒有生死的憂慮，生命都是在歡喜裡，都在無限的時空裡，都在無限的關係成就裡。

生命是個體的，同時也是群體的，相互有關聯的。生命在輪迴裡就解脫了，沒有所謂輪迴的問題。

生命永恆，生命不死，這就是真如佛性，就是神聖性，這就是人間佛教的信念。

大師之言「生命在輪迴裡就解脫了，沒有所謂輪迴的問題」，所說的是菩薩道的境界與行持。了解了「生、老、病、死」的自然機制與奧秘，可以讓我們在觀念上超越克服對於死亡的無知與無謂恐懼，培養出「生死無懼」的豁達，再加上具備「生命不死」的人間佛教信念，更可以讓我們在實際日常生活中，做到「生死自在」的從容！

我在文章中經常提到的「所作皆辦」、「正念現前」、「預知時至」、「感應道交」等等佛教的名相用語，都不是抽象的概念，而是在淨土法門中具有實質意涵的「行動綱領」，希望各位讀者能夠深加體會。

當一個人這一期生命的世緣將盡時，要能夠心懷感恩，萬緣放下，以告別今生，邁向來生。當時辰已至，能夠所作皆辦，預知時至。臨命終時，能夠正念現前，無有恐懼，心不貪戀，意不顛倒，如入禪定，感應道交，佛弟子蒙佛接引，基督徒則蒙主恩召，捨報往生，瀟灑走一回。未來因緣成熟，終將乘願再來娑婆世界，生生世世行菩薩道，普度有情眾生。

【愛・生命011】
生命的永續經營（上冊）
生命的終極功課：
生死自在 瀟灑去來

國家圖書館出版品預行編目(CIP)資料

生命的永續經營. 上 / 慧開法師著. -- 初版. --
新北市 : 香海文化, 2020.10
面； 公分
ISBN 978-986-97968-6-6 (平裝)

1.生死觀 2.人生觀 3.佛教修持

220.113 109004020

作　　者　慧開法師

總 編 輯　賴瀅如
主　　編　田美玲
編　　輯　蔡惠琪
封面設計　翁翁
美術設計　不倒翁視覺創意・翁翁

出版・發行　香海文化事業有限公司
發 行 人　慈容法師
執 行 長　妙蘊法師

地　　址　241新北市三重區三和路三段117號6樓
110臺北市信義區松隆路327號9樓
電　　話　(02)2971-6868
傳　　真　(02)2971-6577
香海悅讀網　www.gandha.com.tw
電子信箱　gandha@gandha.com.tw
劃撥帳號　19110467
戶　　名　香海文化事業有限公司

總 經 銷　時報文化出版企業股份有限公司
地　　址　333桃園縣龜山鄉萬壽路二段351號
電　　話　(02)2306-6842

法律顧問　舒建中・毛英富
登 記 證　局版北市業字第1107號

定　　價　新臺幣390元
出　　版　2020年10月初版一刷
2021年 6 月初版三刷
I S B N　978-986-97968-6-6（上）
978-986-97968-9-7（套號）
建議分類　生死觀｜人生觀｜佛教修持